駅名・地名
不一致の事典

浅井建爾〔著〕

東京堂出版

はじめに

全国には1万近くの鉄道駅がある。そのひとつひとつに駅名がついているが、基本的には駅が設置された場所の地名が駅名になっている。それが利用者には最もわかりやすく、合理的だからである。しかし、全国にある鉄道駅を見てみると、駅名と地名が必ずしも一致しているとはいえない。駅名が隣の自治体の地名と同じであることから、利用者にとっては非常に紛らわしいこともある。

たとえばの話だが、地方から上京してきた人が品川区役所に勤めている人に会うため、品川駅に降り立った。駅前でタクシーを拾って運転手に「区役所まで」と告げたところ、運転手が連れて行ってくれたのは品川区役所ではなく港区役所だった。これはあり得ない話ではない。品川駅は品川区ではなく、港区にある駅だからだ。これと同じように、神奈川県の厚木市役所に用がある人が、小田急電鉄の厚木駅で下車し、駅前で道行く人に、「市役所はどこですか」と尋ねたら、海老名市役所への道順を教えてくれた。小田急電鉄の厚木駅は、厚木市ではなく海老名市にある駅なので、市役所の場所を尋ねられれば海老名市役所だと思われても仕方がない。道行く人には何の落ち度もない。正しく伝えなかったあなたが悪いのだ。これなどは駅名が地名と一致していないために起こり得るトラブルで、越境駅の典型的な例だといえる。

また、どうしてそのような駅名がつけられているのか、どこからその駅名は生まれたのか、地域の人にしか理解できない、いや地域の人にもよくわからないという駅名も少なくない。駅名は利用者にわかりやすいのが一番だが、その土地の歴史や文化を無視するわけにもいかない。駅が設置された当時は、駅名と地名が同じであっても、その後、駅が移転したわけでもないのに、行政区画が変更になったり、町村合併などで旧地名が消滅したりして、駅名が駅の所在地の地名と一致しなくなったという例は珍しいことではない。消滅した地名が通称名や施設の名称などに残っていることもあるが、その痕跡をとどめていない地名も全国には随分ある。

ふざけて付けたとしか思えないような駅名でも、実は由緒正しい駅名であったりもする。地元の人たちの切実な願いが、駅名に込められているというケースもある。そのひとつの例を挙げれば、鳥取県を走る智頭急行に「恋山形」という駅がある。駅が山形地区に設置されることから、初めは東北の山形駅と区別するため、この地域の旧国名である「因幡」を冠して因幡山形駅とする予定だったらしい。だが、この駅は1日の乗降客数が3人前後という山間の超過疎駅である。1人でも多くの人に利用してもらいたいという地元住民の切実な願いを込めて、「来い山形」駅とし、「来い」に「恋」の文字を当てて「恋山形」駅になったのだという。このように、駅名の由来から過疎に悩む現実の厳しさを知ることもある。

なぜそのような駅名になったのか、それを調べていくといろいろなことがわかってくるが、どうしてもその理由がわからないという駅名もある。それを解き明かしてくれるのが本書である。本書では駅名を「北海道」「東北」「関東」「中部」「近畿」「中国・四国」「九州」に分類し、JR、私鉄、地下鉄、路面電車という順に、駅名と地名が一致していないわけや、駅名および路線の変遷、駅周辺の様子、駅名の由来なども併せて紹介した。

２０１６年８月

浅井　建爾

駅名・地名 不一致の事典 ●目次●

会社名路線名別駅名一覧

※会社名、路線名、駅名、都道府県名の順に並べた。北から、ＪＲ各社ごとのエリア内のＪＲおよび民鉄、それぞれの路線名を50音順に並べている。駅名は、基本的に路線の起点から終点に向かって掲載しているが、運転の実態にあわせたものがある。また、路線の支線の駅名は、後に掲載した。

第1章　北海道の駅名

0001
五稜郭／ごりょうかく
［JR］函館本線、［道南いさりび鉄道］道南いさりび鉄道線
北海道函館市亀田本町

1911年（明治44）9月に開設。函館本線と道南いさりび鉄道線の分岐駅である。五稜郭は駅から2キロ以上も離れている。現在は駅の周辺も市街地化されているが、駅が開設された当時は周囲に目標物になるようなものが何もなかったため、遠く離れた五稜郭を駅名とした。五角形の星形をしたわが国で初めての洋式城郭で、戊申戦争の最後の戦いである函館戦争の舞台。国の特別史跡に指定されている。五稜郭の最寄り駅は、函館市電の「五稜郭公園前」という電停である。

0002
池田園／いけだえん
［JR］函館本線
北海道亀田郡七飯町軍川

1945年（昭和20）6月に開設されるが、駅の近くに池田園という名の施設は存在しない。駅名は明治時代にこの地を開拓した池田氏の名前にちなむ。池田氏はこの付近一帯に、大沼公園に付随する公園を造る計画を持っていたことから、開拓者の功績を後世に残していこうという意味もあって、池田氏の名字に「園」をつけて駅名とした。大沼国定公園の中核をなす大沼の東畔にある駅で、大沼公園ユースホステルの最寄り駅になっている。

0003
銚子口／ちょうしぐち
［JR］函館本線
北海道亀田郡七飯町東大沼

1945年（昭和20）6月に開設される。かつて銚子口駅前に、大沼電鉄の新銚子口駅があった（1952年12月廃止）。駅は駒ケ岳の火山噴火によって

生まれた堰止湖の大沼の北東端近くにある。駅名は大沼の先が細長くなって酒器の銚子（徳利）のようで、唯一の流出口があることに由来する。駅の北方にそびえる駒ケ岳（渡島富士）は、かつては富士山のような山容だったが、1640年（寛永17）の大噴火で山頂部が崩壊して現在の形になった。

0004
石谷／いしや ［JR］函館本線

北海道茅部郡森町本茅部町

1930年（昭和5）3月、石谷信号場として開業し、1946年（昭和21）4月、駅に昇格。内浦湾岸を走る函館本線に並行して国道5号（大沼国道）が通じている。駅の周辺に「石谷」という地名は存在しない・駅名は駅の北側の石倉町と南側の蛯《えび》谷《や》町の中間に位置することから、石倉町の「石」と蛯谷町の「谷」の1文字ずつを取って命名した合成駅名である。

0005
ほしみ／ほしみ ［JR］函館本線

北海道札幌市手稲区星置1条9丁目

小樽市との境界近くにある駅。札幌市の発展で住宅地化が進んだことにより、1995年（平成7）3月、銭函駅－星置《ほしおき》駅間に新設された。当駅を始発（終着）とする普通列車が運行されているが、折り返し線がないため、隣の銭函駅まで回送して折り返している。駅の近くを流れる星置川に架かる星観《ほしみ》橋が駅名の由来である。アイヌ語地名が多い北海道でカタカナの駅名は珍しくないが、「ほしみ駅」は北海道では唯一のひらがな駅名である。

0006
鵡川／むかわ ［JR］日高本線

北海道勇払郡むかわ町末広

1913年（大正2）10月、苫小牧軽便鉄道の駅として開設。1927年（昭和2）8月、国有化により日高線（後に日高本線）になる。駅名はアイヌ語のムッカ・ペッ（河口が塞がる川）に由来する説が有力。むかわ町の玄関駅。駅名と駅の所在地名の表記が異なるのは、2006年（平成18）3月、鵡川町と穂別町が合併して、新自治体名がひらがな表記の「むかわ町」になったため。かつては、国鉄分割民営化により廃止された富内線の起点駅だった。

0007
あいの里教育大／あいのさときょういくだい
［JR］札沼線

北海道札幌市北区あいの里1条5丁目

1986年（昭和61）11月、東篠路駅（現・拓北駅）－釜谷臼《かまやうす》駅（現・あいの里公園駅）間に開設。札沼線には学園都市線の愛称がつけられているように、沿線には大学などの教育施設が多い。だが、あいの里教育大学という大学は存在しない。北海道教育大学札幌校のことで、「あいの里教育大駅」はその最寄り駅になっている。だが、駅のすぐ近くにあるのは北海道医療大学で、北海道教育大学は駅から北へ2キロほど離れたところにある。

0008
下徳富／しもとっぷ
［JR］札沼線

北海道樺戸郡新十津川町花月

1934年（昭和9）10月に開設。1943年（昭和18）10月、第二次世界大戦でレールなどが軍事用に供出され廃止になるが、1953年（昭和28）11月に再開。下徳富駅の南に南下徳富駅がある。かつては、中徳富駅、上徳富駅、北上徳富駅もあったが現在は廃止。駅名はアイヌ語のトップ（川の入口）に由来か。現在も、町はずれにカタカナ表記の「トップ」という地名が残っている。

0009
西瑞穂／にしみずほ
［JR］富良野線

北海道旭川市西神楽1線

1958年（昭和33）3月に開設。駅の周辺は農家が点在する純農村地帯で、駅前を富良野国道（国道237号）が通っている。近くに北海道立林産試験場（木と暮らしの情報館）がある。「瑞穂」はみずみずしい稲の穂の意。駅の周辺は稲作の盛んな地域なので、縁起の良い「瑞穂」を駅名にしたとも考えられるが、瑞穂は日本国の美称でもある。駅の東側

一帯にあった「御料地の西」を意味しているものとみられる。

0010 西聖和／にしせいわ［JR］富良野線

北海道旭川市西神楽2線

１９５８年（昭和33）３月に開設された、ホームが１面あるだけの駅。駅の周辺はのどかな農村地帯で、駅の西側で富良野国道（国道２３７号）と美瑛国道（国道４５２号）が分岐している。聖和郵便局や聖和小学校はあっても、「聖和」とか「西聖和」という地名は存在しない。この地域一帯が皇室の御料地だったところなので、駅名も皇室に敬意を表して名付けられたものとみられる。

0011 大成／たいせい［JR］根室本線

北海道河西郡芽室町東芽室南2線

１９８６年（昭和61）11月、大成臨時乗降場として開設され、翌年4月、国鉄の分割民営化で駅に昇格。帯広市のベッドタウンとして宅地化が進んでいる芽室町の東にある。駅の近くに芽室《めむろ》高校があり、利用者のほとんどが芽室高校の通学生である。駅名は地区名に由来する。大成という正式な地名はないが、十勝川支流の美生川に架かる大成橋にその名をとどめている。駅名は、この地への入植者が、大きな成功を祈って付けた瑞祥地名だとみられる。

0012 桂台／かつらだい［JR］釧網本線

北海道網走市南10条東3丁目

１９６７年（昭和42）4月、桂台仮乗降場として開設され、１９８７年（昭和62）、駅に昇格。近くには警察署や裁判所、検察庁、気象台、郵便局などの官公署などのほか、銀行や病院なども集まる市の中心地に位置している。網走市役所の最寄り駅。駅名は駅の西側の桂町と、駅の東側の台町の境界に位置していることから両町名から1字ずつ取ってそれをつなぎ合わせたもの。駅の近くに「桂台」という高台があるわけではない。

0013
愛し野／いとしの ［JR］石北本線

北海道北見市端野町三区

１９８６年（昭和61）11月、愛し野臨時乗降場として開設され、１９８７年（昭和62）４月、国鉄の分割民営化と同時に駅に昇格。駅の近くにある北見商業高校の通学に利用されている。北見市の郊外に広がる農村地帯で、北海道でも有数のタマネギ、ジャガイモの一大生産地。駅前を通る国道39号沿いに市街地が形成されている。駅名は「いつまでも愛のある町でありますように」との願望から命名されたもので、「愛し野」という地名は存在しない。

0014
瑞穂／みずほ ［JR］宗谷本線

北海道士別市多寄町31線

１９５６年（昭和31）９月、多寄《たよろ》駅と風連駅の間に瑞穂仮乗降場として開設。１９８７年（昭和62）４月、駅に昇格した。駅の西側を宗谷本線に沿って名寄国道（国道40号）が走っている。士別市は北海道で最後の屯田兵村が置かれた地で、駅の周辺には広々とした田園地帯が広がっている。みずみずしい稲穂が実る穀倉地帯として、ますます発展していくことを願ってつけた駅名だとみられる。

0015
智北／ちほく ［JR］宗谷本線

北海道名寄市智恵文

１９５９年（昭和34）11月、智恵文《ちえぶん》駅－南美深仮乗降場（現・南美深駅）間に智北仮乗降場として開設され、１９８７年（昭和62）４月、駅に昇格。駅の南側に、天塩川の曲流部が分断されてできた三日月湖の智恵文沼が横たわり、その南側を北海道第二の長流の天塩川が流れている。駅の周囲は田畑と山林が広がる農村地帯で、人家は確認できない。駅名は智恵文駅のひとつ北側にあることに由来。本来は智恵文北駅とでもするべきところか。

0016
糠南／ぬかなん ［JR］宗谷本線

北海道天塩郡幌延町問寒別

1955年（昭和30）12月、糠南仮乗降場として開設。1987年（昭和62）4月、国鉄が分割民営化された際に駅に昇格。駅の周囲は牧草地が広がる酪農地帯で、三日月湖が点在している。駅名はアイヌ語の「ヌプカ・ナン・ベツ」「ヌプカナムペ」（原野を流れる冷たい川）に由来する。根室本線にある野花南《のかなん》駅（芦別市）も、語源は糠南駅と同じだという説もある。

0017
幌平橋／ほろひらばし【札幌市営地下鉄】南北線

北海道札幌市中央区南15条西4丁目

1971年（昭和46）12月、市営地下鉄南北線の駅として開設。豊平川の左岸、中島公園の南側に開けた住宅地にある。1927年（昭和2）、河合才一郎という一個人が私費を投じて豊平川に架橋。彼の功績をたたえた「幌平橋架設記念碑」が住宅地の片隅に立っている。架設された橋が札幌市と豊平町（現・札幌市豊平区）に跨っていることから、幌平橋と名付けられた。駅名は橋名（幌平橋）に由来し、「幌平」という地名は存在しない。

0018
元町／もとまち【札幌市営地下鉄】東豊線

北海道札幌市東区北24条東16丁目

1988年（昭和63）12月、市営地下鉄東豊《とうほう》線の駅として開設。駅の周辺は商業地と住宅地との混在地で、「元町」という正式な地名な存在しない。札幌の開拓に尽力した江戸末期の幕臣大友亀太郎が、農民をこの地域に入植させて開墾し、札幌元村と命名した。その後、新潟県から入植した札幌新村と、明治の初めに合併して札幌村となり、1955年（昭和30）札幌村が札幌市と合併した際に、旧札幌元村の地域が元町になったのである。

0019
清川口／きよかわぐち【道南いさりび鉄道】道南いさりび鉄道線

北海道北斗市中央1丁目

1956年（昭和31）10月、上磯駅－久根別駅間に開設。北斗市の中心駅で、駅のすぐ南側に北斗市役所がある。駅名は、かつて駅の北方に存在していた松前藩の清川陣屋（辺切地《へきりじ》陣屋）跡に由来する。2016年（平成28）3月に北海道新幹線が青森から函館まで開通したことにともない、並行して走る江差線の五稜郭駅－木古内駅間が、第三セクターの「道南いさりび鉄道」に移管された。

0020
上磯／かみいそ
［道南いさりび鉄道］道南いさりび鉄道線

北海道北斗市飯生2丁目

1913年（大正2）9月、上磯軽便線の駅として開設。1922年（大正11）に上磯線、1936年（昭和11）に江差線に改称される。かつて日本セメント（現・太平洋セメント）の専用線が上磯駅に引き込まれていた。駅名は1900年（明治33）の合併で発足した上磯村（→上磯町）に由来。同町は2005年（平成17）2月、大野町と合併して北斗市になり消滅。駅名は函館市の上（西）の方にある磯に由来する。「カマイソ」というアイヌ語説もある。

第2章　東北の駅名

0021
新白河／しんしらかわ
【JR】東北新幹線・東北本線
福島県西白河郡西郷村道南東

1944年（昭和19）10月、磐城西郷信号場として開設され、1959年（昭和34）4月、駅に昇格。1982年（昭和57）6月、東北新幹線が開業した際に新白河駅に改称。白河市の玄関駅になっているが、駅があるのは隣接する西郷村。ホームの北側一部だけが白河市にかかっているという越境駅。村に新幹線の駅があるというのは、全国で唯一新白河駅だけ。市街地の中心駅は、3キロほど先にある東北本線の白河駅の方である。

0022
安積永盛／あさかながもり
【JR】東北本線・水郡線
福島県郡山市笹川3丁目

1909年（明治42）10月、笹川駅として開設され、1931年（昭和6）10月、安積永盛駅に改称される。翌月、千葉県の成田線で笹川駅が開業することによる改称である。東北本線と水郡線の接続駅。駅名は1889年（明治22）4月の町村制で発足した安積郡永盛村（→永盛町）に由来。同町は1954年（昭和29）12月の合併で安積町（現・郡山市）になり消滅するが、最初の駅名の「笹川」という地名は駅の周辺に現存している。

0023
五百川／ごひゃくがわ
【JR】東北本線
福島県本宮市荒井

1921年（大正10）4月、五百川信号場として開設され、1948年（昭和23）12月、駅に昇格。駅の西側に東北本線と平行に走る東北自動車道の本宮インターチェンジがある。駅名は駅の南側を流れている萩姫伝説の五百川に由来する。「京から数えて500本目の川岸に霊泉があり、それにつかると病が治る」という不動明王のお告げがあった川が五百川で、磐梯熱海温泉がその霊泉だといわれている。

0024
安達／あだち 〔JR〕東北本線

福島県二本松市油井

1917年（大正6）7月に開設された旧安達町の玄関駅。2005年（平成17）、二本松市と合併したことにより町名は消滅し、駅名と地名が一致しなくなった。阿武隈川のほとりの鬼婆伝説で知られる安達ヶ原や二本松市役所安達支所、郵便局、学校などの名称に旧町名が残っている。駅の東側の地下を東北新幹線が走り抜け、その上を国道4号が通っている。旧町名に由来している駅名は、西方にそびえている安達太良山《あだたらやま》（1700メートル）に因む。

0025
白石蔵王／しろいしざおう 〔JR〕東北新幹線

宮城県白石市大鷹沢

1982年（昭和57）6月、東北新幹線の開通に伴い開設される。在来線とは接続していない新幹線の単独駅。白石市の玄関駅である東北本線白石駅から、南東に2キロほど離れている。これまでの例からすれば「新白石駅」とするのが普通だが、蔵王山への玄関口であることをアピールするため、蔵王山の山名を駅名に組み入れて「白石蔵王駅」になった。しかし、白石蔵王駅と蔵王山とは20数キロも離れている。

0026
館腰／たてこし 〔JR〕東北本線

宮城県名取市植松4丁目

1985年（昭和60）4月に開設された駅。2007年（平成19）に仙台空港鉄道が開業するまでは、仙台空港へのアクセス駅として機能しており、「仙台空港口」という副駅名も付けられていた。駅名は1889年（明治22）4月の町村制で発足した館腰村に由来。同村は1955年（昭和30）4月の合併で名取町（現・名取市）になり消滅。だが、郵便局や公民館、小学校、神社名などに旧村名をとどめている。

0027 **品井沼／しないぬま**［JR］東北本線

宮城県宮城郡松島町幡谷

1918年（大正7）8月、幡谷《はたや》信号場として開設され、1932年（昭和7）12月に駅に昇格と同時に品井沼駅に改称。東北本線が開通した当時は、品井沼駅から利府駅の間は山側を通っていたが、1944年（昭和19）年に海側のルートが建設されたことにより、1962年（昭和37）4月、山側ルートの品井沼ー利府間は廃止される。駅名は、かつて駅の近くに品井沼という沼があったことに由来する。現在は干拓され消滅している。

0028 **小牛田／こごた**［JR］東北本線・石巻線・陸羽東線

宮城県遠田郡美里町藤ケ崎町

1890年（明治23）4月、日本鉄道の駅として開設。1909年（明治42）10月、国有化され東北本線となる。1912年（大正元）10月、仙北軽便鉄道（現・石巻線）が、翌年4月に陸羽線（現・陸羽東線）が開通し、3線の接続駅になる。宮城県北部における交通の要地。駅名は1889年（明治22）4月の町村制で発足した小牛田村（→小牛田町）に由来。2006年（平成18）1月の合併で美里町になり消滅。公共施設などに名残をとどめる。

0029 **くりこま高原／くりこまこうげん**［JR］東北新幹線

宮城県栗原市志波姫新熊谷

東北新幹線が開通してから8年後の1990年（平成2）3月に開設された新幹線の単独駅。駅の周辺は純農村地帯だが、駅前にショッピングセンターやホテルなどの商業施設が進出し、新幹線駅の体裁を整えつつある。駅の周囲に広大な駐車場を有し、新幹線で通勤する人が多い。駅を開設する前は「栗原登米駅」とする予定だったが、観光振興を目的に

「くりこま高原駅」になった。しかし、駅から栗駒高原まで約30キロも離れている。

0030
水沢江刺／みずさわえさし［JR］東北新幹線

岩手県奥州市水沢区羽田町

1982年（昭和57）6月に東北新幹線が開通し、それから3年後の1985年（昭和60）3月、北上川東岸の田園地帯の中に開設された。新幹線専用駅である。駅が旧・水沢市内に設置されることから、当初は「新水沢駅」とする予定だったが、旧・江刺市との境界線に近いことから、旧・江刺市側の要望で「水沢江刺駅」にしたという経緯がある。したがって、駅名の半分が越境駅だといえる。水沢市と江刺市は、2006年（平成18）の合併で奥州市になった。

0031
花巻空港／はなまきくうこう［JR］東北本線

岩手県花巻市二枚橋

1922年（大正11）7月、二枚橋信号場として開設され、1932年（昭和7）11月、駅に昇格。1988年（昭和63）3月、花巻空港駅に改称するが、花巻空港のターミナルまでは3キロも離れている。そのためアクセス駅として機能していなかったが、2013年（平成25）10月から、盛岡市内と花巻空港を結ぶ路線バスが当駅を経由するようになった。駅の近くに、東北自動車道の花巻インターチェンジがある。

0032
古館／ふるだて［JR］東北本線

岩手県紫波郡紫波町中島

1944年（昭和19）10月、古館信号場として開設され、1949年（昭和24）3月、駅に昇格。東北新幹線が並行して走っており、駅舎は新幹線の高架下に設置されている。駅名は1889年（明治22）4月の町村制で発足した古館村に由来。同村は1955年（昭和30）4月の合併で紫波町になり消滅。公共施設などに旧村名が残っている。駅名は803年（延暦22）、坂上田村麻呂がこの地に斯波《しば》城という古い館を建てたことに由来する。

0033
近津／ちかつ［JR］水郡線

福島県東白川郡棚倉町寺山

1932年（昭和7）11月に開設。1面1線の無人駅で、駅の周辺に小さな集落が開けている。駅の東側を久慈川が流れている。駅名は1889年（明治22）4月の町村制で発足した近津山岡組合村に由来する。同村は1955年（昭和30）1月の合併で棚倉町になり消滅。だが、学校名や郵便局名などに「近津」の名をとどめている。駅の南側にある都都《つつ》古分《こわけ》神社は、茨城県大子《だいご》町の近津神社などとともに近津三社と呼ばれている。

0034
野木沢／のぎさわ［JR］水郡線

福島県石川郡石川町中野

1934年（昭和9）12月、磐城棚倉駅－川東駅間が延伸開業したことにともない、水郡北線と水郡南線がつながって水郡線と改称して開設される。駅舎にあぶくま石川農協野木沢支店が併設されている。駅の東側に市街地が開けており、駅の南方には西部工業団地がある。駅名は1889年（明治22）4月の町村制で発足した野木沢村に由来する。同村は1955年（昭和30）年3月の合併で石川町になり消滅。旧村名は小学校や郵便局などの名前にとどめている。

0035
泉郷／いずみごう［JR］水郡線

福島県石川郡玉川村小高

1934年（昭和9）12月に開設。駅前を石川街道（国道118号）が通り、西側を阿武隈川が蛇行しながら流れている。かつては福島空港のアクセス駅として路線バスも走っていたが、利用客が少なかったため廃止された。駅の南側に、あぶくま高原道路が東西に走っており、村内に玉川インターチェンジと福島空港インターチェンジがある。駅名は1889年（明治22）4月の町村制で発足した泉村に由来。同村は1955年（昭和30）3月の合併で玉川村になり消滅。

0036 川東／かわひがし ［ＪＲ］水郡線

福島県須賀川市小作田

１９３１年（昭和６）10月、水郡北線の終着駅として開設。１９３４年（昭和９）12月、川東駅－磐城棚倉駅間が開通して水郡南線とつながり水郡線の駅になる。駅のすぐ西側を阿武隈川が流れている。駅名は１８８９年（明治22）４月の町村制で発足した川東村に由来。村名は阿武隈川の東に位置していることに因む。同村は１９５５年（昭和30）１月、大森田村と合併して大東《おおひがし》村となり消滅し、１９６７年（昭和42）２月には須賀川市に編入される。

0037 小塩江／おしおえ ［ＪＲ］水郡線

福島県須賀川市塩田

１９５２年（昭和27）５月に開設。阿武隈川から東へ２キロほど離れた丘陵地帯にある駅で、周辺に小さな集落が点在している。駅名は１８８９年（明治22）４月の町村制で発足した小塩江村に由来する。同村は１９５４年（昭和29）３月の合併で須賀川市になり消滅。旧村名は１８８９年（明治22）４月の町村制施行の際に、合併した小倉村、塩田村、江持村の頭文字から１文字ずつ取って「小塩江」と命名されたものである。

0038 草野／くさの ［ＪＲ］常磐線

福島県いわき市平泉崎

１８９７年（明治30）８月、日本鉄道の駅として開設され、１９０６年（明治39）11月、国有化で常磐線の駅になる。駅名は１８８９年（明治22）４月の町村制で発足した草野村に由来。同村は１９５４年（昭和29）10月、平《たいら》市（現・いわき市）に編入されて消滅。旧村名は小中学校や郵便局などに名前をとどめている。

0039 木戸／きど ［ＪＲ］常磐線

福島県双葉郡楢葉町山田岡

1898年(明治31)8月、日本鉄道の駅として開設。1906年(明治39)11月に国有化され常磐線の駅になる。駅名は1889年(明治22)4月の町村制で発足した木戸村に由来。同村は1956年(昭和31)9月の合併で楢葉《ならは》町になり消滅。駅の西側を陸前浜街道(国道6号)が通り、「道の駅ならは」がある。

0040
竜田/たつた [JR] 常磐線

福島県双葉郡楢葉町井出

1909年(明治42)3月に貨物駅として開設され、後に旅客駅になる。楢葉町役場の最寄り駅で、役場の西側を陸前浜街道(国道6号)が通っている。駅名は1889年(明治22)4月の町村制で発足した竜田村に由来。同村は1956年(昭和31)9月、木戸村と合併して楢葉町となり消滅。

0041
磐城太田/いわきおおた [JR] 常磐線

福島県南相馬市原町区高

1898年(明治31)5月、日本鉄道の高《たか》駅として開設され、同年12月、磐城太田駅に改称。1906年(明治39)の国有化により常磐線の駅になる。駅名は1889年(明治22)年の町村制で発足した太田村に由来。同村は1954年(昭和29)3月の合併で原町市(現・南相馬市)になり消滅。混同を避けるため旧国名を冠している。

0042
原ノ町/はらのまち [JR] 常磐線

福島県南相馬市原町区旭町

1898年(明治31)4月、日本鉄道の駅として開設され、1906年(明治39)11月の国有化で常磐線の駅になる。南相馬市の玄関駅。駅名は旧市名(原町市)に由来する。駅名は「はらのまち」だが、地名は「はらまち」。駅名と地名が異なっているのは、陸前浜街道の宿場町は原町と表記して「はらのまち」と呼んでいたためとみられる。

0043
日立木／にったき［ＪＲ］常磐線

福島県相馬市赤木

１９２２年（大正11）８月に開設。駅名は１９００年（明治33）２月に発足した日立木村に由来。同村は１９５４年（昭和29）３月の合併で相馬市になり消滅。旧村名の「日立木」は、明治の中頃に日下《にっけ》石《し》、立谷《たちや》、赤木、柚木《ゆぬき》の４つの集落の合併で成立した合成地名。駅の周辺は農村地帯で、大小多くの溜め池が点在している。

0044
磐城常葉／いわきときわ［ＪＲ］磐越東線

福島県田村市船引町

１９２１年（大正10）４月に開設。駅名は自治体名の常葉町（現・田村市）を使っているが、駅が設置されているのは船引町。つまり越境駅で、磐城常葉駅は常葉町の中心から４キロほど離れている。当初は、常葉町に鉄道を通す計画だったが、住民たちの反対でルートが変更になった。だが、開通後に鉄道の重要性を悟った町民が、駅の建設費を自己負担し、常葉町の中心から最短距離の船引町に町名（常葉町）のついた駅が設置された。

0045
翁島／おきなしま［ＪＲ］磐越西線

福島県耶麻郡猪苗代町磐根中

１８９９年（明治32）７月、岩越《がんえつ》鉄道の駅として開設。１９０６年（明治39）11月に国有化。１９１７年（大正６）10月、磐越西線の駅となる。細菌学者として知られる野口英世が、清国から一時帰国した際に降り立ったのが、岩越鉄道の翁島駅だったという。駅名は１８８９年（明治22）４月の町村制で発足した翁島村に由来。同村は１９５５年（昭和30）３月の合併で猪苗代町になり消滅。旧村名は猪苗代湖で唯一の島の翁島にちなむ。

0046
堂島／どうじま［ＪＲ］磐越西線

福島県会津若松市河東町郡山

１９３４年（昭和９）11月に開設。磐越西線に沿って駅の西側を米沢街道（国道121号）が走っている。磐越西線は会津若松市でV字型にスイッチバックしているので、堂島駅から東へ行っても磐越西線の線路に出る。駅名は1889年（明治22）4月の町村制で発足した堂島村に由来。同村は1957年（昭和32）4月の合併で河東村（→河東町→会津若松市）になり消滅。駅が開設された当時の駅の住所は「会津若松市河東町堂島」だった。

0047
姥堂／うばどう【JR】磐越西線

福島県喜多方市塩川町新井田谷地

1934年（昭和9）11月に開設。駅のすぐ東側を会津縦貫北道路が走り、そこからさらに東へ1キロほどのところを米沢街道（国道121号）が通っている。駅名は1889年（明治22）4月の町村制で発足した姥堂村に由来。同村は1954年（昭和29）の合併で塩川町（現・喜多方市）となり消滅。

0048
会津本郷／あいづほんごう【JR】只見線

福島県会津若松市北会津町上米塚

1926年（大正15）10月に開設される。駅は会津若松市と会津美里町の境界近くにあり、駅の南側の「駅前」という地名は会津美里町に属している。会津美里町は2005年（平成17）10月、会津本郷町など3町村が合併して誕生したもので、駅は旧・会津本郷町の玄関口として設置されたもの。駅名も旧町の会津本郷町の自治体名に由来している。すなわち、会津本郷駅は隣接する会津若松市（旧・北会津村）に設置された越境駅である。

0049
新鶴／にいつる【JR】只見線

福島県大沼郡会津美里町立石田

1926年（大正15）10月に開設。かつては米の出荷駅として賑わった。駅の周辺は田園地帯だが、集落も形成されている。駅の東側には鶴沼川が流れ、北側を磐越自動車道が走っている。駅名は1898年（明治31）1月に発足した新鶴村に由来する。同村は2005年（平成17）10月の合併で会津美里町になり消滅。旧村の新鶴村は1898年（明治31）1月、新田村《にった》と鶴野辺村が合併し、両村の頭文字を取って生まれた合成地名。

0050
若宮／わかみや ［JR］只見線

福島県河沼郡会津坂下町五ノ併

1934年（昭和9）11月に開設。遠くに磐梯山を望む。駅の東側と西側に小さな集落がある。駅の南東に磐越自動車道の新鶴パーキングエリアがある。駅名は1889年（明治22）4月の町村制で発足した若宮村に由来。同村は1955年（昭和30）4月の合併で会津坂下町《あいづばんげ》になり消滅。

0051
置賜／おいたま ［JR］奥羽本線

山形県米沢市浅川

1917年（大正6）12月に開設された駅。駅の西側1キロほどのところを最上川が流れており、そこに架かっている橋は置賜橋（おきたまばし）という。また、米沢市の周辺地域を置賜《おきたま》地方といい、米沢盆地を置賜《おきたま》盆地ともいうが、正式な地名はない。地名の読みは「おきたま」だが、駅名は「おいたま」という。米沢地方の古称を「オイタマ」といい、「水の溜まったところ」の意。駅名はこの地方の古称に由来する。

0052
中川／なかがわ ［JR］奥羽本線

山形県南陽市小岩沢

1903年（明治36）11月に開設される。周囲を山に囲まれた狭い平地に駅がある。駅前を羽州街道（国道13号）が通り、そのバイパスが駅の北にそびえる岩部山の下をトンネルでくぐり抜けている。市街地は駅の南側に開けている。駅名は1889年（明治22）4月の町村制で発足した中川村に由来。同村は1955年（昭和30）6月の合併で赤湯町（現・南陽市）になり消滅。小中学校名や市役所の支所名にその名をとどめている。

0053
袖崎／そでさき ［JR］奥羽本線

山形県村山市土生田

1912年（明治45）4月、袖崎信号場として開設され、1918年（大正7）11月、駅に昇格。最上川の流域、村山市の北のはずれの田園地帯にある。駅の東側に国道13号が通り、その東側に並行して走っている羽州街道沿いに集落が形成されている。駅の東側の丘陵には湯舟沢温泉がある。駅名は1889年（明治22）4月の町村制で発足した袖崎村に由来。同村は1954年（昭和29）12月、村山市に編入され消滅するが、郵便局や農協名などにその名をとどめている。

0054 羽前豊里／うぜんとよさと ［JR］奥羽本線

山形県最上郡鮭川村石名坂

1921年（大正10）12月に開設。鮭川村の北端、真室川町との境界近くにある駅。鮭川村で唯一の鉄道駅だが、村の中心から5キロほど離れている。駅名は1889年（明治22）4月の町村制で発足した豊里村に、山形県の旧国名の「羽前」を冠したもの。同村は1954年（昭和29）12月の合併で鮭川村になり消滅。

0055 三関／みつせき ［JR］奥羽本線

秋田県湯沢市上関二ツ橋

1923年（大正12）11月、三関信号場として開設され、1930年（昭和5）7月、駅に昇格。山地と山地の間を、南北に走り抜けている奥羽本線に沿うように雄物川が流れている。駅の西側を羽州街道（国道13号）が、駅の東側をそのバイパスが鉄道に並行して通っている。駅前は「上関《かみせき》」、そこから2キロほど北には「下関《しもせき》」が、さらにその北東に「関口」があるが、「三関」という地名は存在しない。駅名は上関、下関、関口の3つの関がついた村が合併してできた三関村に由来。

0056 北金岡／きたかなおか ［JR］奥羽本線

秋田県山本郡三種町志戸橋

1944年（昭和19）6月、金岡信号場として開設され、1952年（昭和27）2月、駅に昇格。「北」の文字を冠して「北金岡駅」としたのは、JR阪和線の金岡駅（現・堺市駅）との混同を避けるための措置である。駅の周辺には多くの溜め池が点在している。駅名は1889年（明治22）4月の町村制で発足した金岡村に由来。同村は1955年（昭和30）4月の合併で山本村（→山本町→三種町）となり消滅。

0057
富根／とみね［JR］奥羽本線

秋田県能代市二ツ井町飛根

1907年（明治40）1月に開設。駅の北側を流れている米代川と、奥羽本線の間の狭い平地に集落が形成されている。駅のすぐ南側を羽州街道（国道7号）が奥羽本線に並行して通っており、その南側を秋田自動車道が走っている。駅名は1889年（明治22）年4月の町村制で発足した富根村に由来。同村は1955年（昭和30）3月の合併で二ツ井町（現・能代市）になり消滅。

0058
下川沿／しもかわぞい［JR］奥羽本線

秋田県大館市川口

1950年（昭和25）11月、下川沿仮乗降場として開設され、1954年（昭和29）5月、駅に昇格。駅の北側に市街地が形成されている。駅のすぐ南側を羽州街道（国道7号）が通っており、その南を流れる米代川との間に田園地帯が広がっている。駅名は1889年（明治22）4月の町村制で発足した下川沿村に由来。同村は1955年（昭和30）3月、大館市に編入され消滅。プロレタリア作家として名高い小林多喜二の出身地で、駅前には小林多喜二生誕の地碑が設置されている。

0059
中郡／ちゅうぐん［JR］米坂線

山形県東置賜郡川西町時田

1926年（大正15）に米坂線が米沢駅から今泉駅まで開通した際に開設された、米沢市との境界近くにある駅。駅名は1889年（明治22）4月の町村制で発足した中郡《ちゅうぐん》村に由来。同村は1955年(昭和30)1月の合併で川西町になり消滅。神奈川県にある郡名の「中郡」も、かつて京都府にあった「中郡」も「なかぐん」と読むが、「なかぐん駅」ではなく、「ちゅうぐん駅」である。郡の中央に位置していることを意味する地名である。

0060
犬川／いぬかわ 【JR】米坂線

山形県東置賜郡川西町小松

1926年(大正15)9月に米坂線の米沢駅－今泉駅間が開通した際に開設された。駅の東側を長井街道(国道287号)が通り抜けている。駅の西側丘陵に下小松古墳群がある。駅名は1889年(明治22)4月の町村制で発足した犬川村に由来する。同村は1955年(昭和30)1月の合併で川西町になり消滅。旧村名は最上川支流の犬川が村内を流れていたことに因む。

0061
高瀬／たかせ 【JR】仙山線

山形県山形市下東山

1950年(昭和25)7月に開設された山形盆地の東縁にある駅。駅の西側で村山高瀬川と大門川が合流している。その少し下流に高瀬橋が、さらにその下流に高瀬川橋が架かっている。駅名は1889年(明治22)4月の町村制で発足した高瀬村に由来。同村は1954年(昭和29)10月、山形市に編入され消滅。郵便局や小学校などに旧村名が残る。

0062
楯山／たてやま 【JR】仙山線

山形県山形市風間

1933年(昭和8)10月に開設された山形市近郊にある駅。かつて、駅の近くに石油油槽所があり貨物も扱っていた。駅の西側を羽州街道(国道13号)が南北に通じ、羽州街道と交差する山形自動車道の山形北インターチェンジが駅の南にある。駅名は1889年(明治22)4月の町村制で発足した楯山村に由来するが、同村は1954年(昭和29)10月、高瀬村などとともに山形市に編入されて消滅。

0063
佳景山／かけやま ［JR］石巻線

宮城県石巻市鹿又

1912年（大正元）10月、仙北軽便鉄道の駅として開設され、1919年（大正8）4月の国有化により仙北軽便線に、1922年（大正11）9月に石巻線になる。石巻市の北部にある駅で、近くを旧北上川がゆったりと流れている。駅のすぐ南に欠山という標高91・2メートルの小高い山がそびえているが、駅名はこの山に由来している。山頂は遠く石巻湾から牡鹿半島まで見渡せる絶景の地であることから、〝佳景の山〟と呼ばれるようになった。

0064
陸前稲井／りくぜんいない ［JR］石巻線

宮城県石巻市井内

1939年（昭和14）10月に開設。旧北上川の左岸にある駅で、駅の南側は丘陵地、北側に住宅地が広がっている。駅名（稲井）と地名（井内）は、読みは同じだが文字が異なる。駅名は1889年（明治22）4月の町村制で、井内村など9村が合併して発足した稲井村に由来。「稲がよく育つ田でありますように」との願いを込め、役場が置かれた井内村の読みに「稲井」の文字を当て新村名とした。

0065
のの岳／ののだけ ［JR］気仙沼線

宮城県遠田郡涌谷町猪岡短台

1968年（昭和43）10月、柳津線の駅として開設され、1977年（昭和52）12月に気仙沼線に改称。旧北上川と迫川の合流点付近にある駅。駅の西方にそびえる篦岳《ののだけ》に由来。駅から篦岳まで直線で5キロ近くも離れているが、篦岳の登山口になっており、篦岳の山頂に篦岳観音が鎮座している。山名が難読なため、ひらがな表記の駅名になっている。

0066
真滝／またき ［JR］大船渡線

岩手県一関市滝沢

1925年（大正14）7月、大船渡線の開業にともない開設される。駅は北上川支流の滝沢川の西岸、周りを丘陵に囲まれた狭い平地にある。最近開通した羽州街道（国道２８４号）の真滝バイパスが、駅から少し離れたところを走っており、駅前を通る旧国道沿いに集落が形成されている。駅名は１８８９年（明治22）４月の町村制で発足した真滝村に由来する。同村は１９４８年（昭和23）４月の合併で一関市になり消滅。

0067
新月／にいつき［JR］大船渡線

岩手県一関市室根町折壁

１９２９年（昭和４）７月に開設。宮城県との県境近くの山間にある駅で、１００メートル足らずで県境を越える。駅の北側を気仙沼湾に注いでいる大川が流れ、その北側に気仙沼街道（国道２８４号）が通っている。駅名は１８８９年（明治22）４月の町村制で発足した新月村に由来。同村は１９５５年（昭和30）２月、気仙沼市に編入され消滅。だが駅は岩手県一関市にある。つまり新月駅は越境駅である。大船渡線の沿線に駅を設けるスペースがなかったため、やむを得ず県境を越えて岩手県側に設置された。

0068
川渡温泉／かわたびおんせん

［JR］陸羽東線

宮城県大崎市鳴子温泉田中

１９１４年（大正３）４月に川渡駅として開設され、１９９７年（平成９）３月、川渡温泉駅に改称される。駅前を北羽前街道（国道47号）が通っており、その沿道に市街地が形成されている。駅名は「川渡温泉」だが、駅の住所は「鳴子温泉」。川渡温泉は鳴子温泉郷の東の玄関口にある温泉である。駅の南側を西から東に流れている江合《えあい》川の対岸、川渡大橋を渡った先に温泉街がある。川渡温泉の「川渡」は、江合川の渡河地点を示す地名である。

0069
中山平温泉／なかやまだいらおんせん

［JR］陸羽東線

宮城県大崎市鳴子温泉星沼

１９１７年（大正６）11月に中山平駅として開設され、１９９７年（平成９）３月、中山平温泉駅に改称。陸羽東線には「奥の細道湯けむりライン」の愛称がつけられているように、沿線に温泉地が多いことをアピールするための改称である。駅名は温泉名に由来するが、駅の住所は鳴子温泉。このように駅名と地名は一致していない。中山平温泉は鳴子温泉郷の西の玄関口にある温泉で、駅からほど近くに、景勝地として知られる鳴子峡がある。

0070
赤倉温泉／あかくらおんせん

［JR］陸羽東線

山形県最上郡最上町富澤

１９１７年（大正６）11月、富沢駅として開設され、１９５２年（昭和27）11月、羽前赤倉駅に改称。さらに１９９９年（平成11）12月には赤倉温泉駅に改称される。駅前を北羽前街道（国道47号）が通っている。明神山と大明神山に挟まれた山間にある駅。駅名は赤倉温泉に由来し、赤倉温泉の最寄り駅になっているが、駅から温泉街までは約４キロも離れている。

0071
上浜／かみはま［JR］羽越本線
秋田県にかほ市象潟町洗釜

1952年（昭和27）3月に開設。鳥海山の山裾が海に落ち込んでいる日本海沿岸にある駅。駅のすぐ西側を羽州浜街道（国道7号）が通り、街道沿いに住宅が建ち並んでいる。駅前に「上浜駅設置記念碑」と刻まれた大きな石碑が立っている。駅名は1889年（明治22）4月の町村制で発足した上浜村に由来。同村は1955年（昭和30）3月の合併で象潟町《きさかた》（現・にかほ市）になり消滅。

0072
ほっとゆだ／ほっとゆだ［JR］北上線
岩手県和賀郡西和賀町川尻

1922年（大正11）12月、西横黒《おうこく》線の陸中川尻駅として開設され、1991年（平成3）6月、ほっとゆだ駅に改称。西和賀町の玄関駅で、錦秋湖畔に市街地が開けている。湯田温泉峡の最寄り駅になっている。全国でも珍しい、温泉施設が併設された駅舎は「東北の駅百選」に選定されている。駅名は駅に開設された温泉施設「ほっとゆだ」に由来する。観光客の誘致を狙い、温泉地であることをイメージしたネーミングに改名したものである。

0073
小岩井／こいわい［JR］田沢湖線
岩手県滝沢市大釜風林

1921年（大正10）6月に開設。岩手県の代表的な観光地のひとつで、日本最大の民営農場として知られる小岩井農場の最寄り駅。観光客の利用が多い駅である。駅名は小岩井農場に由来するが、小岩井農場は駅から6キロほど離れており、滝沢市と隣接する雫石町とにまたがっている。越境駅のひとつだといえる。農場名は共同開設者の小野、岩崎、井上の3氏の頭文字を取って命名されたもの。

0074
柴平／しばひら［JR］花輪線
秋田県鹿角市花輪堰ノ口

1923年（大正12）11月、秋田鉄道の駅として開設され、1934年（昭和9）6月に国有化。駅の東側を津軽街道（国道282号）が、西側を東北自動車道が通り、さらにその西側を米代川が流れている。町はずれにある駅だが、鹿角市役所から最も近い駅である。駅名は1889年（明治22）4月の町村制で発足した柴平村に由来。同村は1956年（昭和31）9月の合併で花輪町（現・鹿角市）になり消滅。

0075
沢目／さわめ［JR］五能線
秋田県山本郡八峰町峰浜水沢

1926年（大正15）4月に開設。能代平野北部にある駅。白神八峰商工会峰浜支所を併設した比較的大きな駅舎である。駅前を通っている県道と、駅の西側を通っている能代街道（国道101号）沿いに住宅が建ち並んでいる。駅名は1889年（明治22）4月の町村制で発足した沢目村に由来。同村は1955年（昭和30）4月の合併で峰浜村（現・八峰町）になり消滅。

0076
あきた白神／あきたしらかみ［JR］五能線
秋田県山本郡八峰町八森

1997年（平成9）10月に新しく開設された駅で、五能線のすべての列車が当駅で停車する。隣の滝ノ間駅との駅間距離はわずか1・6キロしかない。駅近くの日本海岸に「八森いさりび温泉ハタハタ館」がある。駅名は県名を「あきた」と平仮名で表記し、それに世界遺産に登録されている白神山地の「白神」をつなぎ合わせたもの。白神山地は駅の北東、青森と秋田県の県境に横たわっている。

0077
大戸瀬／おおどせ［JR］五能線
青森県西津軽郡深浦町田野沢

1933年（昭和8）11月に開設された日本海沿岸にある駅。駅舎は漁師の番小屋を模したもの。駅前を通っている大間越街道（国道101号）沿いに人家が点在している。駅名は1889年（明治22）4月の町村制で発足した大戸瀬村に由来。同村は1

955年（昭和30）7月の合併で深浦町になり消滅。駅から2キロほど東に、旧村名の由来になった大戸瀬崎という岬がある。

0078
鳴沢／なるさわ
【JR】五能線
青森県西津軽郡鰺ヶ沢町北浮田町

1925年（大正14）5月に開設。鰺ヶ沢町の外れ、津軽半島の付け根付近に位置する。津軽半島の西側一帯は全国でも有数の溜め池の密集地で、駅の周辺にも無数の溜め池が点在している。駅名は1889年（明治22）4月の町村制で発足した鳴沢村に由来。同村は1955年（昭和30）3月の合併で鰺ヶ沢町になり消滅。旧村名の由来になった鳴沢川が駅の南側を流れている。小学校、郵便局、公民館などの公共施設に旧村名が残っている。

0079
あまや／あまや
【会津鉄道】会津線
福島県会津若松市大戸町宮内

会津鉄道は1987年（昭和62）の国鉄分割民営化で第三セクターに転換された鉄道で、あまや駅は1999年（平成11）8月に新しく開設されたもの。周辺一帯は福島名産の身不知柿の産地として知られている。駅前を南北に通っている会津西街道（国道118号）沿いに住宅が建ち並んでいる。駅名は大戸町内にある「雨屋」という地名を、平仮名で表記したもの。

0080
芦ノ牧温泉／あしのまきおんせん
【会津鉄道】会津線
福島県会津若松市大戸町上三寄乙

1927年（昭和2）11月、国鉄会津線の上三寄《かみみより》駅として開設。1987年（昭和62）7月、国鉄の分割民営化により会津線は第三セクターの会津鉄道に転換され、観光客の誘致を狙って上三寄駅から芦ノ牧温泉駅に改称される。だが、当駅から芦ノ牧温泉までは4キロほど離れているので、最寄り駅というにはやや無理がある。駅の東側に会津西街道（国道118号）が通り、道路沿いに住宅が建ち並んでいる。２００８年（平成20）４月、猫の「ばす」が名誉駅長に就任して話題を呼んだ。

0081
会津荒海／あいづあらかい
【会津鉄道】会津線
福島県南会津郡南会津町関本

１９４７年（昭和22）12月、国鉄会津線の荒海駅として開設される。１９８７年（昭和62）７月、国鉄の分割民営化で会津鉄道に転換され、会津荒海駅に改称。駅の南側で阿賀川と支流の穴沢川が合流している。駅名は１８８９年（明治22）４月の町村制で発足した荒海村に由来。同村は１９５５年（昭和30）４月の合併で田島町（現・南会津町）になり消滅。駅から南西に70キロほど離れた栃木県との県境に、村名の由来となった荒海山がそびえている。

0082
会津高原尾瀬口／あいづこうげんおぜぐち
【会津鉄道】会津線、【野岩鉄道】会津鬼怒川線
福島県南会津郡南会津町滝原

１９５３年（昭和28）11月、国鉄会津線の会津滝ノ原駅として開設。１９８６年（昭和61）10月、野岩鉄道会津鬼怒川線の開通で両線の接続駅となり、会津高原駅に改称される。１９８７年（昭和62）７月の国鉄分割民営化で第三セクターの会津鉄道に転換され、２００６年（平成18）に会津高原尾瀬口駅に改称。福島県と栃木県の境界近くの山間にある駅。駅名は会津高原と尾瀬の入口であることに由来する。だが、尾瀬までは駅から数十キロも離れている。

0083
岩代清水／いわしろしみず
【福島交通】飯坂線
福島県福島市泉大仏

１９２５年（大正14）６月、飯坂電車の清水役場前駅として開設。１９２７年（昭和２）10月、福島電気鉄道になり、１９４４年（昭和19）に岩代清水駅に改称。１９６２年（昭和37）７月、福島交通に社名変更。阿武隈川支流の松川の南岸にある駅で、朝と夕方にのみ駅員を配置している。駅の周囲は市街地化されている。駅名は１８８９年（明治22）４月の町村制で成立した清水村に由来。同村は１９４

7年（昭和22）3月、福島市に編入され消滅。「岩代」は福島県中西部の旧国名。

0084
上松川／かみまつかわ
【福島交通】飯坂線

福島県福島市南沢又上並松

1964年（昭和39）11月に開設。福島駅から北へ3・7キロほど行った市街地の中にある駅。駅の南側を阿武隈川支流の松川が流れ、松川の北岸から駅の周辺にかけて多くの団地がある。福島市内に東北本線の松川駅があるが、上松川駅とは約16キロも離れている。東北本線の松川駅は福島市の南に隣接する旧・松川町の玄関駅。上松川駅は駅の南側を流れる松川の上（北）に位置していることに由来する駅名である。

0085
花水坂／はなみずざか
【福島交通】飯坂線

福島県福島市飯坂町町裏

1924年（大正13）4月、福島飯坂電気軌道の飯坂駅として開設される。1927年（昭和2）3月に飯坂温泉まで延伸され、飯坂温泉駅が開設されたことにともない、混同を避けるため飯坂駅から花水坂駅に改称される。だが、終点の飯坂温泉駅とは500メートルほどしか離れていないため温泉街に近く、駅の近くには飯坂温泉の共同浴場もある。駅の東側を阿武隈川支流の摺上《すりかみ》川が流れ、温泉情緒を漂わせている。駅名は近くにある坂道の花水坂に由来。

0086
富野／とみの
【阿武隈急行】阿武隈急行線

福島県伊達市梁川町舟生

1988年（昭和63）7月に開設。福島盆地の北部、旧・梁川町郊外にある駅。駅の西側を、仙台湾に注いでいる阿武隈川がゆったりと流れ、対岸に国道349号が通っている。国道と阿武隈川の間に田畑が広がり、のどかな風景を漂わせている。集落は駅の周辺と丘陵の麓に形成され、駅の南側に富野小学校がある。駅名は1889年（明治22）4月の町村制で発足した富野村に由来。同村は1955年

（昭和30）３月の合併で梁川町（現・伊達市）になり消滅。

0087 兜／かぶと【阿武隈急行】阿武隈急行線

福島県伊達市梁川町舟生

１９８８年（昭和63）７月に開設。阿武隈高地の山間にある駅で、「民話の里」をキャッチフレーズにしている。駅の西側を阿武隈川が流れ、駅の付近から下流１キロほどが福島県と宮城県の県境になっている。対岸の宮城県側を国道３４９号が走っている。阿武隈川の上流数百メートルのところに兜橋が架かっている。かつて、駅の近くに福島県側と宮城県側を結ぶ「兜の渡し」があり、両岸に記念碑が建っている。駅名はこの「兜の渡し」に由来。

0088 おりはた／おりはた【山形鉄道】フラワー長井線

山形県南陽市漆山

１９５９年（昭和34）６月に西宮内駅として開設。１９８８年（昭和63）10月、第三セクターの山形鉄道に移管され、「おりはた駅」に改称。米沢盆地の北縁にある駅で、駅の南側に工業団地がある。この付近一帯は明治時代、製糸で栄えた。駅の北側にそびえる丘陵の麓には、「鶴の恩返し」の民話が伝わる鶴布山珍蔵寺《かくふざんちんぞうじ》や夕鶴の里資料館などがあり、民話の里として知られている。駅名は駅の東側を流れている織機川に由来し、それを平仮名で表記したもの。

0089 蚕桑／こぐわ【山形鉄道】フラワー長井線

山形県西置賜郡白鷹町高玉

１９２２年（大正11）12月に開設。１９８８年（昭和63）10月、第三セクターの山形鉄道に移管される。最上川の西岸に広がる田園地帯の中にある駅で、駅舎は屋内運動場や交流広場などからなる「こぐわ紬パーク」の中にある。駅の周囲に小さな集落が点在し、最上川の対岸に国道２８７号が通っている。駅名は１８８９年（明治22）４月の町村制で発足した蚕桑村に由来。同村は１９５４年（昭和29）10月の合併で白鷹《しらたか》町になり消滅。

0090
四季の郷／しきのさと 【山形鉄道】フラワー長井線

山形県西置賜郡白鷹町鮎貝

2007年（平成19）10月、地元の要望で新しく設置された駅。白鷹町の中心部から比較的近く、駅は最上川を渡った先にある。駅の南側から最上川の北岸にかけて、のどかな田園風景が広がっている。駅の近くに、「四季の郷」というレジャー施設のようなものがあるわけではなく、駅名は公募によるもの。四季それぞれに、豊かな自然があふれるイメージを感じさせる名称だとして、駅名に採用された。

0091
恋し浜／こいしはま 【三陸鉄道】南リアス線

岩手県大船渡市三陸町綾里小石浜

1985年（昭和60）10月、小石浜駅として開設され、2009年（平成21）7月、恋し浜駅に改称。三陸海岸沿岸にある駅で、トンネルとトンネルに挟まれた高台にある。小石浜漁港はホタテ貝の名産地。地名の小石浜に「恋し浜」の文字を当て、ホタテのブランドとして売っている。駅名は、ホタテブランドの「恋し浜」に因んで改名したもの。

0092
渋民／しぶたみ 【IGRいわて銀河鉄道】いわて銀河鉄道線

岩手県盛岡市玉山区下田陣場

1943年（昭和18）10月、渋民信号場として開設され、1950年（昭和25）12月、駅に昇格。2002年（平成14）12月、東北新幹線が八戸市まで延伸されたのに伴い第三セクターに転換。盛岡市の近郊、北上川流域の農村地帯にある駅で、石川啄木の出身地として有名。啄木にゆかりの史跡が多い。駅名は1889年（明治22）4月の町村制で発足した渋民村に由来。同村は1954年（昭和29）4月の合併で玉山村（現・盛岡市）になり消滅。

0093
子吉／こよし 【由利高原鉄道】鳥海山ろく線

秋田県由利本荘市玉ノ池

1922年（大正11）8月、横荘鉄道の玉ノ池停留場として開設。1926年（大正15）10月、駅に昇格と同時に子吉駅に改称。1937年（昭和12）9月の国有化で矢島線になり、1985年（昭和60）10月、第三セクターの由利高原鉄道に転換された。本荘平野の南部にある駅で、駅名は1889年（明治22）4月の町村制で発足した子吉村に由来。同村は1954年（昭和29）3月に本荘町（→本荘市→由利本荘市）に編入され消滅。

0094
西滝沢／にしたきさわ ［由利高原鉄道］鳥海山ろく線

秋田県由利本荘市蟹沢

1937年（昭和12）12月に開設。1985年（昭和60）10月、第三セクターの由利高原鉄道に転換される。本荘平野から日本海に注いでいる子吉川流域の山間にある駅。駅の西側を矢島街道（国道108号）が走っており、道路沿いに集落が形成されている。駅名は1889年（明治22）年4月の町村制で発足した西滝沢村に由来。同村は1955年（昭和30）3月の合併で由利村（→由利町→由利本荘市）になり消滅。旧村名は「にしたきざわ」と濁る。

0095
合川／あいかわ ［秋田内陸縦貫鉄道］秋田内陸線

秋田県北秋田市下杉川井境

1934年（昭和9）12月に阿《あ》仁《に》合《あい》線の羽《う》後《ご》上《うえ》大《おお》野《の》駅として開設され、1956年（昭和31）4月、合川駅に改称。1986年（昭和61）11月、第三セクターの秋田内陸縦貫鉄道に転換。駅名は1955年（昭和30）3月の合併で発足した合川町に由来。同町は2005年（平成17）3月の合併で北秋田市になり消滅。阿仁川の右岸にある旧・合川町の玄関駅で、急行の停車駅。合川という地名は「阿仁川と小阿仁川が合流する地点」という意味から生まれた。

0096
阿仁マタギ／あにまたぎ ［秋田内陸縦貫鉄道］秋田内陸線

秋田県北秋田市阿仁中村

1989年（平成元）4月、秋田内陸縦貫鉄道が

全通し、比立内《ひたちない》駅と松葉駅の間に6駅が新しく開設された。阿仁マタギ駅はそのうちのひとつ。出羽山地の山間にある駅で、駅の南側を打当川《うっとうがわ》が流れ、北側を通る県道沿いに人家が点在している。駅の周辺集落はマタギの発祥地だといわれ、マタギ資料館がある。マタギとは、古くから東北地方の山間に住み、狩猟を生業としてきた集団をいう。駅名はここがマタギの発祥地であることから命名された。

0097
三戸／さんのへ
【青い森鉄道】青い森鉄道線

青森県三戸郡南部町大向

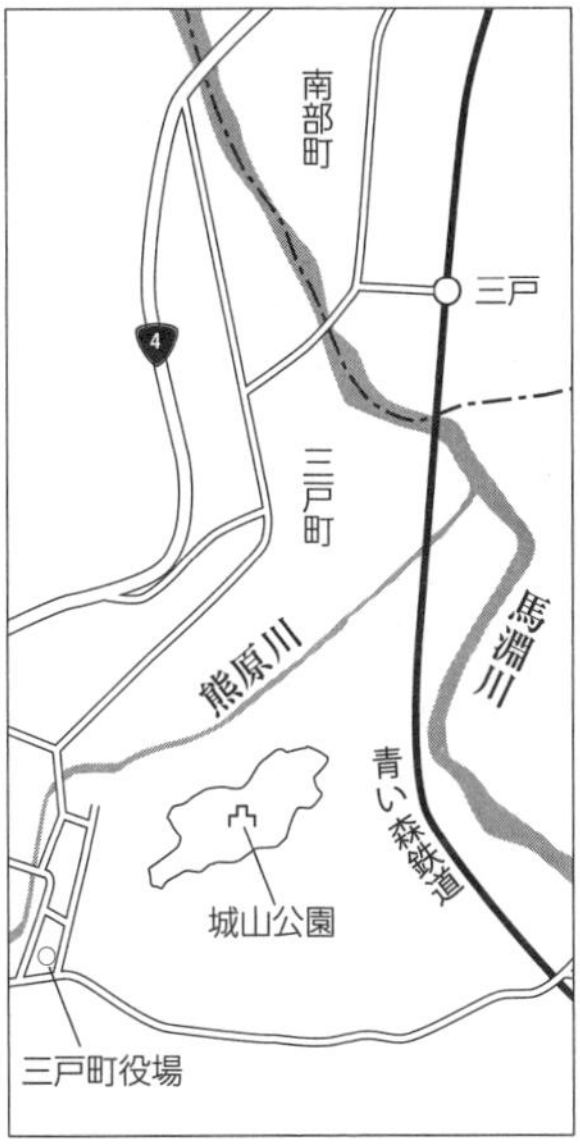

1891年（明治24）9月、日本鉄道の三ノ戸駅として開設。1906年（明治39）11月に国有化され、翌年11月、三戸駅に改称。2002年（平成14）年12月に東北新幹線が八戸まで延伸されたことにともない、東北本線は第三セクターの青い森鉄道に転換される。馬淵《まべち》川の右岸にある旧・東北本線の主要駅で、かつては特急も停車していた。駅名は「三戸」だが所在地は南部町。つまり三戸町の越境駅で、馬淵川を渡った先が三戸町である。

0098
下田／しもだ
【青い森鉄道】青い森鉄道線

青森県上北郡おいらせ町境田

1891年（明治24）12月、日本鉄道の駅として開設され、1906年（明治39）11月に国有化。2010年（平成22）12月、東北新幹線の全線開通に伴い、東北本線の八戸－青森間が第三セクターの青い森鉄道に移管される。奥入瀬川が駅の北を流れている。おいらせ町役場の最寄り駅だが、町役場は奥入瀬川の対岸にある。駅名は1889年（明治22）

４月の町村制で発足した下田村（→下田町）に由来。同町は２００６年（平成18）３月の合併で「おいらせ町」になり消滅。

0099
平賀／ひらか 【弘南鉄道】弘南線

青森県平川市本町北柳田

１９２７年（昭和2）９月に開設。弘前市の東に隣接する平川市の玄関駅で、駅舎は「東北の駅百選」に選定されている。駅から東へ数百メートルのところに平川市役所がある。駅名は１９５５年（昭和30）３月の合併で発足した平賀町に由来。同町は２００６年（平成18）１月の合併で平川市になり消滅。平賀を「ひらが」と呼び間違えられやすいが、「ひらか」と濁らない。新市名の「平川」は、岩木川支流の平川に由来している。

0100
津軽尾上／つがるおのえ 【弘南鉄道】弘南線

青森県平川市中佐渡南田

１９２７年（昭和2）７月に開設。平川市の北部にある駅で、平川市役所へ行くより隣接する黒石市の市役所の方が近い。「東北の駅百選」に選定されている名駅舎で、近くに東北地方を代表する庭園として名高い盛美園（国の名勝）がある。駅名は１８８９年（明治22）４月の町村制で発足した尾上村（→尾上町）に由来。同町は２００６年（平成18）１月の合併で平川市となり消滅。尾上を「おのうえ」と読み間違えられやすいが「おのえ」である。

0101
十川／とがわ 【津軽鉄道】津軽鉄道線

青森県五所川原市漆川

１９６１年（昭和36）４月に開設された津軽鉄道では最も新しい駅。起点の津軽五所川原駅の次にある駅で、市街地化が進みつつあり、駅の東側には工業団地が形成されている。駅の北側は津軽自動車道と小泊道（国道３３９号）が交わる道路交通の要地になっている。駅名は市内を流れる十川に由来する。岩木川支流の旧十川と松野木川の合流点が駅の西側にある。

第3章　関東の駅名

0102
田町／たまち
［ＪＲ］東海道本線（山手線・京浜東北線）

東京都港区芝5丁目

1909年（明治42）12月に開設。正式な路線名は東海道本線だが、東海道本線の列車は停車しない。都営地下鉄浅草線の三田駅との接続駅。駅前を第一京浜（国道15号）が通っており、企業のオフィスや大学、高校などの教育施設が多い。駅名は、かつて存在していた町名の「田町」に由来する。明治初期には「芝」という文字を冠して「芝田町」と呼ばれていた。田畑であった地に街が形成されたことから生まれた地名だと思われる。現在は駅周辺の通称名として呼ばれている。

0103
品川／しながわ
［ＪＲ］東海道新幹線・東海道本線（山手線・京浜東北線・横須賀線）、［京浜急行電鉄］本線

東京都港区高輪3丁目

1872年（明治5）6月に開設。1885年（明治18）3月、日本鉄道の品川線（現・山手線）が乗り入れ、1906年（明治39）11月に国有化。1904年（明治37）5月には京浜電気鉄道（現・京浜急行）の品川駅が開設され、両線の接続駅になる。2003年（平成15）10月、東海道新幹線の品川駅が開設され、東京南部の一大ターミナルに。駅の東側には再開発による超高層ビルが林立している。駅は品川区ではなく港区に設置されている越境駅だが、駅が開設された当時、港区は存在していなかった。駅名は駅の南側を流れている目黒川の河口付近を品川湊と呼んでいたことに由来。

0104
目黒／めぐろ
［JR］山手線、［東京急行電鉄］目黒線、［東京地下鉄］南北線、［東京都交通局］三田線

［JR］東京都品川区上大崎2丁目
［東京急行電鉄・東京地下鉄・東京都交通局］東京都品川区上大崎4丁目

1885年（明治18）3月、日本鉄道の駅として開設され、1906年（明治39）11月に国有化。1923年（大正12）3月、目黒蒲田電鉄（現・東京急行電鉄）の駅が開設され、2000年（平成12）9月には営団地下鉄（現・東京地下鉄）および都営地下鉄の駅が開設される。駅名は「目黒」だが、駅の所在地は品川区。当初は目黒村（現・目黒区）に設置される計画だったが、農業に悪影響を及ぼすなどの理由で地元住民の猛烈な反対でルート変更を余儀なくされ、目黒川の東岸の大崎村（現・品川区）に設置された。

0105
原宿／はらじゅく
［JR］山手線

東京都渋谷区神宮前1丁目

1906年（明治39）10月、日本鉄道の駅として開設され、翌月に国有化。「皇室専用ホーム」があることで知られている。西洋風の木造駅舎は「関東の駅百選」に選定されている。東京地下鉄の明治神宮前駅との接続駅。駅の西側に広がる広大な代々木公園には明治神宮が鎮座し、駅の東側は表参道や竹下通りなど、若い人たちに人気のエリアである。駅名は旧地区名に由来。1965年（昭和40）年まで、駅の東側に「原宿1～3丁目」という地名が存在していた。

0106
鶯谷／うぐいすだに
［JR］東北本線（山手線・京浜東北線）

東京都台東区根岸1丁目

1912年（明治45）7月に開設。上野駅の北隣にある山手線では乗降客数が最も少ない駅。上野公園の北側に位置し、東京藝術大学や寛永寺、東京国立博物館などに近い。鶯谷という正式な地名は存在せず、駅周辺の通称名になっている。江戸時代、寛永寺の住職が京からウグイスを運ばせてこの地に放ち、やがてウグイスの名所になった。駅名は、これに由来し、朝の通勤時間帯にホームのスピーカーからウグイスの鳴き声が流れる。

0107
御徒町／おかちまち

［JR］東北本線（山手線・京浜東北線）

東京都台東区上野5丁目

1925年（大正14）11月に開設。都営地下鉄大江戸線の上野御徒町駅、東京地下鉄銀座線の上野広小路駅および日比谷線の仲御徒町駅との接続駅。駅の北口から線路の西側を上野方面に向かってアメヤ横丁の商店街が続いている。駅名は主君を護衛する騎乗が認められていない下級武士の「徒（かち）」が住んでいたことに由来する。1964年（昭和39）まで「御徒町1〜3丁目」「仲御徒町1〜4丁目」という地名が存在していた。

0108
秋葉原／あきはばら

［JR］東北本線（山手線・京浜東北線）・総武本線、［東京地下鉄］日比谷線、［首都圏新都市鉄道］つくばエクスプレス

［JR］東京都千代田区外神田1丁目

［東京地下鉄・首都圏新都市鉄道］東京都千代田区神田佐久間町1丁目

1890年（明治23）11月、日本鉄道の貨物取扱所として開設。国有化後の1925年（大正14）11月、旅客駅になる。1962年（昭和37）5月、営団地下鉄（現・東京地下鉄）日比谷線の駅が、2005年（平成17）8月には、つくばエクスプレスの駅が開設され3線の接続駅に。駅の周辺は日本最大の電気街を形成。明治初期、焼け野原に鎮火社として秋原社が勧請され、「秋葉社の原っぱ」と呼ばれたことが「秋葉原」の起こり。「秋葉原」は千代田区には存在せず、台東区にあるので越境駅と思われがちだが、台東区の秋葉原は1964年（昭和39）、「松永町」「練塀町」から改名されたもので、駅名よ

り新しい地名だ。

0109
関内／かんない
［ＪＲ］根岸線、［横浜市営地下鉄］ブルーライン

［ＪＲ］神奈川県横浜市中区港町1丁目
［横浜市営地下鉄］神奈川県横浜市中区尾上町3丁目

１９６４年（昭和39）５月に開設。１９７６年（昭和51）９月、地下鉄の関内駅が開設され、両駅の接続駅に。プロ野球のベイスターズのホームグラウンドである横浜スタジアムの最寄り駅。神奈川県庁や横浜市役所にも近い。横浜中華街や山下公園などの観光名所にも近い。江戸末期、東海道の神奈川宿と開港場になった横浜村との間に関所が設けられ、関所の内側（横浜村側）を「関内」と呼んだ。駅名はこれに由来。

0110
山手／やまて
［ＪＲ］根岸線

神奈川県横浜市中区大和町2丁目

１９６４年（昭和39）５月に開設。駅の周辺に小・中学校や高校が多いため、朝夕は児童・生徒達で混雑する。山手駅は横浜市の山手地区の最寄り駅ではない。山手地区は外国人居留地であった港の見える丘公園や、外国人墓地があるあたりの高台をさし、最寄り駅は隣の石川町駅になる。当初、駅は現在地より石川町駅寄りのところに設置され、山手地区の最寄り駅になる予定だったが、石川町地区の住民の要望で石川町駅が開設されたため、現在の駅が山手駅を名乗ることになった。

0111
根岸／ねぎし
［ＪＲ］根岸線

神奈川県横浜市磯子区東町

１９６４年（昭和39）５月に開設。神奈川臨海鉄道の貨物線（本牧線）が乗り入れている。駅の南側に首都高速道路の湾岸線が走っており、その南側の根岸湾沿岸の埋立地には製油所がある。根岸という地名は磯子区にはなく、隣の中区に根岸町、根岸台、根岸旭台などがある。したがって、越境駅だと思わ

れがちだが、駅の所在地である東町の旧地名は中根岸町。中根岸町が東町と西町に分割されたのである。したがって、駅名が越境しているわけではない。

0112
国道／こくどう［JR］鶴見線
神奈川県横浜市鶴見区生麦5丁目

1930年（昭和5）10月、鶴見臨海鉄道の駅として開設され、1943年（昭和18）7月に国有化。京浜工業地帯にある駅で、高架下に独特な雰囲気が漂っていることから映画などのロケ地として使われたことがある。駅のすぐ東側は鶴見川、西側を第一京浜（国道15号）が通り、並行して東海道本線と京浜急行本線が走っている。駅が開設された当時は、第一京浜を京浜国道（国道1号）と呼んでいた。駅名はその京浜国道に由来する。

0113
尻手／しって［JR］南武線・南武線支線（浜川崎支線）
神奈川県川崎市幸区南幸町3丁目

1927年（昭和2）3月、南武鉄道の尻手停留場として開設。翌年6月、駅に昇格し、1944年（昭和19）4月に国有化。当駅で浜川崎支線と尻手短絡線（貨物線）が分岐。川崎駅の隣にある駅で、駅の南側を第二京浜（国道1号）が走っている。駅は川崎市と横浜市の境界上にあり、尻手という地名は横浜市側にある。だが駅の所在地は川崎市。つまり駅名としては越境駅になっている。尻手の尻は「しっぽ」、手は方向で、尻手は川の下流方向にある土地の意。

0114
向河原／むかいがわら［JR］南武線
神奈川県川崎市中原区下沼部玉川向

1927年（昭和2）3月、南武鉄道の向河原駅として開設され、1940年（昭和15）8月、日本電気前駅に改称。1944年（昭和19）4月、国有化されたことにより、再び向河原駅に改称される。駅の西側にはNEC玉川ルネッサンスシティがあり、その西側を東海道新幹線と横須賀線が南武線に平行に走っている。かつては駅にNEC従業員専用の改札口があった。駅名の向河原は通称名で正式な地名は存在しない。多摩川の向かい側の意。

0115
津田山／つだやま 【JR】南武線

神奈川県川崎市高津区下作延6丁目

1941年（昭和16）2月、南武鉄道の日本ヒューム管前停留場として開設され、1943年（昭和18）4月、駅に昇格。翌年4月、国有化とともに津田山駅に改称。公営墓地の緑ヶ丘霊園の最寄り駅で、駅の西側に広大な緑地が広がっている。駅名は駅の東にそびえる小高い丘の七面山《しちめんやま》の別称に由来する。玉川電気鉄道（現・東京急行）の津田社長がこの丘を開発したことから、七面山は津田山とも呼ばれるようになった。七面山の周辺には多くの古墳がある。

0116
南多摩／みなみたま 【JR】南武線

東京都稲城市大丸

1934年（昭和9）10月、貨物駅の南多摩駅として開設され、1939年（昭和14）9月、南多摩川駅と統合し現在地に移る。1944年（昭和19）4月に国有化。駅の南側を川崎街道（都道41号）が通り、北側に多摩川が流れている。河川敷には野球場やサッカー場、サイクリングロードなどが整備され、都民の憩いの場になっている。駅名は郡名に由来。駅が開設された当時、稲城村は南多摩郡に属していた。「多摩川の南」という意味もある。

0117
西国立／にしくにたち 【JR】南武線

東京都立川市羽衣町1丁目

1929年（昭和4）12月に開設され、1944年（昭和19）4月に国有化される。国立市の西部にある駅と錯覚させるような駅名だが、立川市内にある越境駅。しかも、立川市の玄関駅である立川駅の隣にある駅で、国立市の中心部より立川市の中心部までの方がはるかに近い。国立市との境界まで500メートル以上も離れている。駅の西側には市民会館などの公共施設が多く、かつては立川市役所の最寄り駅だった（2010年、駅の北側に移転）。

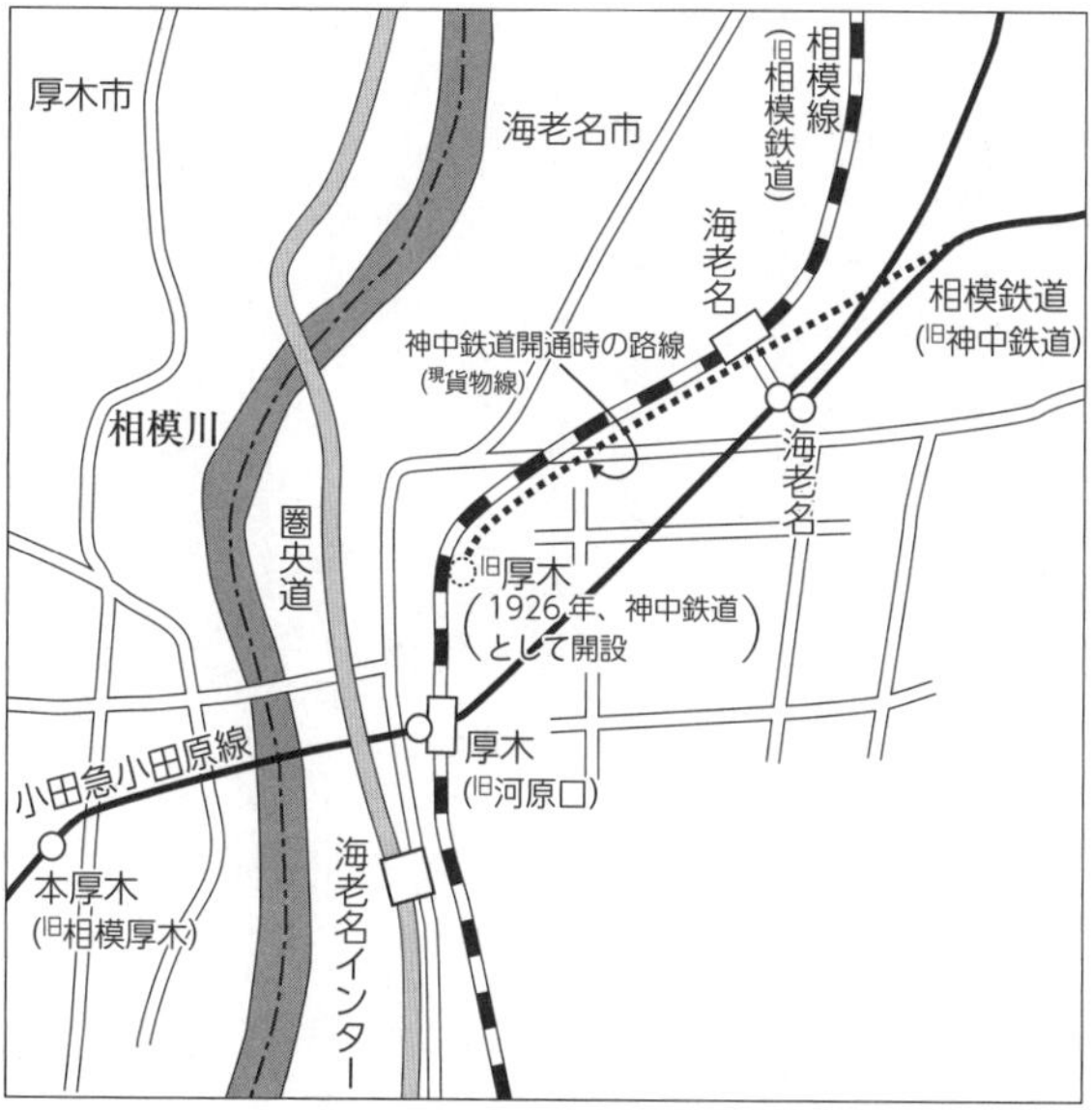

0119

厚木／あつぎ

［JR］相模線、［小田急電鉄］小田原線

神奈川県海老名市河原口1丁目

1926年（大正15）5月、神中《じんちゅう》鉄道（現・相模鉄道）の厚木駅が開設。同年7月、相模鉄道（現・JR相模線）が乗り入れ。1944年（昭和19）6月に国有化。1927年（昭和2）4月、小田原急行鉄道（現・小田急電鉄）の河原口駅（現・厚木駅）が開設され、両線の接続駅になる。神中鉄道は1941年（昭和16）11月から海老名駅で接続している。厚木駅は越境駅である。駅が設置された当時、海老名村（→海老名町→海老名市）よりも、よく知られていた相模川の対岸の厚木町（現・厚木市）の地名を拝借して厚木駅としたもの。厚木市にJR路線は走っていない。小田急の本厚木駅が厚木市の玄関駅である。

0119

御茶ノ水／おちゃのみず

［JR］中央本線（中央・総武線）、［東京地下鉄］丸ノ内線

［JR］東京都千代田区神田駿河台2丁目
［東京地下鉄］東京都文京区湯島1丁目

1904年（明治37）12月、甲武鉄道の駅として開設され、1906年（明治39）10月に国有化。1

９５４年（昭和29）１月、営団地下鉄（現・東京地下鉄）丸ノ内線の駅が開設され、両線の接続駅になる。神田川を挟んで南側にＪＲの駅が、北側に東京地下鉄の駅があり、所在地もＪＲが千代田区、地下鉄が文京区と異なる。駅の周辺には東京医科歯科大学や順天堂大学など大学が多く、学生街を形成している。ＪＲの駅は「関東の駅百選」に選定されている名駅舎。駅名の「御茶ノ水」はこの地域の通称名で、地名としては存在しない。高林寺という寺の境内から名水が湧き、その水を将軍のお茶に使用したことに由来する。

0120
水道橋／すいどうばし
［ＪＲ］中央本線（中央・総武線）、［東京都交通局］三田線

［ＪＲ］東京都千代田区三崎町2丁目
［東京都交通局］東京都文京区後楽1丁目

１９０６年（明治39）９月、甲武鉄道の駅として開設され、翌月に国有化。１９７２年（昭和47）６月、都営地下鉄６号線（三田線）の駅が開設され、両線の接続駅になる。プロ野球のジャイアンツのホームグラウンド、東京ドームの最寄り駅である。神田川の南側にＪＲの駅があり、対岸の北側に都営地下鉄の駅がある。所在地もＪＲが千代田区、地下鉄は文京区である。駅名は神田上水が通る橋があったことに由来。「水道町」という地名が、駅から１キロほど離れた神田川南岸の新宿区にある。

0121
藤野／ふじの
［ＪＲ］中央本線

神奈川県相模原市緑区小渕

１９４３年（昭和18）７月に開設。相模川の北岸にある。駅の南側を甲州街道（国道20号）が、北側を中央自動車道が走っており、近くに藤野パーキングエリアと相模湖インターチェンジがある。駅の近くで相模川と秋山川が合流し、相模川を少し下ったところに人工湖の相模湖がある。駅名は１９５５年（昭和30）４月の合併で発足した藤野町に由来。同町は２００７年（平成19）３月、相模原市に編入さ

れて消滅。旧・藤野町の中心駅で、中央本線と相模川に挟まれた狭い平地に市街地が形成されている。

0122
武蔵増戸／むさしますこ ［JR］五日市線

東京都あきる野市伊奈

1925年（大正14）4月、五日市鉄道の増戸駅として開設され、翌月、武蔵増戸駅に改称。1940年（昭和15）10月、南武鉄道に併合され、1944年（昭和19）4月、国有化されて五日市線の駅になる。多摩川支流の秋川の北岸に広がる住宅地の中にある。駅名は1889年（明治22）4月に発足した増戸村に由来。同村は1955年（昭和30）4月の合併で五日市町（現・あきる野市）になり消滅。旧・増戸村の中心駅で、駅の南側を五日市街道が通っている。

0123
宮ノ平／みやのひら ［JR］青梅線

東京都青梅市日向和田2丁目

1914年（大正3）4月、青梅鉄道の貨物駅として開設。1923年（大正12）4月に旅客も扱うようになり、1944年（昭和19）4月に国有化。奥多摩の山間にある駅だが、側線も引かれていて駅の構内は比較的広く、駅前広場もある。広場の南側を青梅街道（国道411号）が通り、その南側を流れる多摩川との間に住宅地が形成されている。駅の近くに村の総鎮守の和田乃神社が鎮座しているが、駅名の「宮」は和田乃神社に由来。

0124
軍畑／いくさばた ［JR］青梅線

東京都青梅市沢井1丁目

1929年（昭和4）9月、青梅電気鉄道の駅として開設。1944年（昭和19）4月に国有化。奥多摩の山間を流れる多摩川の北岸にある駅で、青梅線と多摩川の間を青梅街道（国道411号）が走り抜けている。駅名は青梅を支配していた三田氏と八王子を本拠地としていた北条氏が、多摩川を挟んで戦さを繰り広げた地であることに由来し、軍畑という地名はない。駅の近くには、両者が戦った辛垣《からかい》城跡や犠牲者を供養する鎧塚など数多くの史跡がある。

0125
古里／こり ［JR］青梅線

東京都西多摩郡奥多摩町小丹波

１９４４年（昭和19）７月に開設。多摩川の上流域にある駅で、駅前を青梅街道（国道４１１号）が通り、その南側を流れる多摩川との間に市街地が形成されている。古里駅を「ふるさと」駅と誤読しやすいが、「こり」駅である。駅名は１８８９年（明治22）４月の町村制で発足した古里村に由来。同村は１９５５年（昭和30）４月の合併で奥多摩町となり消滅。古里という地名は、御岳山に登頂する前に滝で身を清める垢離（こり）が語源だといわれる。

0126
鳩ノ巣／はとのす ［JR］青梅線

東京都西多摩郡奥多摩町棚沢

１９４４年（昭和19）７月に開設。多摩川上流域の山間にある駅で、駅の南側を流れている多摩川に沿って青梅街道（国道４１１号）が通っている。駅付近から上流の白丸ダムあたりまでの多摩川に、紅葉の名所として知られる鳩ノ巣渓谷が発達しており、多くのハイカーで賑わう。渓谷に祀られた水神社に鳩が巣をつくったことから、この付近を「鳩ノ巣」と呼ぶようになり、駅名の由来にもなった。

0127
明覚／みょうかく ［JR］八高線

埼玉県比企郡ときがわ町番匠

１９３４年（昭和９）３月に開設。１９８９年（平成元）に建設されたログハウス風の駅舎が「関東の駅百選」に選定されている。ときがわ町役場の最寄り駅で、駅の北側を流れる荒川水系の都幾川《ときがわ》の流域に市街地が形成されている。駅名は１８８９年（明治22）４月の町村制で発足した明覚村に由来する。同村は１９５５年（昭和30）２月の合併で都幾川村（現・ときがわ町）となり消滅。学校名などにその名をとどめている。

0128
竹沢／たけざわ ［JR］八高線

埼玉県比企郡小川町勝呂

1934年（昭和9）10月に開設。1キロほど東にある東武東上本線の東武竹沢駅の方が2年早く開設され竹沢駅を名乗っていたが、新しく開設された八高線に竹沢駅の名を譲り、東武東上本線の駅は東武竹沢駅に改名された。だが、乗降客数は東武竹沢駅の方が多い。駅名は1889年（明治22）4月の町村制で発足した竹沢村に由来。同村は1955年（昭和30）2月の合併で小川町になり消滅。

0129
松久／まつひさ［JR］八高線

埼玉県児玉郡美里町甘粕

1933年（昭和8）1月に開設された、美里町にある唯一の鉄道駅。町役場の最寄り駅だが、町の北部に住んでいる人は上越新幹線の本庄早稲田駅も利用している。駅の東に関越自動車道の寄居パーキングエリアがある。駅名は1889年（明治22）4月の町村制で発足した松久村に由来。同村は1954年（昭和29）10月の合併で美里村（現・美里町）になり消滅。

0130
丹荘／たんしょう［JR］八高線

埼玉県児玉郡神川町植竹

1931年（昭和6）7月に開設。埼玉県にある駅だが、神流川《かんながわ》を越えると群馬県である。かつて上武鉄道が当駅から西武化学前駅まで通じていた（1986年廃止）。神川町で唯一の鉄道駅で、駅から数百メートル南に町役場がある。駅周辺の住宅地の外側に果樹園が広がっている。駅名は1889年（明治22）年4月の町村制で発足した丹荘村に由来する。同村は1954年（昭和29）5月の合併で神川村（現・神川町）となり消滅。

0131
船橋法典／ふなばしほうてん［JR］武蔵野線

千葉県船橋市藤原1丁目

1978年（昭和53）10月に開設。ホームの一部がトンネルの中という珍しい構造の駅で、ホームの上を木下街道が通っている。中山競馬場が駅のすぐ南側にある。かつては京成本線の中山競馬場前駅が中山競馬場の最寄り駅だったが、当駅が設置されたことにより、京成本線の中山競馬場前駅は東中山駅に改称された。駅名は１８８９年（明治22）年４月の町村制で発足した法典村に由来。同村は１９３７年（昭和12）４月の合併で船橋市となり消滅。旧村名の「法典」は「ほうでん」と読む。

0132
金島／かなしま［ＪＲ］吾妻線
群馬県渋川市川島

１９４５年（昭和20）１月、金島信号場として開設され、同年８月、駅に昇格。駅の東側を利根川支流の吾妻川が流れ、対岸に長野街道（国道３５３号）が走っている。駅と吾妻川の間に日帰り温泉の金島温泉がある。駅の西側で上越新幹線が吾妻線と交差して南北に走り抜けている。駅名は１８８９年（明治22）４月の町村制で発足した金島村に由来。同村は１９５４年（昭和29）４月の合併で渋川市になり消滅。

0133
小野上／おのがみ［ＪＲ］吾妻線
群馬県渋川市村上

１９４５年（昭和20）11月に開設。開設された当時は「おのかみ」と濁らなかったが、１９９２年（平成４）４月に現駅名に読みが改称される。利根川支流の吾妻川の北岸にある駅で、駅前を長野街道（国道３５３号）が通り、その沿線に人家が点在している。駅名は１８８９年（明治22）４月の町村制で発足した小野上村に由来。同村は２００６年（平成18）２月の合併で渋川市になり消滅。

0134
岩島／いわしま［ＪＲ］吾妻線
群馬県吾妻郡東吾妻町岩下

１９４５年（昭和20）１月、岩島信号場として開設され、同年８月に貨物駅、11月に旅客駅に昇格。隣の川原湯温泉駅との間に、かつて日本一短い鉄道トンネルとして知られた樽沢トンネルがあるが、八《や》ツ《ん》場《ば》ダムの建設工事のため新線に切り替えられ、現在は使用されていない。駅の南側を流れている吾妻川は吾妻渓谷で知られる景勝地。駅名は1889年（明治22）4月の町村制で発足した岩島村に由来。同村は1955年（昭和30）3月の合併で原町（↓吾妻町↓東吾妻町）になり消滅。

0135 **万座・鹿沢口／まんざ・かざわぐち**　［JR］吾妻線

群馬県吾妻郡嬬恋村鎌原

1971年（昭和46）3月に開設。万座温泉と鹿沢温泉の最寄り駅だが、初めてこの駅に降り立った人は、駅名を見て両温泉は駅の近くにあり、しかも隣接している温泉だと錯覚するかもしれない。しかし、万座温泉と鹿沢温泉はまったく違う方向にあり、しかも駅からそれぞれ20キロ以上も離れている。JRの駅名に「・」が入っているのは全国で唯一、当駅だけ。嬬恋村の中心駅なので嬬恋駅とした方が適切だ。市街地は吾妻川の対岸に発達している。

0136 **富田／とみた**　［JR］両毛線

栃木県足利市駒場町

1893年（明治26）2月、両毛鉄道の駅として開設される。1897年（明治30）1月、日本鉄道に譲渡され、1906年（明治39）11月に国有化。かつて、赤見鉄道（1927年廃止）との分岐駅だった。駅の近くに、あしかがフラワーパークや磁器専門の美術館として有名な栗田美術館などがある。駅名は1889年（明治22）4月の町村制で発足した富田村に由来する。同村は1959年（昭和34）4月、足利市に編入され消滅。

0137 **山前／やままえ**　［JR］両毛線

栃木県足利市鹿島町

1897年（明治30）4月、日本鉄道の駅として開設され、1906年（明治39）11月に国有化。駅の東側を北関東自動車道路の高架が通り抜け、駅の南側を流れる利根川支流の渡良瀬川畔にサイクリングロードが整備されている。足利工業大学の最寄り駅である。駅名は1893年（明治26）3月に発足した山前村に由来する。同村は1954年（昭和29）8月、足利市へ編入され消滅。

0138
与野／よの
【JR】東北本線（京浜東北線）
埼玉県さいたま市浦和区上木崎1丁目

1906年（明治39）4月、日本鉄道の大原信号場として開設され、1912年（大正元）11月、与野駅として開業。駅名は、さいたま市が成立する前の旧市名（与野市）に由来するが、与野駅は浦和市（旧・木崎村）と与野市（旧・与野町）の境界上に設置され、しかも駅の3分の2以上が木崎村側にあるという越境駅だった。そのため、駅名を木崎駅とするか、与野駅とするかで紛糾したという歴史がある。

0139
西那須野／にしなすの
【JR】東北本線
栃木県那須塩原市永田町

1886年（明治19）10月、日本鉄道の那須駅として開設され、1891年（明治24）5月、西那須野駅に改称。1906年（明治39）11月に国有化。那須塩原市にある駅だが、隣接する大田原市の玄関駅である。駅の西側を奥州街道（国道4号）が通り、そのさらに西方を東北自動車道が貫いている。駅名は1889年（明治22）4月の町村制で発足した西那須野村（→西那須野町）に由来。2005年（平成17）1月の合併で那須塩原市になり消滅。

0140
下館／しもだて
【JR】水戸線、【真岡鐵道】真岡線、【関東鉄道】常総線
茨城県筑西市乙

1889年（明治22）1月、水戸鉄道の駅として開設。1892年（明治25）3月、日本鉄道に譲渡され、1906年（明治39）11月に国有化。1912年（明治45）4月に真岡《もおか》軽便線（現・真岡鐵道）が、1913年（大正2）11月に常総鉄道（現・関東鉄道常総線）が開通して3線の接続駅に。駅名は1871年（明治4）の廃藩置県で成立した下館県に由

来。1889年（明治22）4月の町村制で下館町（→下館市）が発足し、2005年（平成17）3月の合併で筑西《ちくせい》市になり消滅。筑西市の玄関駅である。

0141
大和／やまと［JR］水戸線
茨城県桜川市高森

1988年（昭和63）6月、新治《にいはり》駅と岩瀬駅との間に新しく開設された駅。駅の北東2キロほどに北関東自動車道の桜川筑西インターチェンジがあり、駅の東側を市名の由来になった桜川が流れている。駅名は1954年（昭和29）1月の合併で発足した大和村に由来。同村は2005年（平成17）10月の合併で桜川市になり消滅。

0142
羽黒／はぐろ［JR］水戸線
茨城県桜川市友部

1904年（明治37）4月、日本鉄道の貨物駅として開設され、1906年（明治39）11月に国有化。桜川市東部の住宅地にある。駅の南側を北関東自動車道が走り、駅の北側を結城街道（国道50号）が通っている。駅の周辺地域は関東有数の採石地で、特に桜川市南部の真壁地区は「日本三大石材産地」のひとつとして知られている。「真壁石灯籠」は国の伝統工芸品に指定されている。駅名は江戸時代に存在した結城街道の羽黒宿に由来する。

0143
宍戸／ししど［JR］水戸線
茨城県笠間市大田町

1889年（明治22）1月、水戸鉄道の太田町駅として開設され、同年5月、宍戸駅に改称。1892年（明治25）3月、日本鉄道に譲渡され、1906年（明治39）11月に国有化。駅の周辺は住宅地で、松山団地などの団地もある。駅の西側を国道355号が通り、近くに北関東自動車道の友部インターチェンジがある。駅名は1889年（明治22）4月の町村制で発足した宍戸町に由来。同町は1955年（昭和30）1月の合併で友部町（現・笠間市）となり消滅。

0144
三河島／みかわしま［JR］常磐線

東京都荒川区西日暮里1丁目

1905年（明治38）4月、日本鉄道の駅として開設され、翌年11月に国有化。駅の周辺には中小の工場が多い。当駅から数百メートル北に京成本線の新三河島駅がある。1962年（昭和37）5月に、駅の構内で発生した列車衝突事故は「国鉄戦後五大事故」のひとつとして歴史に刻まれている。駅名は列車事故が発生する前まで存在していた三河島という地区名に由来。地名は家康が江戸に入城する際、三河国から農民たちを連れてきて居住させたことに因む。中川、古利根川、荒川の3つの川に囲まれた中洲であったことに由来するという説もある。

0145
岩間／いわま［JR］常磐線

茨城県笠間市下郷

1895年（明治28）11月、日本鉄道の駅として開設され、1906年（明治39）11月に国有化。駅の周囲は笠間市南部の住宅地。駅の西を国道355号が通り、東へ4キロほど行ったところに常磐自動車道の岩間インターチェンジがある。駅名は1889年（明治22年）4月の町村制で発足した岩間村（→岩間町）に由来。同町は2006年（平成18）3月の合併で笠間市になり消滅。

0146
玉川村／たまがわむら［JR］水郡線

茨城県常陸大宮市東野

1922年（大正11）12月に開設。久慈川流域の関東平野北端にある駅で、駅の周辺にゴルフ場が点在している。ロッジ風のモダンな駅舎は「関東の駅百選」に選定されている。村名の「村」という文字まで駅名にしているケースは珍しい。駅名は1889年（明治22）4月の町村制で発足した玉川村に由来。同村は1955年（昭和30）3月の合併で大宮町（現・常陸大宮市）になり消滅。

0147
下小川／しもおがわ［JR］水郡線

茨城県常陸大宮市盛金

1925年（大正14）8月に開設。八溝山《やみぞさん》に源を発し、日立市と東海村の境界から太平洋に注いでいる久慈川の上流域にある。駅の東側を久慈川が流れ、その対岸を国道118号が通っている。駅名は1889年（明治22）4月の町村制で発足した下小川村に由来するが、1955年（昭和30）3月に山方町（→大宮町→常陸大宮市）に編入されて消滅。2駅先にある上小川駅も、1889年4月の町村制で発足した上小川村（現・大子町）に由来。

0148
滑河／なめがわ［JR］成田線

千葉県成田市猿山

1897年（明治30）12月、成田鉄道の駅として開設され、1920年（大正9）9月に国有化。利根川の南岸にある駅で、利根川に沿って利根水郷ライン（国道356号）が走っている。利根川に架かっている常総大橋を渡ると茨城県である。駅名は1889年（明治22）4月の町村制で発足した滑河町に由来する。同町は1955年（昭和30）2月の合併で下総町《しもふさ》（現・成田市）となり消滅。駅の近くに成田市役所下総支所がある。

0149
下総橘／しもうさたちばな［JR］成田線

千葉県香取郡東庄町石出

1933年（昭和8）3月に開設。利根川右岸の農村地帯にあり、駅の東側を走る利根川水郷ライン（国道356号）沿いに住宅地が形成されている。駅の北2キロほどのところに利根川河口堰があり、利根川、常陸利根川、黒部川の3川が合流している。駅名は1889年（明治22）4月の町村制で発足した橘村に由来。「下総」はこの地域（千葉県北部、茨城県南部）の旧国名。同村は1955年（昭和30）年7月の合併で東庄町になり消滅。

0150
椎柴／しいしば［JR］成田線

千葉県銚子市野尻町

1933年（昭和8）3月に開設。利根川の右岸にある駅で、隣の松岸駅の手前で成田線と総武本線が合流している。駅前を走っている利根川水郷ライン（国道356号）沿いに銚子市役所西部支所があり、駅の北を流れる利根川に有料橋の「利根かもめ大橋」が架かっている。駅名は1891年（明治24）1月に椎芝村から改称した椎柴村に由来。同村は1954年（昭和29）4月、銚子市に編入されて消滅。旧村名は小学校や橋などの名前に残っている。

0151
干潟／ひがた【JR】総武本線

千葉県旭市二

1898年（明治31）2月、総武鉄道の駅として開設され、1907年（明治40）9月に国有化。駅前を通る国道126号の沿線や駅の周辺は住宅地。近くに工業団地もある。だが、かつてこの付近一帯は「干潟八万石」と称された米の一大生産地。江戸時代に干拓されて、広大な農地に生まれ変わった。駅名は1955年（昭和30）4月の合併で発足した干潟町に由来。同町は2005年（平成17）7月の合併で旭市になり消滅。

0152
青堀／あおほり【JR】内房線

千葉県富津市大堀

1915年（大正4）1月、木更津線の駅として開設。木更津線→北条線→房総線→房総西線と線名を変え、1972年（昭和47）7月、内房線の駅になる。富津市の北部にある駅で、君津市に隣接していることから、富津市で最も乗降客数が多い駅になっている。駅名は1889年（明治22）4月の町村制で発足した青堀村（→青堀町）に由来する。同町は1955年（昭和30）3月の合併で富津町（現・富津市）になり消滅。

0153
大貫／おおぬき【JR】内房線

千葉県富津市千種新田

1915年（大正4）1月、木更津線の駅として開設され、北条線→房総線→房総西線と変遷し、1972年（昭和47）7月、内房線の駅になる。駅前を国道４６５号が通っている。市役所の最寄り駅である。駅から1キロほど西へ行くと東京湾で、景勝地の富津岬も近い。駅名は１８８９年（明治22）４月の町村制で成立した大貫村（→大貫町）に由来。同町は１９５５年（昭和30）３月の合併で大佐和町（→富津町→富津市）となり消滅。

0154
岩井／いわい［JR］内房線
千葉県南房総市市部

１９１８年（大正7）８月に開設。房総半島の南西岸にある駅で、駅前を内房なぎさライン（国道１２７号）が通り、浦賀水道に面して岩井海水浴場がある。駅の東側に富津館山道路が走り抜け、その東方に『南総里見八犬伝』の伝説地として知られる富《とみ》山《さん》（３５０メートル）がそびえている。駅名は１８８９年（明治22）４月の町村制で成立した岩井村（→岩井町）に由来。同町は１９５５年（昭和30）２月の合併で富山《とみやま》町（現・南房総市）となり消滅。

0155
九重／ここのえ［JR］内房線
千葉県館山市二子

１９２１年（大正10）６月に開設、房総半島南端近くの丘陵地にある。駅の周辺に住宅地が形成されているが、その周りは大小の溜め池が点在している。駅の北を外房黒潮ライン（国道１２８号）が通っている。駅名は１８８９年（明治22）４月の町村制で、９村が合併したことがその名の由来になった九重村に因むが、同村は１９５４年（昭和29）５月、館山市に編入されて消滅。旧村名は小学校や郵便局などにその名をとどめる。

0156
千歳／ちとせ［JR］内房線
千葉県南房総市千倉町白子

１９２７年（昭和2）５月、千歳仮停車場として開設され、１９３０年（昭和5）８月、駅に昇格。太平洋と丘陵に挟まれた平地にある駅。外房にあるのに内房線の駅である。駅の東側を房総フラワーライン（国道410号）が走っており、そこから太平洋岸までは500メートルほどしか離れていない。駅名は1889年（明治22）4月の町村制で発足した千歳村に由来するが、同村は1954年（昭和29）8月の合併で千倉町（現・南房総市）になり消滅。

0157
南三原／みなみはら［JR］内房線

千葉県南房総市和田町松田

1921年（大正10）6月に開設された駅。2003年（平成15）に改築された新駅舎には多目的ホールを併設している。駅前を外房黒潮ライン（国道128号）が通り、この国道沿いに住宅が建ち並んでいる。駅名は1889年（明治22）4月の町村制で発足した南三原村に由来。同村は1956年（昭和31）9月、丸山町と和田町に分割編入されて消滅（現・南房総市）。村名は「みなみみはら」だが、駅名は「みなみはら」。三原は朝廷が所有するミハラ（御原）の意か。

0158
八積／やつみ［JR］外房線

千葉県長生郡長生村岩沼

1898年（明治31）3月、房総鉄道の岩沼駅として開設され、1907年（明治40）9月に国有化。1915年（大正4）3月、八積駅に改称。長生村で唯一の鉄道駅である。駅名は1889年（明治22）4月の町村制で8村が合併したことにちなんで名付けられた八積村に由来する。同村は1953年（昭和28）11月の合併で長生村になり消滅。

0159
太東／たいとう［JR］外房線

千葉県いすみ市岬町椎木

1899年（明治32）12月、房総鉄道の駅として開設され、1907年（明治40）9月に国有化。駅の南に夷隅川が流れ、溜め池が点在している。九十九里平野の南端に位置しており、太平洋岸に景勝地として知られる太東崎があるが、駅からは3キロ以上離れている。駅名は1889年（明治22）4月の町村制で発足した太東村（→太東町）に由来。当町は1961年（昭和36）8月の合併で岬町（現・いすみ市）になり消滅。

0160
浪花／なみはな［JR］外房線
千葉県いすみ市小沢

1913年（大正2）6月に開設。駅の西側は丘陵地。駅の東側を外房黒潮ライン（国道128号）が通り、そこから東側へ1キロほど行くと太平洋岸である。駅名は1889年（明治22）4月の町村制で発足した浪花村に由来。同村は1955年（昭和30）6月、分割して大原町および御宿《おんじゅく》町に編入され消滅（現・いすみ市）。半農半漁の村で、村名は穏やかな浪の豊漁と、花のように豊かに実る農作物を願っての命名だという。

0161
馬来田／まくた［JR］久留里線
千葉県木更津市真里

1912年（大正元）12月、千葉県営鉄道の駅として開設され、1923年（大正12）9月に国有化。駅前を久留里街道（国道410号）が通り、駅の南側に圏央道の木更津東インターチェンジがある。駅名は1889年（明治22）4月の町村制で発足した馬来田村に由来。同村は1955年（昭和30）3月の合併で富来田町（現・木更津市）になり消滅。旧村名は、この地を支配していた古代豪族の馬来田《うまくたの》国造《くにのみやつこ》に因む。

0162
小櫃／おびつ［JR］久留里線
千葉県君津市末吉

1912年（大正元）12月、千葉県営鉄道の駅として開設され、1923年（大正12）9月に国有化。駅の近くにC12型の蒸気機関車が静態保存されている。駅名は1889年（明治22）4月の町村制で発足した小櫃村に由来。同村は1970年（昭和45）9月の合併で君津町（現・君津市）になり消滅。壬申の乱に敗れた大友皇子の遺骸を収めた柩（御櫃）が、この地に祀られたことから生まれた地名だとみられる。

0163
上総松丘／かずさまつおか［JR］久留里線

千葉県君津市広岡

1936年（昭和11）3月に開設。駅前を久留里街道（国道410号）が通っている。駅のすぐ東にそびえる小高い丘の上に、里見氏が居城した久留里城の支城である千本城跡がある。駅名は1889年（明治22）4月の町村制で発足した松丘村（↓上総町↓君津市）に由来。上総松丘駅の「上総」は、この地域一帯の旧国名である。

0164
上総亀山／かずさかめやま［JR］久留里線

千葉県君津市藤林

1936年（昭和11）3月に開設された久留里線の終着駅で、千葉県内で最も標高の高い駅である。駅の南側に、小櫃川を堰き止めて建設した亀山湖が横たわり、湖畔には亀山温泉がある。駅名は1889年（明治22）4月の町村制で成立した亀山村に由来。上総亀山駅の「上総」は、千葉県中南部の旧国名である。

0165
鮫洲／さめず［京浜急行電鉄］本線

東京都品川区東大井1丁目

1904年（明治37）5月、京浜電気鉄道（現・京浜急行電鉄）の駅として開設。1944年（昭和19）5月、駅が南へ百数十メートル移転されたが、北隣の青物横丁駅との駅間距離はわずか500メートルと、京浜急行本線ではいちばん短い区間である。駅の西側を第一京浜（国道15号）が、駅の東側を旧東海道が鉄道路線を挟んで南北に延びている。駅名は、むかし品川沖で大きな鮫が死んでいるのを漁師が見つけ、腹の中から聖観音の木像が出てきたという故事に由来。住居表示が実施される前まで、駅の東側一帯は大井鮫洲町という地名だった。

0166
梅屋敷／うめやしき［京浜急行電鉄］本線

東京都大田区蒲田2丁目

1901年（明治34）2月、京浜電気鉄道（現・京浜急行電鉄）の駅として開設。「東邦大学前」という副駅名があるように、駅の近くに東邦大学があり、東邦大学医療センター大森病院が隣接している。駅の東側を第一京浜（国道15号）が通っている。駅の周辺に「梅屋敷」という地名は存在しない。駅名は江戸時代、徳川将軍も鷹狩りの際に立ち寄ったという「梅屋敷」と呼ばれる茶屋があったことに由来。第一京浜沿いに「聖蹟蒲田梅屋敷公園」がある。

0167
雑色／ぞうしき 【京浜急行電鉄】本線
東京都大田区仲六郷2丁目

1901年（明治34）2月、京浜電気鉄道（現・京浜急行電鉄）の駅として開設。多摩川北岸の六郷地区の拠点駅で、駅の周囲には商店街が形成され賑わっている。駅の西側には東海道本線が、東側には第一京浜（国道15）が、京浜急行本線に並行して走っている。駅名は多摩川の北岸にあった6村のうちのひとつである雑色村に由来する。雑色村は1889年（明治22）5月の町村制で六郷村になり消滅。雑色という地名は、古代律令時代に雑役を務めた身分の低い人たちが住んでいた雑戸（ざっこ）に由来するという。

0168
八丁畷／はっちょうなわて 【京浜急行電鉄】本線、【JR】南武線支線（浜川崎支線）
神奈川県川崎市川崎区池田1丁目

1916年（大正5）12月、京浜電気鉄道（現・京浜急行電鉄）の駅が開設。1930年（昭和5）3月、南武鉄道の貨物駅が開設され、翌4月、旅客営業を開始し両線の接続駅になる。両線はほぼ直角に交差している。1944年（昭和19）4月、南武鉄道が国有化。駅を挟んで西側を東海道本線が、東側を第一京浜（国道15号）が通っている。駅名は川崎宿から駅がある市場村まで、8丁（870メートル）の畷（まっすぐ延びる長いあぜ道）があったことに由来する。

0169
仲木戸／なかきど 【京浜急行電鉄】本線

神奈川県横浜市神奈川区東神奈川1丁目

1905年（明治38）12月、京浜電気鉄道（現・京浜急行電鉄）の中木戸駅として開設され、1915年（大正4）頃、仲木戸駅に改称される。駅の西側にJR（横浜線・京浜東北線）の東神奈川駅があり、両駅はペデストリアンデッキの「かなっくウォーク」で結ばれている。交通量の多い地域で、第二京浜（国道1号）、第一京浜（国道15号）、首都高速神奈川1号横羽線が京急本線と並行して走っている。江戸時代、このあたりに将軍の宿泊施設の神奈川御殿があり、駅名は防備のため設けられた御殿の門（木戸）に由来か。

0170
黄金町／こがねちょう 【京浜急行電鉄】本線

神奈川県横浜市南区白金町1丁目

1930年（昭和5）4月、湘南電気鉄道（現・京浜急行電鉄）の始発駅として開設された駅。駅の南側を京急本線に沿って大岡川が流れ、対岸を国道16号が通っている。横浜市の都心に近く、早くから都市化が進んだ地域で、大岡川は物資の輸送路として小型の運搬船が頻繁に行き来していた。駅の近くには白金町や黄金町、真金町など「金」のつく地名が多い。駅の所在地は南区だが、駅名の黄金町は中区にある。いわゆる越境駅である。

0171
屛風浦／びょうぶがうら 【京浜急行電鉄】本線

神奈川県横浜市磯子区森3丁目

1930年（昭和5）4月、湘南電気鉄道（現・京浜急行電鉄）の屛風ヶ浦駅として開設され、後に屛風浦駅に改称される。駅と東京湾との間を国道16号、東京湾岸道路（国道357号）、首都高速湾岸線、それにJR根岸線が通っており、沿岸の埋立地は工業地帯。駅名は1889年（明治22）4月の町村制で発足した屛風浦村に由来するが、同村は1927年（昭和2）4月、横浜市に編入されて消滅。地名は、東京湾が屛風のように切り立っていたことに因む。

0172 堀ノ内／ほりのうち 【京浜急行電鉄】本線・久里浜線

神奈川県横須賀市三春町3丁目

１９３０年（昭和５）４月、湘南電気鉄道（現・京浜急行電鉄）の横須賀堀内仮駅として開設され、１９３６年（昭和11）６月、駅に昇格。１９４２年（昭和17）11月、久里浜線が開通したことにともない現在地に移転し、両線の接続駅になる。１９６１年（昭和36）９月、堀ノ内駅に改称。駅の南側は丘陵地に開けた住宅地、北側に市街地が形成され、東京湾岸には海辺つり公園がある。駅の周辺に「堀ノ内」という地名は存在しない。中世の土豪の屋敷跡に由来か。

0173 南新宿／みなみしんじゅく 【小田急電鉄】小田原線

東京都渋谷区代々木2丁目

１９２７年（昭和２）４月、小田原急行鉄道（現・小田急電鉄）の千駄ヶ谷新田駅として開設。１９３７年（昭和12）７月、小田急本社前駅に改称され、１９４２年（昭和17）５月、南新宿駅に改称。２００メートルほど東に山手線の代々木駅がある。新宿駅から徒歩圏内にある駅のためか利用客は少ない。駅名に「新宿」の地名を使っているので新宿区にある駅だと間違われやすいが、渋谷区に設置された越境駅である。駅名は新宿の南に位置していることに由来。

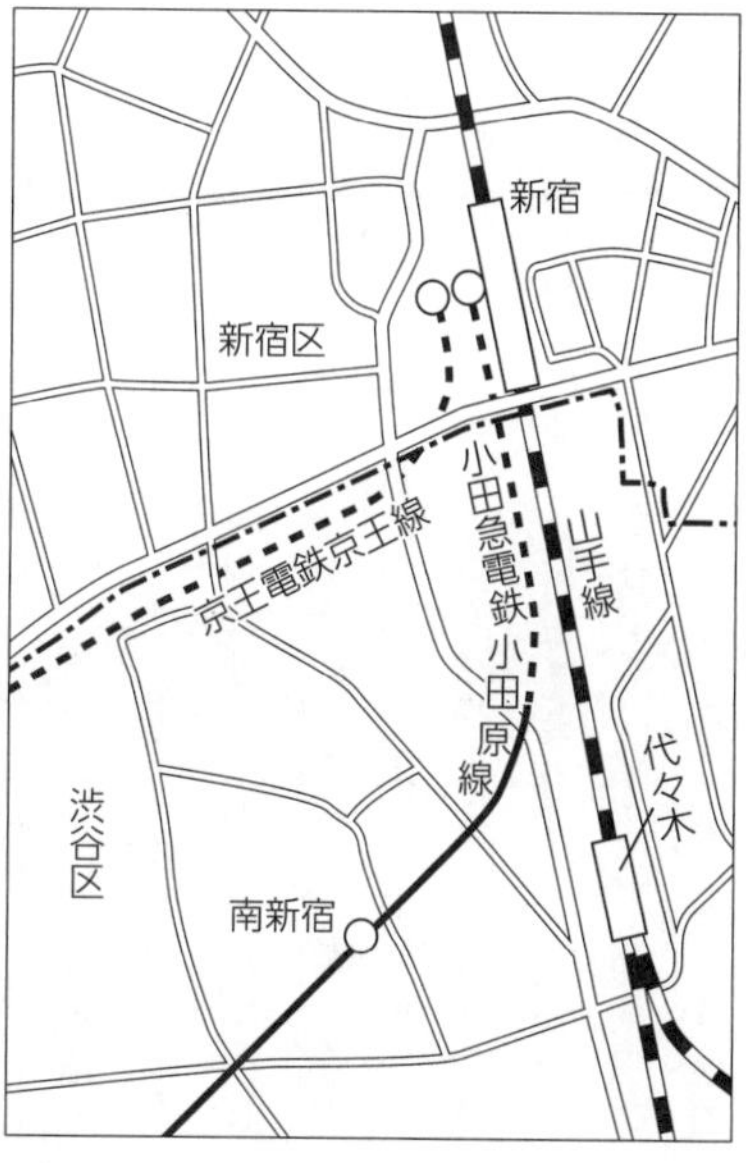

0174
柿生／かきお
【小田急電鉄】小田原線
神奈川県川崎市麻生区上麻生5丁目

1927年（昭和2）4月、小田原急行鉄道（現・小田急電鉄）の駅として開設される。東京都との境界近くにあり、駅の西側を津久井道（県道3号世田谷町田線）が通っており、その西側で麻生川と片平川が合流している。駅の周辺は丘陵地を開発した住宅地で、南口には商店街も形成されている。駅名は1889年（明治22）4月の町村制で発足した柿生村に由来するが、1939年（昭和14）4月、川崎市に編入されて消滅。同村は柿の名産地として知られていた。

0175
東海大学前／とうかいだいがくまえ
【小田急電鉄】小田原線
神奈川県秦野市南矢名1丁目

1927年（昭和2）4月、大根《おおね》駅として開設され、1987年（昭和62）3月、東海大学前駅に改称。駅の西側は新しく開発された住宅地だが、真ん中を東名高速道路が走り抜けている。駅の東側には駅前ロータリーやペデストリアンデッキ（車道と分離して設置された高架による歩道）などが整備されている。駅の改修費用を東海大学が出資する見返りとして、駅名を東海大学前駅に改称した。東海大学の最寄り駅だが、同大学のキャンパスは平塚市にあり駅名が越境している。

0176
富水／とみず
【小田急電鉄】小田原線
神奈川県小田原市堀之内

1927年（昭和2）4月に開設。酒匂《さかわ》川下流の西岸にある駅で、駅の西側には支流の仙了川が流れている。二宮尊徳の生誕地として知られ、駅の北に尊徳記念館がある。駅の周辺は小田原市近郊の住宅地。駅名は1889年（明治22）4月の町村制で発足した富水村に由来。同村は1908年（明治41）4月の合併で足柄村となり消滅。郵便局や幼稚園などの名称にその名をとどめている。富水という地名は、この付近は湧水が豊富な地であったことに因む。

0177
螢田／ほたるだ【小田急電鉄】小田原線

神奈川県小田原市蓮正寺

1952年（昭和27）4月に開設。富士山の山麓を発して相模湾に注ぐ酒匂川に、箱根の明神ヶ岳山麓を水源とする狩川《かりがわ》が合流する内側にある駅で、駅の周辺は小田原市郊外の住宅地。駅の南側を小田原厚木道路（国道271号）が通っている。駅の西側を流れている狩川の対岸には伊豆箱根鉄道大雄山線が走っており、両線はともに小田原駅に乗り入れている。駅名は、かつてこのあたり一帯は水田地帯で、螢の名所であったことに由来する。

0178
足柄／あしがら【小田急電鉄】小田原線

神奈川県小田原市扇町3丁目

1927年（昭和2）4月、小田原急行鉄道（現・小田急電鉄）の開通と同時に開設された。駅の東側を伊豆箱根鉄道大雄山線が小田原線に並行して走っている。小田原市役所は当駅と小田原駅のほぼ中間に位置している。小田原市の西に南足柄市が隣接している。足柄山がある箱根町は足柄下郡。小田原市に「足柄」という地名はないが、かつて小田原市は足柄下郡に属していた。駅名は1908年（明治41）4月に発足した足柄村（→足柄町→小田原市）に由来する。

0179
五月台／さつきだい【小田急電鉄】多摩線

神奈川県川崎市麻生区五力田3丁目

1974年（昭和49）6月に開設。駅の周辺は丘陵地を開発した新しい住宅地。マンションや一戸建ての住宅が密集するが、駅の南側が駅の玄関口。駅前にスーパーマーケットやホームセンターなどの商業施設がある。かつては駅のホームから富士山が望めたという。駅名（五月台）と、駅の所在地（五力《ごりき》田《だ》）の文字がどことなく似ているが、これは五力田の「五」と、五力田の字名（大台）の「台」を取って、明るいイメージがある「五月台」にしたといわれる。

0180
桜ヶ丘／さくらがおか

【小田急電鉄】江ノ島線

神奈川県大和市福田

1952年（昭和27）11月に開設。駅の東側を藤沢街道（国道467号）が南北に通じ、駅の南側を中原街道が通っている。駅の周辺には住宅が密集しているが、西側に米海軍と海上自衛隊航空基地の厚木飛行場がある。駅の近くに「桜ヶ丘」という地名は存在しないが、小学校や幼稚園、病院名などに見られる。駅名を決めるにあたって、駅の周辺に桜の名所が多かったことから、「桜」の文字を使って、イメージに好感が持たれる「桜ヶ丘」という駅名が採用されたという。

0181
六会日大前／むつあいにちだいまえ

【小田急電鉄】江ノ島線

神奈川県藤沢市亀井野

1929年（昭和4）4月、六会駅として開設され、1998年（平成10）8月、六会日大前駅に改称。駅の東側を藤沢街道（国道467号）が、江ノ島線に沿って南北に通じている。日本大学湘南校舎の最寄り駅。駅の周辺には日大のほか高校や小・中学校も立地している。六会日大前駅の「六会」は、1889年（明治22）4月の町村制で6つの村が合併して成立した六会村に由来する。六会村は1942年（昭和17）3月、藤沢市に編入されて消滅。

0182
相模大塚／さがみおおつか

【相模鉄道】本線

神奈川県大和市桜森3丁目

1926年（大正15）5月、神中鉄道（現・相模鉄道）の駅として開設され、1943年（昭和18）、相模鉄道の駅として現在地に移転。大和市の西端にある駅で、数百メートル西へ行くと海老名市、南側には米海軍と海上自衛隊航空基地の厚木飛行場がある。駅の北側に「泉の森公園」があり、東側を東名高速道路が通り抜けている。駅の周辺に「大塚」という地名はない。駅が開設された当初は、西隣の

「さがみ野駅」あたりに置かれていた。駅名は駅の近くにあった相模大塚古墳に由来する。

0183
さがみ野／さがみの

【相模鉄道】本線

神奈川県海老名市東柏ケ谷2丁目

1975年（昭和50）8月に開設。座間市と綾瀬市の境界に割り込むように、海老名市域が東に突き出している部分に駅があるので、駅の北側は座間市、南側は綾瀬市、東へ数百メートル行くと大和市である。駅名は普通、駅の所在地の地名から取って付けられるが、さがみ野駅の場合は駅名の方が先。駅名から、駅の近くに「さがみ野」という地名が生まれた。しかも、さがみ野駅は海老名市にあるが、「さがみ野」という地名は座間市にある。

0184
学芸大学／がくげいだいがく

【東京急行電鉄】東横線

東京都目黒区鷹番3丁目

1927年（昭和2）8月、碑文谷《ひもんや》駅として開設され、1936年（昭和11）4月、青山師範駅に改称。1943年（昭和18）2月、第一師範駅に改称され、さらに1952年（昭和27）7月には現駅名の学芸大学駅に改称。しかし、肝心の東京学芸大学は存在しない。今から50年以上前の1964年（昭和39）、小金井市に移転したのである。しかし、東京学芸大学付属高校は現存しているので、駅名詐称とはいえないかもしれないが、その学芸大学付属高校は越境して世田谷区にある。

0185
都立大学／とりつだいがく

【東京急行電鉄】東横線

東京都目黒区中根1丁目

1927年（昭和2）8月、柿ノ木坂駅として開設され、1931年（昭和6）7月、府立高等前駅に、翌年3月には府立高等駅に改称。1943年（昭和18）12月には都立高校駅に、そして1952年（昭和27）7月、現駅名の都立大学駅に改称した。東京都立大学（現・首都大学東京）の最寄り駅のはずだが、駅の近くに東京都立大学はない。１９９１年（平成３）に多摩ニュータウン（八王子市）へ移転してしまったのである。当駅は長いあいだ地元住民に親しまれてきた駅名であり、イメージ的にも好感を持たれていることから、現在でも駅名は改称されていない。

0186
不動前／ふどうまえ

［東京急行電鉄］目黒線

東京都品川区西五反田５丁目

１９２３年（大正12）３月、目黒蒲田電鉄の目黒不動前駅として開設され、同年10月に不動前駅に改称。東京横浜電鉄を経て、１９４２年（昭和17）５月、東京急行電鉄の駅になる。高架駅で、駅の周辺は静かな住宅地。目黒不動尊（龍泉寺）の最寄り駅。目黒不動尊は目黒区にあるので、山手線の目黒駅と同じように越境駅である。目黒線という路線も、ほとんどの区間が品川区と大田区を走っており、目黒区内は１キロ程度。

0187
沼部／ぬまべ

［東京急行電鉄］東急多摩川線

東京都大田区田園調布本町

１９２３年（大正12）３月、目黒蒲田電鉄の丸子駅として開設され、翌年４月、武蔵丸子駅に改称。さらに１９２６年（大正15）１月には沼部駅に改称される。目黒蒲田電鉄から東京横浜電鉄を経て１９４２年（昭和17）５月、東京急行電鉄の駅になる。神奈川県との境界近くにある駅で、すぐ西側を多摩川が流れ、東海道新幹線と横須賀線の橋梁が多摩川に架かっている。駅名は駅が開設された当時の地名（荏原郡調布村下沼部）に由来する。

0188
武蔵新田／むさしにった

［東京急行電鉄］東急多摩川線

東京都大田区矢口１丁目

１９２３年（大正12）11月、目黒蒲田電鉄の新田駅として開設され、翌年４月、武蔵新田駅に改称される。目黒蒲田電鉄から東京横浜電鉄になり、１９

42年（昭和17）5月、東京急行電鉄の駅になる。駅前を環八通りが走り、駅の東側を第二京浜（国道1号）が南北に貫いている。多摩川北岸の人口密集地にある駅で、駅名は駅の近くにある新田神社に由来する。武蔵新田駅の新田を「しんでん」と読み間違えやすいが、「にった」である。

0189
荏原中延／えばらなかのぶ【東京急行電鉄】池上線

東京都品川区中延2丁目

1927年（昭和2）8月、池上電気鉄道の駅として開設。池上電気鉄道→目黒蒲田電鉄→東京横浜電鉄を経て1942年（昭和17）5月、東京急行電鉄になる。両隣の戸越銀座駅と旗の台駅は地上駅だが、当駅は地下駅。駅の周囲にはいくつもの商店街が発達している。駅名は駅が開設された当時の地名（荏原郡荏原町中延）に由来する。池上線と並走している東京急行電鉄大井町線に、荏原町駅と中延駅があるが、荏原町駅は当時の町名、中延駅は字名である。

0190
長原／ながはら【東京急行電鉄】池上線

東京都大田区上池台1丁目

1927年（昭和2）8月、池上電気鉄道の長原駅として開設され、目黒蒲田電鉄→東京横浜電鉄を経て1942年（昭和17）5月、東京急行電鉄の駅になる。駅の北側で環七通りと中原街道が交差している交通の要地で、その北側を東京急行電鉄大井町線が東西に走り、池上線の旗の台駅で両線が交わっている。駅名は駅が開設された当時の地名（荏原郡馬込村長原）に由来する。

0191
御嶽山／おんたけさん【東京急行電鉄】池上線

東京都大田区北嶺町

1923年（大正12）5月、池上電気鉄道の御嶽山前駅として開設され、1933年（昭和8）6月、御嶽山駅に改称。目黒蒲田電鉄→東京横浜電鉄から1942年（昭和17）5月、東京急行電鉄に。線路の下を東海道新幹線と横須賀線、湘南新宿ラインが走り抜けている。ホームから天気の良い日は富士山が見えることもある。駅名は長野と岐阜の県境にそびえる、御嶽山に鎮座する御嶽神社の支社があることに由来。秋季例大祭は大いに賑わう。

0192
蓮沼／はすぬま

[東京急行電鉄] 池上線

東京都大田区西蒲田7丁目

1922年(大正11)10月、池上電気鉄道の駅として開設。目黒蒲田電鉄→東京横浜電鉄を経て1942年(昭和17)5月、東京急行電鉄になる。駅前に蓮沼商店街があり、近くに天然温泉が湧いていることで知られている。駅名は駅が設置された当時の地名(荏原郡矢口村蓮沼)に由来する。かつて駅の周辺一帯には湿地帯が広がり、池や沼が点在していた。蓮沼という地名は、その中のひとつの蓮沼に因んで付けられた地名だとみられる。

0193
池尻大橋／いけじりおおはし

[東京急行電鉄] 田園都市線

東京都世田谷区池尻3丁目

1977年(昭和52)4月に開設。駅の所在地は世田谷区だが、目黒区と世田谷区にまたがる地下駅で、ホーム上に世田谷区と目黒区の区境が走っている。北口と東口が目黒区、西口と南口が世田谷区にある。目黒区側に首都高速3号渋谷線と、中央環状線を結ぶ大橋ジャンクションがある。大橋という目黒川に架かる小さな橋はあるが、池尻大橋という大きな橋があるわけではない。世田谷区に池尻1～4丁目、目黒区に大橋1～2丁目の地名があり、駅名は両地名をつないだもの。

0194
すずかけ台／すずかけだい

[東京急行電鉄] 田園都市線

東京都町田市南つくし野3丁目

1972年(昭和47)4月に開設。駅の周辺は新しく開発された住宅地。東京工業大学の最寄り駅である。東京と神奈川の都県境にあり、駅前(西側)は東京都(町田市)だが、駅の東側を通る厚木大山街道（国道246号）は横浜市である。駅の周辺に「すずかけ台」という地名は存在しない。駅の東側に東京工業大学がキャンパスを開設するにあたって、駅名に植物の名前を付けてほしいという東京工業大学側の要望があって「すずかけ台駅」にしたという。

0195
上町／かみまち 【東京急行電鉄】世田谷線
東京都世田谷区世田谷3丁目

1925年（大正14）5月、玉川電気鉄道の駅として開設。世田谷線がL字型に大きくカーブしている曲がり角にある駅で、世田谷線の車庫がある。駅の南側にあるボロ市通りでは、毎年12月と1月にボロ市が開催される。多くの人で賑わい、駅も大混雑する。東京医療保険大学の最寄り駅で、世田谷区役所にも近い。駅の周辺は世田谷線沿線の歴史地区として知られており、世田谷城址公園や代官屋敷跡など多くの史跡がある。駅名は世田谷城下町の「上手にある町」に因んで付けられた。

0196
山下／やました 【東京急行電鉄】世田谷線
東京都世田谷区豪徳寺1丁目

1925年（大正14）5月、玉川電気鉄道の山下駅として開設。1939年（昭和14）10月、玉電山下駅に改称されるが、1969年（昭和44）5月、再び山下駅に改称。小田急線との接続駅で、駅の南側を高架で小田急線と交差している。同じ場所にある駅だが、東急世田谷線は山下駅、小田急線は豪徳寺駅と駅名が異なっている。駅の周辺は起伏が激しく、駅名は赤堤という台地の下に位置しているからとも、山（大渓山豪徳寺）の下にあるからともいわれている。

0197
下高井戸／しもたかいど 【京王電鉄】京王線、【東京急行電鉄】世田谷線
東京都世田谷区松原3丁目

1913年（大正2）4月、京王電気軌道（現・京王電鉄）の下高井戸駅が開設される。1925年

（大正14）5月に玉川電気鉄道（現・東京急行電鉄）の下高井戸駅が開設し、両線の接続駅に。1938年（昭和13）3月、日大前駅に改称し、1944年（昭和19）6月に再び下高井戸駅に改称。首都高速4号新宿線が、駅の北側を京王線と平行に走っている。駅名は甲州街道の高井戸宿に由来し、明治初期まで下高井戸村が存在していた。駅の所在地は世田谷区だが、下高井戸という地名は杉並区にある。

0198
八幡山／はちまんやま【京王電鉄】京王線

東京都杉並区上高井戸1丁目

1918年（大正7）5月、京王電気軌道（現・京王電鉄）の松沢駅として開設し、1937年（昭和12）9月、八幡山駅に改称。駅の北側を甲州街道（国道20号）が、西側を環八通りが通る。中央自動車道の高井戸インターチェンジも近くにある交通の要地。駅があるのは杉並区だが、八幡山という地名は世田谷区にある。越境駅である。

0199
池ノ上／いけのうえ【京王電鉄】井の頭線

東京都世田谷区代沢2丁目

1933年（昭和8）8月、帝都電鉄の駅として開設。小田原急行鉄道→東京急行電鉄→京王帝都電鉄と変遷し、1998年（平成10）7月、京王電鉄井の頭線の駅になる。小学校や郵便局など施設名に「池ノ上」の名が見られるが、地名としては存在しない。かつて駅の南側に細長い池があり、駅の周辺は池の上の高台に位置していたことから「池ノ上」と呼ばれるようになり、それが駅名にもなった。

0200
富士見ヶ丘／ふじみがおか【京王電鉄】井の頭線

東京都杉並区久我山5丁目

1933年（昭和8）8月、帝都電鉄の駅として開設され、小田原急行鉄道→東京急行電鉄→京王帝都電鉄を経て1998年（平成10）7月、京王電鉄の駅になる。西隣の久我山駅との間に井の頭線の車両基地の富士見ヶ丘検車区がある。駅の南側を神田川が流れ、その南に中央自動車道の高井戸インターチェンジがある。駅の周辺に富士見ヶ丘という地名は存在しない。駅名は、かつてこのあたりから富士山が望めたことに由来するとみられる。

0201
多摩境／たまさかい 【京王電鉄】相模原線

東京都町田市小山ヶ丘3丁目

1991年（平成3）4月に新しく開設された駅。町田市の西部に1キロ前後の幅で東西に10キロほど延びている細長い市域がある。駅は八王子市と相模原市に挟まれている。町田市の要望で設置されたもので、駅から南へ500メートルほどで相模原市、北へ500メートルほどで八王子市である。ホームの北側はトンネルに通じ、南側は高架という複雑な構造の駅。駅名は多摩（東京）と相模（神奈川）の境であることに由来。

0202
都立家政／とりつかせい 【西武鉄道】新宿線

東京都中野区鷺宮1丁目

1937年（昭和12）12月、府立家政駅として開設され、1943年（昭和18）7月、都立家政駅に改称。中野区の北部にある駅で周辺は住宅地。駅の北を新青梅街道（都道440号落合井草線）が走っている。西隣の鷺宮駅との駅間距離はわずか500メートルしかなく、西武新宿線で最も短い。高等家政女学校の最寄り駅として開設されたものだが、肝心の家政女学校が存在しない。実は、駅の南側にある都立鷺宮高校の前身が、駅名の由来となった都立高等家政女学校なのである。

0203
井荻／いおぎ 【西武鉄道】新宿線

東京都杉並区下井草5丁目

1927年（昭和2）4月に開設。杉並区の北部にある駅で、北側を新青梅街道が新宿線と平行に走っており、駅の西側を環八通りが南北に走り抜けている。駅の周辺は住宅地だが、新青梅街道に面して井草森公園という大きな公園が、南口には「西武井荻商店街」がある。駅名は1889年（明治22）5

月の町村制で成立した井荻村（→井荻町）に由来。村名は井草と荻窪の頭文字を取った合成地名。同村は1932年（昭和7）10月、東京市に編入され消滅。

0204
武蔵大和／むさしやまと 【西武鉄道】多摩湖線

東京都東村山市廻田町3丁目

1930年（昭和5）1月、多摩湖鉄道の村山貯水池駅として開設され、1936年（昭和11）12月、現在地に移し武蔵大和駅に改称。武蔵野鉄道→西武農業鉄道を経て1946年（昭和21）11月、西武鉄道の駅になる。駅の西側に都立狭山自然公園があり、その西に多摩湖が横たわっている。駅名は1919年（大正8）11月に発足した大和村（→大和町→東大和市）に由来した越境駅。駅は東村山市と東大和市との境界にあり、駅を出て西に行くと東大和市に入る。

0205
椎名町／しいなまち 【西武鉄道】池袋線

東京都豊島区長崎1丁目

1924年（大正13）6月、武蔵野鉄道（現・西武鉄道）の駅として開設。駅のすぐ東側に首都高速中央環状線の西池袋出入口がある。かつて駅の近くに手塚治虫や藤子不二雄、赤塚不二夫などの著名な漫画家が居住していたことで知られるトキワ荘があった。駅の北口に御府内八十八ヶ所霊場第76番札所の金剛院佛性寺がある。駅名は1964年（昭和39）に住居表示法が実施される前まで、現在の南長崎から目白にかけて存在した「椎名町」に由来。

0206
江古田／えこだ 【西武鉄道】池袋線

東京都練馬区旭丘1丁目

1922年（大正11）11月、武蔵野鉄道（現・西武鉄道）の仮駅として開設され、翌年、正式な駅として営業を開始。駅の近くには日本大学芸術学部や武蔵大学、武蔵野音楽大学などが立地しており、東京でも代表的な学生街を形成している。「江古田」という地名は区境を越えた中野区にあり、読みは

「えごた」で駅名とは異なっている。明治初期まで駅の周辺を含めた一帯が、多摩郡江古田村だったことに由来している。

0207 元加治／もとかじ ［西武鉄道］池袋線

埼玉県入間市野田

１９２６年（大正15）４月、武蔵野鉄道（現・西武鉄道）の駅として開設。入間市と飯能市の境界にある駅で、駅舎とホームは入間市だが、敷地の一部が飯能市にまたがっている。駅の南側を入間川が流れ、その南側はなだらかな加治丘陵である。駅のすぐ南に、この周辺地域を治めていた加治氏の菩提寺の円照寺がある。駅名は１８８９年（明治22）４月の町村制で発足した元加治村に由来。同村は１９４３年（昭和18）４月の合併で飯能町（現・飯能市）になり消滅。

0208 高麗／こま ［西武鉄道］池袋線

埼玉県日高市武蔵台１丁目

１９２９年（昭和４）９月、武蔵野鉄道（現・西武鉄道）の駅として開設。駅の北側を高麗川が流れ、鉄道路線に沿って国道２９９号が通っている。駅の近くにある巾着田のヒガンバナの開花シーズンは賑わう。この地域は朝鮮半島の高句麗《こうくり》からの渡来人が居住した地で、駅の北側に高麗石器時代住居跡がある。駅名は１８８９年（明治22）４月の町村制で発足した高麗村に由来。同村は１９５５年（昭和30）２月、高麗川村と合併して日高町（現・日高市）になり消滅。

0209 吾野／あがの ［西武鉄道］池袋線・西武秩父線

埼玉県飯能市坂石町分

１９２９年（昭和４）９月、武蔵野鉄道（現・西武鉄道）の駅として開設。池袋線の終点駅で、西武秩父線の起点駅だが、ほとんどの列車が両線を直通運転している。駅の北側を高麗川が流れている。駅と高麗川の間を国道２９９号が通り、高麗川の対岸にバイパスが通っている。駅名は１８８９年（明治

22）4月の町村制で発足した吾野村に由来。同村は1956年（昭和31）9月、飯能市に編入されて消滅。当駅を挟んで、東吾野駅と西吾野駅が高麗川畔にある。

0210
下板橋／しもいたばし【東武鉄道】東上本線

東京都豊島区池袋本町4丁目

1914年（大正3）5月、東上鉄道（現・東武鉄道）の駅として開設。板橋区との境界近くにある駅で、西に隣接して電車留置線がある。開設当初は留置線のある板橋区に駅が設置されていた。現在の行政区分では豊島区になるので越境駅になるが、駅名は1889年（明治22）4月の町村制で発足した板橋町の下に位置していたことに由来する。中板橋駅と上板橋駅は板橋区にある。だが当駅を、開設した当時の場所（電車留置線）に移す構想がある。実現すると越境駅が解消されることになる。

0211
東武練馬／とうぶねりま【東武鉄道】東上本線

東京都板橋区徳丸2丁目

1931年（昭和6）12月に開設。駅の南側の旧川越街道沿いに商店街が発達している。駅は練馬区と板橋区の境界上にあり、駅名は「練馬」だが、駅の所在地は板橋区。つまり越境駅である。駅が開設された当時は、旧川越街道沿いの下練馬宿の方が知名度もあり発達していたので、駅名を「練馬」とし、すでに存在していた西武池袋線（当時は武蔵野鉄道）の練馬駅との混同を避けるため、「東武」を冠して東武練馬駅とした。

0212
ふじみ野／ふじみの【東武鉄道】東上本線

埼玉県富士見市ふじみ野東1丁目

1951年（昭和26）9月、ききょう原信号場として開設されるが、3年後に廃止。1993年（平成5）11月に駅として開設される。富士見市の中心駅で、駅名は、駅開設時の市名（富士見市）に因んで命名。平成の大合併で富士見市、上福岡市など2市2町が合併する際の新市名にも「ふじみ野市」が

採用された。だが、この枠組みでの合併が破談となり、上福岡市が大井町と合併して、新市名を当初の市名候補になっていた駅名と同名の「ふじみ野市」としたため、結果的にふじみ野駅はふじみ野市にはないことになってしまった。

0213
男衾／おぶすま 〔東武鉄道〕東上本線

埼玉県大里郡寄居町富田

1925年（大正14）に開設。駅の北側を荒川が流れ、西側を国道254号が通っている。駅の周辺には住宅地が広がっているが、田畑も見られる。難読駅名として知られている。駅の近くに男衾郡総鎮守の小被《おぶすま》神社がある。駅名は1889年（明治22）4月の町村制で発足した男衾村に由来するが、同村は1955年（昭和30）2月の合併で寄居町になり消滅。地名の男衾は寝具の衾をつくっていた地、または寝具の衾に似た地形に由来か。

0214
玉淀／たまよど 〔東武鉄道〕東上本線

埼玉県大里郡寄居町寄居

1934年（昭和9）4月に開設。1943年（昭和18）12月に休止になり、1947年（昭和22）8月に廃止、1951年（昭和26）9月に再開される。終着の寄居駅のひとつ手前にある駅。寄居町の市街地の一角を形成しており、東側を荒川が流れている。荒川の流れは深い淵をつくって淀み、「玉淀」という県の名勝に指定された景勝地をつくり出している。荒川の流れが玉のように渦を巻いていることから「玉淀」と命名された。駅名は景勝地の玉淀に由来。

0215
一本松／いっぽんまつ
【東武鉄道】越生線
埼玉県鶴ヶ島市中新田

1934年（昭和9）12月、越生《おごせ》鉄道の駅として開設。1943年（昭和18）7月、東武鉄道の駅になる。坂戸市との境界近くにある駅で、西側を県道日高川島線が通り、北側を市役所に通じる県道川越越生線が走っている。南側は鶴ヶ島市近郊の新興住宅地。駅の周辺に「一本松」という地名は存在しない。駅名はその名が示すように、街道沿いに1本の松が生えていたことに由来する。その一本松があったのは、駅の北側の五差路だとされている。

0216
曳舟／ひきふね
【東武鉄道】伊勢崎線・亀戸線
東京都墨田区東向島2丁目

1902年（明治35）4月、伊勢崎線の駅が開設され、1904年4月に亀戸線が開通し両線の接続駅に。伊勢崎線には「東武スカイツリーライン」の愛称がある。隅田川と荒川のほぼ中間に位置し、駅の西側を水戸街道（国道6号）が通っている。駅から300メートルほど東には、京成電鉄押上線の京成曳舟駅がある。駅名は近くを流れていた曳舟川（現在は暗渠化）に由来する。曳舟という地名は「舟引」と同じで、小舟を川から引いた地の意。

0217
鐘ヶ淵／かねがふち
【東武鉄道】伊勢崎線
東京都墨田区墨田5丁目

1902年（明治35）4月に開設。駅の北側を荒川が流れているため、線路は駅の北側から左へ大きくカーブしている。西側には隅田川が流れる水郷地帯で、河川敷には公園などが整備されている。駅名は旧地名に由来。当地にあった寺院が移転する際、寺の鐘を乗せた船が隅田川を渡る途中で誤って鐘を川の淵に落下させてしまった。それが地名の起こりだとみられる。鐘ヶ淵は2007年（平成19）に解散したカネボウ（旧社名は鐘淵紡績）の創業地である。

0218

堀切／ほりきり 【東武鉄道】伊勢崎線

東京都足立区千住曙町

1902年（明治35）4月に開設。1905年（明治38）に休止され、1908（明治41）4月に廃止。1924年（大正13）10月、再開される。荒川と隅田川が最も狭まっているところに駅がある。駅のすぐ南にある隅田水門で荒川と隅田川がつながっており、その上を首都高速6号向島線が走っている。駅名は明治初期まで存在した堀切村に由来。同村は1889年（明治22）5月の町村制で南綾瀬村（→南綾瀬町）になり消滅。人工的に開削して溝をつくったところを堀切という。「堀切」という地名は荒川の対岸（葛飾区）にあり、越境駅になっている。

0219

牛田／うしだ 【東武鉄道】伊勢崎線

東京都足立区千住曙町

1932年（昭和7）9月に開設。北千住駅と堀切駅の中間にある駅で、堀切駅との駅間距離はわずか700メートルしかなく、伊勢崎線では最も短い。荒川と隅田川に挟まれた中洲のようなところにある駅である。近くに「東京水辺ライン」の千住発着場がある。駅の南側、目と鼻の先に京成電鉄本線の京成関屋駅があり、両線の連絡駅になっている。駅名は昔、この地域にあった農業用水路の「牛田圦《うしだいり》」に由来する。かつて周辺には田園風景が広がり、牛が田畑を耕していた。

0220

小菅／こすげ 【東武鉄道】伊勢崎線

東京都足立区足立2丁目

1924年（大正13）10月に開設された荒川の北岸にある駅。荒川の北岸に沿って首都高速道路中央環状線が走っており、JR常磐線と東京地下鉄千代田線・日比谷線、つくばエクスプレスが並行して荒川を渡っている。駅のすぐ東側には東京拘置所（旧・小菅監獄）がある。駅は足立区だが、駅名の由来になった「小菅」という地名は葛飾区にある。いわゆる越境駅で、東京拘置所の西側に沿って南北に通じている道路が足立区と葛飾区の境界である。

0221
五反野／ごたんの 【東武鉄道】伊勢崎線

東京都足立区足立3丁目

1924年（大正13）10月に開設。駅の周辺には日用品店や飲食店など、多くの商店が軒を連ねている。駅から北に1キロほどのところに足立区役所があり、当駅と西隣の梅島駅との間を日光街道（国道4号）が南北に貫いている。駅名は江戸時代から明治初期まで存在した五反野村に由来。この地域は徳川氏の「五段野」と呼ばれる御料地で、それが五反野に転訛したものとみられる。駅の周辺に五反野という正式な地名は存在しないが、小学校や幼稚園などの名称にその名をとどめている。

0222
新田／しんでん 【東武鉄道】伊勢崎線

埼玉県草加市金明町

1899年（明治32）12月に開設。1908年（明治41）12月廃止になるが、1925年（大正14）11月再開。草加市の北部にある駅で、駅の東側を日光街道（県道足立越谷線）が、西側には草加バイパス（国道4号）が南北に通じ、駅の南には東京外環自動車道の草加インターチェンジがある。駅名は1889年（明治22）4月の町村制で発足した新田村に由来。同村は1955年（昭和30）1月の合併で、草加町（現・草加市）になり消滅。

0223
大袋／おおぶくろ 【東武鉄道】伊勢崎線

埼玉県越谷市袋山

1926年（大正15）10月に開設された越谷市の北部にある駅。周辺は住宅地だが、商店街も形成されている。駅の東側で日光街道と越谷春日部バイパス（国道4号）が立体交差している。駅名は1889年（明治22）4月の町村制で発足した大袋村に由来。同村は1954年（昭和29）11月の合併で越谷町（現・越谷市）になり消滅。駅名（大袋）と地名（袋山）が異なっているのは、旧村名が大竹村、大林村、袋山などの8村が合併した際に大竹村などの「大」の字と、袋山村の「袋」の字を取って命名したため。

0224 **多々良／たたら**【東武鉄道】伊勢崎線

群馬県館林市日向町

1907年（明治40）8月、中野駅として開設され、1937年（昭和12）4月、多々良駅に改称。館林市の北西部、邑楽《おうら》町との境界近くにある。駅の南に国道122号が通り、その南に白鳥の飛来地として知られる多々良沼があり、沼畔が公園として整備されている。多々良沼を水源とする多々良川河畔に群馬県立館林美術館がある。駅名は1889年（明治22）4月の町村制で発足した多々良村に由来。同村は1954年（昭和29）4月の合併で館林市になり消滅。

0225 **東武和泉／とうぶいずみ**【東武鉄道】伊勢崎線

栃木県足利市福居町

1935年（昭和10）9月に開設。渡良瀬川の南岸にあり、対岸は足利市の中心市街地である。駅の南側を通っている足利バイパス（国道50号）沿いに足利市公設地方卸売市場があり、駅の西側を南北に通じている国道293号沿いには、ショッピングセンターなど多くの商業施設がある。駅名はこの付近から湧出する清水に由来。この地から湧き出していた清水を人々は「泉」と呼び、それが地名の2字化で「和泉」と表記されるようになった。

0226 **野州山辺／やしゅうやまべ**【東武鉄道】伊勢崎線

栃木県足利市八幡町

1925年（大正14）7月に開設。足利市の郊外にある駅で、駅の北側を渡良瀬川が流れ、南側には足利バイパス（国道50号）が通っている。駅の周辺は住宅と工場が混在している地域。駅名の「野州」は、栃木県の旧国名「下野《しもつけ》」の別称で、「山辺」は1889年（明治22）4月の町村制で発足した山辺村（→山辺町）のこと。同町は1953年（昭和

28）４月、足利市へ編入され消滅。

0227
剛志／ごうし ［東武鉄道］伊勢崎線

群馬県伊勢崎市境保泉

１９１０年（明治43）３月に開設。伊勢崎市の近郊の住宅地にある駅で、駅のすぐ東側を利根川支流の粕川が流れている。駅の西２キロほどのところを流れている利根川支流の広瀬川との間に市街地が形成され、その中央を国道３５４号が通っている。国道の南側に保泉ニュータウンがある。駅名は１８８９年（明治22）４月の町村制で発足した剛志村に由来し、同村は１９５５年（昭和30）３月の合併で境町（現・伊勢崎市）になり消滅。

0228
小村井／おむらい ［東武鉄道］亀戸線

東京都墨田区文花２丁目

１９２８年（昭和３）４月に開設。東京の下町、墨田区の南部にある駅で、駅の周辺には商店や中小の事業所が密集している。駅の東側を走っている明治通りと丸八通りが、駅の北側で合流している。駅の南にある香取神社の境内に、梅の名所として知られている香梅園がある。駅の周辺に「小村井」という地名は存在しないが、駅名は江戸時代から１８８９年（明治22）４月に町村制が施行されるまで、この地域の村名であった小村井村に由来する。

0229
東あずま／ひがしあずま ［東武鉄道］亀戸線

東京都墨田区立花４丁目

１９２８年（昭和３）４月、平井街道駅として開設。１９４５年（昭和20）５月に廃止されるが、１９５６年（昭和31）５月、東あずま駅として復活。墨田区と江戸川区の境界を流れる旧中川と、北十間川のほぼ中間にある。駅名は駅の西方にある吾嬬《あづま》神社の東に位置することに由来。１８８９年（明治22）年の町村制が施行された当時、この付近一帯は吾嬬村（→吾嬬町）といった。駅が開設された当時の住所は「吾嬬町東」だった。駅の北に東吾嬬小学校がある。

0230
七里／ななさと［東武鉄道］野田線

埼玉県さいたま市見沼区風渡野

1929年（昭和4）11月、北総鉄道（現・東武鉄道）の駅として開設。旧・大宮市（現・さいたま市）の東部にある駅で、見沼区役所の最寄り駅。駅の周辺は住宅地で多くの団地が立地している。七里駅が設置された翌年に、隣の岩槻駅との間に加倉駅が設置されたが、後に廃止されている。沿線は人口が急増しているので、加倉駅を復活させる構想がある。駅名は1913年（大正2）4月の合併で発足した七里村に由来。同村は1955年（昭和30）1月、大宮市に編入され消滅。

0231
豊春／とよはる［東武鉄道］野田線

埼玉県春日部市上蛭田

1929年（昭和4）11月、北総鉄道（現・東武鉄道）の駅として開設。春日部市の西部、さいたま市（岩槻区）との境界近くにある。駅の南側を県道さいたま春日部線と国道16号が通っており、国道沿いに春日部自動車検査登録事務所がある。駅名は1889年（明治22）4月の町村制で発足した豊春村に由来。同村は1954年（昭和29）7月の合併で春日部市になり消滅。だが、小・中学校など公共施設名や支店名などに旧村名が使われている。

0232
南桜井／みなみさくらい［東武鉄道］野田線

埼玉県春日部市米島

1930年（昭和5）12月、総武鉄道（現・東武鉄道）の永沼臨時停留場として開設され、翌年7月、常設の停留場になる。1932年（昭和7）8月、東に移転して南桜井駅に改称。埼玉県の東端にある旧・庄和町の中心駅で、2キロほど東へ行くと千葉県との県境を江戸川が流れている。駅名は1889年（明治22）4月の町村制で発足した南桜井村に由来する。同村は1954年（昭和29）7月の合併で庄和村（→庄和町→春日部市）となり消滅。

0233
川間／かわま
【東武鉄道】野田線

千葉県野田市尾崎

1930年（昭和5）10月、総武鉄道（現・東武鉄道）の駅として開設。野田市北部の住宅地にある千葉県では最北端の鉄道駅。駅の西を流れている江戸川が埼玉県と千葉県の県境である。駅の周辺には工業団地もある。駅名は1889年（明治22）4月の町村制で発足した川間村に由来。同村は1957年（昭和32）4月、野田市へ編入されて消滅するが、公共施設や支店名などで「川間」の地名が見られる。川間は江戸川と利根川の間の意。

0234
梅郷／うめさと
【東武鉄道】野田線

千葉県野田市山崎

1911年（明治44）5月、千葉県営軽便鉄道（現・東武鉄道）の駅として開設。野田線では最も古い駅のひとつである。駅の西側は野田市近郊の住宅地として団地が立地し、駅の東を通る春日部野田バイパス（国道16号）の東側には大規模な工業団地が形成されている。駅名は1889年（明治22）4月の町村制で5村が合併する際、「梅の5弁」になぞらえて命名された梅郷村に由来。同村は1950年（昭和25）5月の合併で野田市となり消滅。

0235
流山おおたかの森／ながれやまおおたかのもり
【東武鉄道】野田線・【首都圏新都市鉄道】つくばエクスプレス

千葉県流山市西初石6丁目

2005年（平成17）8月、つくばエクスプレスの開通にともない、その接続駅として開設。駅名は市民からの公募をもとに決められたもので、「流山おおたかの森」という公園があるわけではない。オオタカが生息する森が駅の近くにあることに由来する。駅が開設されてから、駅の南側に隣接して「流山おおたかの森ショッピングセンター」が開店。駅の周辺は宅地化も急速に進んでおり、現在では流山市内で乗降客が最も多い駅になっている。

0236
塚田／つかだ
【東武鉄道】野田線

千葉県船橋市前貝塚町

1923年（大正12）12月、北総鉄道（現・東武鉄道）の駅として開設。船橋駅に近く、都心へのアクセスもいいので宅地化が進んでいる。駅名は1889年（明治22）4月の町村制で発足した塚田村に由来。村名は前貝塚、後貝塚、行田の3村が合併する際、貝塚の「塚」と行田の「田」を取って命名した合成地名である。同村は1937年（昭和12）4月の合併で船橋市になり消滅したが、旧村名の「行田」と「前貝塚」が字名として残っている。

0237
渡瀬／わたらせ
【東武鉄道】佐野線

群馬県館林市足次町

1927年（昭和2）12月に開設。館林市近郊の住宅地にある駅だが、のどかな田園風景も広がっている。駅名は1889年（明治22）4月の町村制で発足した渡瀬村に由来する。村名は駅の北2キロほどの、栃木と群馬の県境を流れている渡良瀬川からつけられたもの。渡瀬村は1954年（昭和29）4月の合併で館林市になり消滅。

0238
三枚橋／さんまいばし
【東武鉄道】桐生線

群馬県太田市鳥山下町

1913年（大正2）3月に開設。太田市の近郊にあり、駅の周囲は住宅地となっている。駅の東側丘陵に「ぐんまこどもの国」や、山城の金山城跡などがある。江戸時代、この地域には3本の川が流れていたが、大雨のたびに氾濫し人々を困らせた。それを見かねた郷土の英雄、天笠治良右衛門《あまがさじろうえもん》が私財を投じて3ヵ所に橋を架けた。駅名はこの3ヵ所（三枚）の橋に由来。「三枚橋」という橋も、地名も存在しない。

0239
治良門橋／じろえんばし
【東武鉄道】桐生線

群馬県太田市成塚町

1913年（大正2）3月に開設。太田市郊外の住宅地にある駅。駅の北側を北関東自動車道が走っている。難読な駅名として知られている。治良門橋の「治良門」は、郷土の英雄として敬われている天《あま》笠治良右衛門《がさじろえもん》の名前を略したものである。駅名は治良右衛門が新田の用水に私財で石橋を架けたことに由来する。駅の近くに駅名と同じ地名はないが、天笠治良右衛門を略した天良町《てんらちょう》や石橋町という地名がある。

0240 相老／あいおい

【東武鉄道】桐生線、【わたらせ渓谷鐵道】わたらせ渓谷線

群馬県桐生市相生町2丁目

1911年（明治44）4月、足尾鉄道（現・わたらせ渓谷鐵道）の相生駅として開設され、翌年7月、相老駅に改称。1913年（大正2）3月、東武鉄道の相老駅が開設され両線の接続駅に。駅名は1889年（明治22）4月の町村制で成立した相生村（→桐生市）に由来。駅名と地名の文字が異なっているのは、山陽本線の相生駅との混同を避けるため、駅名に「相老」という文字を用いたからである。地名や公共施設名などは、「相生」の文字を使用している。

0241 赤城／あかぎ

【東武鉄道】桐生線、【上毛電気鉄道】上毛線

群馬県みどり市大間々町大間々

1928年（昭和3）11月、上毛電気鉄道の新大間々駅として開設。1932年（昭和7）3月、東武鉄道の新大間々駅が開設され両線の接続駅になる。1957年（昭和32）7月、赤城山に赤城登山鉄道が開通したことにともない赤城駅に改称。駅名は赤城山に由来しているが、赤城山までは直線でも15キロ以上も離れており不自然。当駅は赤城山の登山口にあたることから、利用者に分かりやすくするため赤城駅としたものだが、「赤城山口駅」とでもした方が親切だろう。

0242 新古河／しんこが

【東武鉄道】日光線

埼玉県加須市向古河

1935年（昭和10）7月に開設。利根川と渡良瀬川に挟まれている旧・北川辺町にある駅で、駅の北に広大な渡良瀬貯水池（谷中湖）がある。駅の東側を流れている渡良瀬川の対岸は茨城県の古河市で、駅名も古河市に由来している。駅の所在地も、古河市から見ると渡良瀬川の向こう側にあるので「向古河」という。既存駅の近くに新しく開設される駅に「新」を冠することはよくあるが、県境を越えた駅に「新」を冠するケースは珍しい。

0243
学園前／がくえんまえ 【京成電鉄】千原線

千葉県千葉市緑区おゆみ野中央1丁目

1995年（平成7）4月、千葉急行電鉄（現・京成電鉄）の駅として開設。千原線は1992年（平成4）に開通した新しい路線で、沿線は新興住宅地。学園前駅は近鉄奈良線と札幌市営地下鉄東豊線にもあるが、いずれも駅の近くに大学や高校があることに因んでいる。千原線の学園前駅の近くにも、千葉明徳短大、千葉明徳中学・高校があるが、駅名は同校に由来するものではなく、明治大学が駅の近くに設置される計画があったことによる。

0244
八柱／やばしら 【新京成電鉄】新京成線

千葉県松戸市日暮1丁目

1955年（昭和30）4月に開設。1978年

（昭和53）10月、ＪＲ武蔵野線の新八柱《しんやはしら》駅が開設され、両線の接続駅に。松戸市近郊の住宅地にあり、都心へのアクセスが良いことから人口が増加している。駅名は１８８９年（明治22）４月の町村制で、８村が合併して発足した八柱《やはしら》村に由来。同村は１９３８年（昭和13）４月、松戸町（現・松戸市）に編入されて消滅。旧村名の「八柱」は、８つの村が柱になって新村をつくるという意味から命名されたもの。新京成電鉄の駅名だけが「やばしら」と濁音になる。

0245 上総東／かずさあずま

【いすみ鉄道】いすみ線　千葉県いすみ市佐室

１９３０年（昭和５）４月、国鉄木原線の駅として開設。１９８８年（昭和63）３月、国鉄の分割民営化により第三セクターのいすみ鉄道に転換される。駅前に国道４６５号が通り、その沿道に住宅が建ち並んでいる。駅名は上総国の東部に位置することに因んで付けられたわけではなく、１８８９年（明治22）４月の町村制で発足した夷隅《いすみ》郡東村に由来する。同村は１９５５年（昭和30）３月の合併で大原町（現・いすみ市）になり消滅。

0246 国吉／くによし

【いすみ鉄道】いすみ線　千葉県いすみ市苅谷

１９３０年（昭和５）４月、国鉄木原線の駅として開設され、１９８８年（昭和63）３月、国鉄の分割民営化にともない、第三セクターのいすみ鉄道に転換。駅の北側に市街地が形成され、いすみ市役所夷隅庁舎（旧・夷隅町役場）がある。駅の南には、夷隅川が蛇行しながら流れている。駅名は１８８９年（明治22）４月の町村制で発足した国吉村（↓国吉町）に由来。同町は１９５４年（昭和29）４月の合併で夷隅町（現・いすみ市）となり消滅。

0247 上総中川／かずさなかがわ

【いすみ鉄道】いすみ線　千葉県いすみ市行川

１９３０年（昭和５）４月、国鉄木原線の駅として開設され、１９８８年（昭和63）３月、国鉄の分割民営化により第三セクターのいすみ鉄道に転換される。駅のすぐ南側を国道４６５号が通っており、市街地の南縁を夷隅川が流れている。駅名は１８８９年（明治22）４月の町村制で発足した中川村に由来。同村は１９５４年（昭和29）４月の合併で夷隅町（現・いすみ市）となり消滅。駅名に旧国名の「上総」を冠しているのは、ＪＲ奥羽本線の中川駅と区別するため。

0248

城見ヶ丘／しろみがおか

［いすみ鉄道］いすみ線

千葉県夷隅郡大多喜町船子

２００８年（平成20）８月に新しく開設された駅。市街地の外れにあり、駅の周辺には住宅地がある。駅のすぐ西側を大多喜街道（国道２９７号）が通っており、駅の南側には大型ショッピングセンターがある。大多喜城は町のシンボルになっており、駅名は駅からその大多喜城が見えることから城見ヶ丘駅と命名された。

0249

総元／ふさもと

［いすみ鉄道］いすみ線

千葉県夷隅郡大多喜町三又

１９３３年（昭和８）８月、国鉄木原線の駅として開設され、１９８８年（昭和63）３月、国鉄の分割民営化で第三セクターのいすみ鉄道に転換。駅の東側に、激しく蛇行しながら流れてきた西畑川と夷隅川の合流地点がある。駅名は１８８９年（明治22）４月の町村制で発足した総元村に由来。同村は１９８８年（昭和63）10月の合併で大多喜町になり消滅。

0250

西畑／にしはた

［いすみ鉄道］いすみ線

千葉県夷隅郡大多喜町庄司

１９３７年（昭和12）２月、国鉄木原線の駅として開設。１９８８年（昭和63）３月、国鉄の分割民営化にともない、第三セクターのいすみ鉄道に転換される。駅前を国道４６５号が通っており、その北側を西畑川が大きく蛇行しながら流れている。駅名は1889年（明治22）4月の町村制で発足した西畑村に由来。同村は1954年（昭和29）10月の合併で大多喜町になり消滅。

0251
上総三又／かずさみつまた
【小湊鉄道】小湊鉄道線

千葉県市原市海士有木

1932年（昭和7）11月に開設。養老川の流域に広がる田園地帯の中にある駅で、駅前に小さな集落が形成されている。駅の西側を流れている養老川と駅の間を、大多喜街道（国道297号）が小湊鉄道線と並行して南北に通っている。「三又」という地名は存在せず、この地区の通称名として使われている。駅名の「三又」は、海岸方面へ行く道と、山の方面へ行く道の交わる地点に位置することに由来か。

0252
上総川間／かずさかわま
【小湊鉄道】小湊鉄道線

千葉県市原市下矢田

1953年（昭和28）4月に開設。駅の南側から西側にクランクしながら養老川が流れており、駅から1キロほど北の地点で大多喜街道（国道297号）と房総横断道路（国道409号）が交差している。上総川間駅の「上総」は千葉県中央部の旧国名だが、「川間」という地名は存在しない。川間は川と川の間の地域を意味し、駅名もこれに由来か。

0253
里見／さとみ
【小湊鉄道】小湊鉄道線

千葉県市原市平野

1925年（大正14）3月に開設。養老川の流域に開けたところにある駅で、養老川を堰き止めて出現した高滝湖が近くにある。駅の周辺は日本一のゴルフ場の密集地。駅の東側を清澄養老ライン（県道81号）が通っている。駅の近くに市原市役所加茂支所がある。駅名は1889年（明治22）4月の町村制で発足した里見村に由来。同村は1954年（昭和29）1月の合併で加茂村（現・市原市）になり消滅。

旧村名は戦国大名の里見氏に因むという。

0254 **仲ノ町／なかのちょう** 【銚子電気鉄道】銚子電気鉄道線

千葉県銚子市新生町2丁目

1913年（大正2）12月、銚子遊覧鉄道の駅として開設。1917年（大正6）11月に廃止され、1923年（大正12）7月、銚子鉄道（現・銚子電気鉄道）の駅として再開される。市の中心部近くにある駅で、木造の駅舎には銚子電気鉄道の本社が同居し、名物の「銚電のぬれ煎餅」の製造工場が併設されている。駅名は駅が開設された当時の銚子町（現・銚子市）の字名に由来する。

0255 **寺原／てらはら** 【関東鉄道】常総線

茨城県取手市駒場

1913年（大正2）11月、常総鉄道の駅として開設。常総筑波鉄道を経て、1965年（昭和40）6月、関東鉄道の駅になる。取手市役所の最寄り駅。駅名は1889年（明治22）4月の町村制で発足した寺原村に由来。同村は1955年（昭和30）2月の合併で取手町（現・取手市）に編入されて消滅。村名は寺田村と桑原村の合併で生まれた合成地名。駅名の「寺原」という地名は存在しないが、旧村名の「寺田」と「桑原」は字名として残っている。

0256 **稲戸井／いなとい** 【関東鉄道】常総線

茨城県取手市米ノ井

1913年（大正2）11月、常総鉄道（現・関東鉄道）の駅として開設。駅の周辺は住宅地で、近くに団地も形成されている。駅名は1889年（明治22）4月の町村制で稲村、戸頭村、米ノ井村、野々井村の4村が合併して発足した稲戸井村に由来する。同村は1955年（昭和30）2月の合併で取手町（現・取手市）に編入されて消滅。旧4村はすべて字名として残っている。そのうちのひとつ、戸頭村は駅名（戸頭駅）にもなっている。

0257
三妻／みつま【関東鉄道】常総線
茨城県常総市三坂町

1913年（大正2）11月、常総鉄道（現・関東鉄道）の駅として開設。駅の西側を鬼怒川が流れ、東側を常総線に沿って常総バイパス（国道294号）が南北に通じている。駅名は1889年（明治22）4月の町村制で三坂村と中妻村が合併して発足した三妻村に由来。同村は1954年（昭和29）7月、水海道町（→水海道市→常総市）に編入されて消滅するが、三坂、中妻の旧村は字名として残っており、中妻村は駅名（中妻駅）にもなっている。

0258
玉村／たまむら【関東鉄道】常総線
茨城県常総市小保川

1931年（昭和6）11月、常総鉄道（現・関東鉄道）の駅として開設。常総市の北端に位置し、駅の西側を鬼怒川が流れ、駅の東側を常総バイパス（国道294号）が南北に通じている。駅名は1889年（明治22）4月の町村制で発足した玉村に由来するが、同村は1954年（昭和29）10月の合併で、宗道《そうどう》村（現・下妻市）と石下《いしげ》町（現・常総市）に分割して編入され消滅。

0259
騰波ノ江／とばのえ【関東鉄道】常総線
茨城県下妻市若柳

1926年（大正15）8月、常総鉄道（現・関東鉄道）の駅として開設。解体前の木造駅舎時代に「関東の駅百選」に選定され、映画「下妻物語」のロケ地になったこともある。駅の周囲は住宅地だが、梨園も混在している。駅の東側を通っている常総バイパス（国道294号）沿いに「道の駅しもつま」がある。駅名は1889年（明治22）4月の町村制で発足した騰波ノ江村に由来。同村は1954年（昭和29）4月の合併で、下妻町（現・下妻市）に編入されて消滅。

0260
大田郷／おおたごう【関東鉄道】常総線

茨城県筑西市玉戸

１９１３年（大正２）11月、常総鉄道（現・関東鉄道）の駅として開設。１９２６年（大正15）６月、鬼怒川線が鬼怒川河畔の三所《さんじょ》駅まで開通して両線の接続駅になるが、鬼怒川線は１９６４年（昭和39）１月に廃止。駅の周辺は住宅地で、近くに下館ニュータウンがある。駅名は１８８９年（明治22）４月の町村制で成立した大田村に由来。同村は１９５４年（昭和29）３月の合併で下館町（現・筑西市）に編入されて消滅。

0261
流山セントラルパーク／ながれやませんとらるぱーく

【首都圏新都市鉄道】つくばエクスプレス　千葉県流山市前平井

２００５年（平成17）８月に開設。駅の周辺は流山市の郊外に広がる新興住宅地で、つくばエクスプレスが開通して以来、急速に開発が進んでいる。公園や緑地も多い。駅名になっているセントラルパークという名前の公園は、流山市のどこを探しても見当たらない。駅名は駅のすぐ東にある流山市総合運動公園という大規模な運動公園のことを指している。陸上競技場をはじめ、野球場、テニスコート、体育館など、スポーツ施設が充実した公園である。

0262
常澄／つねずみ

【鹿島臨海鉄道】大洗鹿島線　茨城県水戸市塩崎町

１９８５年（昭和60）３月に開設された駅。那珂川の南岸、河口近くに広がる田園地帯にある駅で、駅の周囲は人家もまばら。駅の東を国道２４５号が通っている。駅の１キロほど西に東水戸道路の水戸大洗インターチェンジがあり、その近くに大串貝塚ふれあい公園がある。駅名は１９５５年（昭和30）３月の合併で発足した常澄村に由来。同村は１９９２年（平成４）３月、水戸市に編入されて消滅。公共施設名などに旧村名を残している。

0263
鹿島旭／かしまあさひ
【鹿島臨海鉄道】大洗鹿島線
茨城県鉾田市造谷

1985年（昭和60）3月に開設された駅。駅から東へ5キロほどで海に出る。遠浅の海が続いており、海水浴場に恵まれている。太平洋岸を国道51号が走っている。駅名は1955年（昭和30）3月の合併で発足した鹿島郡旭村に由来する。同村は2005年（平成17）10月の合併で鉾田市になり消滅。

0264
大洋／たいよう
【鹿島臨海鉄道】大洗鹿島線
茨城県鉾田市汲上

1985年（昭和60）3月に開設された駅。駅の北側を国道354号が、東側を国道51号が鹿島灘に沿って南北に通っている。駅の周辺はのどかな農村地帯だが、駅の近くに、くぬぎの森スポーツ公園がある。駅名は1955年（昭和30）3月の合併で成立した大洋村に由来。同村は2005年（平成17）10月の合併で鉾田市になり消滅。

0265
鹿島大野／かしまおおの
【鹿島臨海鉄道】大洗鹿島線
茨城県鹿嶋市荒井

1985年（昭和60）3月に開設された駅で、駅舎は「関東の駅百選」に選定されている。南北に細長い北浦と鹿島灘（太平洋）に挟まれた平地に位置し、駅の周辺は住宅地。駅名は1955年（昭和30）3月に大同村と中野村が合併して発足した鹿島郡大野村に由来。村名は旧村から1文字ずつ取って命名。同村は1995年（平成7）9月、鹿嶋市に編入され消滅。

0266
金上／かねあげ
【ひたちなか海浜鉄道】湊線
茨城県ひたちなか市大平4丁目

1928年（昭和3）7月、湊鉄道（現・ひたちなか海浜鉄道）の駅として開設。茨城交通になった後、2008年（平成20）4月、ひたちなか海浜鉄道の駅になる。旧・勝田市の中心部近くにあり、駅の西側に陸上自衛隊勝田駐屯地がある。駅名は１８８９年（明治22）４月の町村制の施行前まで存在していた金上村に由来。同村は町村制で勝田村（勝田町→勝田市→ひたちなか市）になり消滅。

0267
高田の鉄橋／たかだのてっきょう
【ひたちなか海浜鉄道】湊線

茨城県ひたちなか市横堰

２０１４年（平成26）10月に新しく開設された駅。那珂川の河口近くにある駅で、駅の上を国道２４５号が通っている。湊線と並行して流れている中丸川が駅のすぐ西側で線路の下をくぐり、那珂川に注いでいる。駅の近くには「高田の鉄橋」という名称の鉄橋は見当たらない。中丸川に架かっている中丸川橋梁のことを、地元の人たちは「高田の鉄橋」と呼んでいた。駅名はこれに由来するもので、この付近の地名も古くは「高田」といった。

0268
那珂湊／なかみなと
【ひたちなか海浜鉄道】湊線

茨城県ひたちなか市釈迦町

１９１３年（大正２）12月、湊鉄道（現・ひたちなか海浜鉄道）の駅として開設。２面３線を有する湊線では唯一の有人駅。開業当初の木造駅舎は「関東の駅百選」に選定されている。駅名はひたちなか市が合併する前の那珂湊市という旧市名に由来すると思われがちだが、駅が開設された当時、「那珂湊」という自治体は存在しなかった。駅名は駅の南側を流れる那珂川と、駅が開設された当時の地名「湊町」を合成したもの。旧・那珂湊市の玄関駅である。

0269
下新田／しもしんでん
【わたらせ渓谷鐵道】わたらせ渓谷線

群馬県桐生市相生町２丁目

１９９２年（平成４）３月に開設された同線で最も新しい駅。起点の桐生駅と当駅の間を、ＪＲ両毛線と設備を共用している。下新田信号場内に、わたらせ渓谷鐵道の駅を設置。当駅から両線の線路が分かれて、それぞれの方向へ延びていく。駅の東側を流れている渡良瀬川の対岸が、桐生市の中心市街地である。駅名は1889年（明治22）4月に町村制が施行されるまで存在していた下新田村に由来。同村は町村制で相生村（現・桐生市）になり消滅。

0270
本宿／もとじゅく
［わたらせ渓谷鐵道］わたらせ渓谷線
群馬県桐生市黒保根町宿廻

1989年（平成元）3月、足尾線が第三セクターのわたらせ渓谷鐵道に転換された際に開設。駅の南側を渡良瀬川が流れ、北側に銅《あかがね》街道（国道122号）が通っている。山間にある駅だが、駅の近くには小さな団地がある。渡良瀬川支流の深沢川の上流にある梨木温泉の最寄り駅になっている。駅名は明治の初期まで存在していた本宿村に由来。同村は1873年（明治6）の合併で安楽土《あらと》村（現・桐生市）となり消滅。

0271
中野／なかの
［わたらせ渓谷鐵道］わたらせ渓谷線
群馬県みどり市東町花輪

1989年（平成元）3月、足尾線が第三セクターのわたらせ渓谷鐵道に転換された際に開設される。赤城山の東麓を流れる渡良瀬川に沿って走っている、わたらせ渓谷鐵道のほぼ中間地点に位置する。駅の南側を渡良瀬川が流れ、北側を銅街道（国道122号）が通じている。駅と銅街道に挟まれた平地に集落が形成されており、観光農園もある。駅名は明治初期まで存在していた中野村（現・みどり市）に由来。

0272
原向／はらむこう
［わたらせ渓谷鐵道］わたらせ渓谷線
栃木県日光市足尾町

1912年（大正元）12月、足尾鉄道の駅として開設。1918年（大正7）6月に国有化され、1989年（平成元）3月、国鉄の分割民営化により第三セクターのわたらせ渓谷鐵道に転換される。駅は渡良瀬川の南側にあり、対岸を銅街道（国道122号）が通っている。集落は駅と渡良瀬川の間に形成されている。駅名は渡良瀬川の対岸にある原地区から見て、川の向こう側にあることに由来する。

0273
赤坂／あかさか【上毛電気鉄道】上毛線

群馬県前橋市上泉町

1933年（昭和8）12月に開設。駅の周辺は住宅が密集している。駅の西側を桃ノ木川が流れ、川畔に桃ノ木川自転車道が整備されている。桃ノ木川の対岸が前橋市の中心市街地である。上毛線は前橋市の中心部から桃ノ木川を越えると上り坂になり、台地の上へと走っていく。台地の土は赤土層で、この付近から坂道に差し掛かることから赤坂と呼ばれるようになったとみられている。駅名はこれに由来している。

0274
北原／きたはら【上毛電気鉄道】上毛線

群馬県前橋市粕川町込皆戸

1939年（昭和14）7月に開設。駅の周辺は農村地帯で溜め池も点在しているが、多くの人家もある。駅の南側を上毛線に並行して県道3号前橋大間々桐生線が走っており、駅の西側を県道114号苗ヶ島飯土井線が南北に通じている。駅名は明治初期まで存在した北原村に由来するが、1889年（明治22）4月の町村制で粕川村（現・前橋市）になり消滅。現在は「北原」という地名は存在しない。

0275
天王宿／てんのうじゅく【上毛電気鉄道】上毛線

群馬県桐生市相生町2丁目

1938年（昭和13）3月に開設。渡良瀬川西岸の住宅地にある駅で、対岸は桐生市の中心市街地。駅の近くに前橋地方裁判所や桐生保健所などがある。駅の西側で鉄道路線が複雑に入り組んでおり、駅から南西600メートルほどのところに、わたらせ渓谷鐵道と東武鉄道桐生線が乗り入れる相老駅がある。駅名は1889年（明治22）4月の町村制が施行される前まで存在していた天王宿村に由来する。同村は町村制による合併で相生村（現・桐生市）になり消滅。

0276
上州新屋／じょうしゅうにいや
【上信電鉄】上信線

群馬県甘楽郡甘楽町金井

１９１５年（大正4）7月、上野《こうずけ》鉄道の新屋駅として開設。１９２１年（大正10）8月、上信電気鉄道に社名変更し、同年12月、社名も上州新屋駅に改称。１９６４年（昭和39）5月から上信電鉄になる。駅の南側を上信電鉄に並行して信州街道（国道２５４号）が通り、さらにその南側には上信越自動車道が走っている。駅名は１８８９年（明治22）4月の町村制で発足した新屋村に由来。同村は１９５９年（昭和34）2月の合併で甘楽町になり消滅。

0277
樋口／ひぐち
【秩父鉄道】秩父本線

埼玉県秩父郡長瀞町野上下郷

１９１１年（明治44）9月、上武鉄道（現・秩父鉄道）の駅として開設。駅前を秩父街道（国道１４０号）が通っており、駅の南側を荒川が流れている。駅の近くに国の史跡に指定されている野上下郷石塔婆や仲山城跡などがある。駅名は１８８９年（明治22）4月の町村制で発足した樋口村に由来。同村は１９４３年（昭和18）9月、野上町（現・長瀞町）に編入されて消滅。

0278
武州中川／ぶしゅうなかがわ
【秩父鉄道】秩父本線

埼玉県秩父市荒川上田野

１９３０年（昭和5）3月に開設。駅の北側を走っている秩父街道（国道１４０号）沿いに市街地が形成されており、その北側を荒川が流れている。駅の近くに秩父市役所の荒川総合支所がある。駅名の「武州」はこの地域の旧国名である武蔵国の別称で、「中川」は１８８９年（明治22）4月の町村制で発足した中川村に由来する。同村は１９４３年（昭和18）2月の合併で荒川村（現・秩父市）になり消滅。

0279
浦和美園／うらわみその

［埼玉高速鉄道］埼玉高速鉄道線

埼玉県さいたま市緑区大門

2001年（平成13）3月、第三セクター方式で開設されたこの路線の終着駅。「埼玉スタジアム2002」の最寄り駅として開設されたもので、地下を走る埼玉高速鉄道線では唯一の地上駅である。駅の西側には東北自動車道の浦和インターチェンジがある。駅名は、さいたま市が合併する前の旧市名「浦和」と、1956年（昭和31）4月の合併で発足した美園村（現・さいたま市）をつなぎ合わせたもの。

0280
加茂宮／かものみや

［埼玉新都市交通］伊奈線

埼玉県さいたま市北区宮原町

1983年（昭和58）12月に開設された、さいたま市の北部にある埼玉新都市交通（ニューシャトル）の駅で、東北新幹線と上越新幹線の高架軌道を挟んで立地している。駅の西側に国道17号と旧中山道（県道鴻巣桶川さいたま線）が、その西にJR高崎線が走っている。さいたま市北区役所の最寄り駅。駅名は明治の中頃まで存在した加茂宮村に由来。同村は1889年（明治22）4月の町村制で宮原村（→大宮市→さいたま市）になり消滅。

0281
吉野原／よしのはら

［埼玉新都市交通］伊奈線

埼玉県さいたま市北区吉野町

1983年（昭和58）12月に開設。上尾市との境界近くにある駅で、東北新幹線と上越新幹線の高架軌道を挟んで立地している。駅の北側の高架下を大宮東バイパス（国道16号）が走っている。駅の周辺には、いくつもの工場が立地し、工場地帯を形成している。駅名は明治中頃まで存在した吉野原村に由来。同村は1889年（明治22）4月の町村制で、加茂宮村ほか2村と合併して宮原村（→大宮市→さいたま市）になり消滅。

0282
沼南／しょうなん
【埼玉新都市交通】伊奈線
埼玉県上尾市原市

1983年(昭和58)12月に開設された駅で、東北・上越新幹線の高架軌道を挟んで両側に線路が走っている。駅の周辺は住宅地で、団地も形成されている。北に隣接する伊奈町との境界を原市沼川が流れている。古くは蓮の名所として知られ、野鳥が生息する原市沼が横たわっている。駅名は原市沼の南に位置していることに由来する。

0283
丸山／まるやま
【埼玉新都市交通】伊奈線
埼玉県北足立郡伊奈町小室

1983年(昭和58)12月に開設。駅の南側で上越新幹線と東北新幹線が分岐しており、伊奈線(ニューシャトル)は上越新幹線の高架軌道に沿って北に延びている。住宅地にある駅だが、周囲にはまだ田畑が多く残っている。駅名は明治初期まで存在していた丸山村に由来。同村は1875年(明治8)、8村が合併して小室村(現・伊奈町)になり消滅。

0284
志久／しく
【埼玉新都市交通】伊奈線
埼玉県北足立郡伊奈町小室

1983年(昭和58)12月に開設された駅で、伊奈線(ニューシャトル)と並行して上越新幹線が走っている。駅の東側は住宅地だが、西側は樹木が茂る緑の多い地域である。日本薬科大学と国際学院高等学校の最寄り駅。丸山駅の南側から分岐している上越新幹線と東北新幹線は、このあたりまでくると1キロ近く離れる。駅名の「志久」という地名は存在しない。志久はシキ(敷)が転訛したもので、川原を開拓した地に由来する地名だとする説が有力。

0285
富士見町／ふじみちょう
【湘南モノレール】江の島線
神奈川県鎌倉市台3丁目

1970年(昭和45)3月に開設。東海道本線と横須賀線が大船駅で合流する両線の内側にある駅で、駅のすぐ北側を横須賀線の引込線が通っている。駅の周辺は住宅の密集地。大船体育館や鎌倉武道館もある。駅の周辺に「富士見」という地名は存在しない。富士見町は全国各地に分布している地名で、富士山の見える土地に用いられた。駅名もこの付近から富士山が見えることに由来か。

0286
湘南深沢／しょうなんふかさわ
［湘南モノレール］江の島線
神奈川県鎌倉市梶原

1970年（昭和45）3月に開設。駅の東側は住宅地で団地も形成され、団地の東側には鎌倉中央公園という自然が豊かな公園がある。駅名の「深沢」は1889年（明治22）4月の町村制で発足した深沢村に由来。同村は1948年（昭和23）1月、鎌倉市に編入されて消滅するが、旧村名は学校名や公共施設名として使われている。

0287
片瀬山／かたせやま
［湘南モノレール］江の島線
神奈川県鎌倉市西鎌倉1丁目

1971年（昭和46）7月、モノレールが江の島駅まで延伸され、江の島線が全線開通した際に開設された。江の島線は懸垂式のモノレール。モノレールのほとんどは高架駅だが、当駅はモノレール駅としては珍しい1面1線の地上駅である。駅の周辺は境川の東岸に開けた新興住宅地で、分譲住宅が密集している。駅は鎌倉市と藤沢市の境界近くにあり、片瀬山という地名は鎌倉市に存在しない。隣接する藤沢市にある。つまり、片瀬山駅は越境駅なのである。

0288
立場／たてば
［横浜市営地下鉄］ブルーライン
神奈川県横浜市泉区中田西1丁目

1999年（平成11）8月に開設。駅の周辺は新しく開発された住宅地で、かまくらみち（県道阿久和鎌倉線）と長後街道（県道横浜伊勢原線）が北側で交差している。駅の南側はバスターミナルになっており、駅の周辺には飲食店など多くの商店がある。

立場とは、江戸時代の街道などに設けられた人足などが、馬や駕籠《かご》を休息させる施設をいい、駅名も立場が置かれていたことに由来する。

0289
踊場／おどりば
【横浜市営地下鉄】ブルーライン
神奈川県横浜市泉区中田南1丁目

1999年（平成11）8月に開設。駅は泉区と戸塚区の境界にあるが、駅の所在地は泉区。1番出入口は戸塚区だが、2～4番出入口は泉区にある。地下駅だが「関東の駅百選」に選定されている。駅の上を県道横浜伊勢原線が走っている。駅名は何匹もの猫が集まり、毎夜踊っていたというこの地に伝わる「猫の踊場伝説」に由来し、地下鉄の出入口にこの伝説を記した石碑が立っている。

0290
阪東橋／ばんどうばし
【横浜市営地下鉄】ブルーライン
神奈川県横浜市中区弥生町5丁目

1972年（昭和47）12月に開設された都心の近くにある駅。駅の上は運河を埋め立てて整備した大通り公園の西縁にあたり、周辺に繁華街が発達している。駅から300メートルほど北を大岡川が流れており、その対岸に京浜本線の黄金町駅がある。駅北側を国道16号が、南側を首都高速狩場線が走っている。駅の近くに阪東橋という橋も地名も存在しない。地下鉄が建設される前まで、運河に架かっていた橋が阪東橋で、駅名はその橋に由来する。

0291
田原町／たわらまち
【東京地下鉄】銀座線
東京都台東区西浅草1丁目

1927年（昭和2）12月、東京地下鉄道（現・東京地下鉄）の駅として開設。駅は国際通りと浅草通りが交わる寿町4丁目の交差点西側に位置している。駅の周辺は東本願寺など寺院が多い地区で、浅草六区（六区ブロードウェイ）にも近い。田原町という地名は、1965年（昭和40）に住居表示が実施される前まで存在していた。ただし、田原町は現在の寿町4丁目交差点の北東側の一角で、当時の駅の所在地は松清町。浅草通りの南側は寿町3丁目だった。

0292
稲荷町／いなりちょう【東京地下鉄】銀座線

東京都台東区東上野3丁目

1927年（昭和2）12月、東京地下鉄道（現・東京地下鉄）の駅として開設された東京で最も古い地下鉄駅のひとつである。駅の周辺には仏具や神具の問屋街が形成され、多くの古寺社もある。台東区役所の最寄り駅で、上野消防署、上野警察署などが駅の近くにある。現在、稲荷町という地名はないが、1964年（昭和39）に住居表示が実施される前まで、浅草通りを挟んで北稲荷町と南稲荷町という地名が存在していた。

0293
末広町／すえひろちょう【東京地下鉄】銀座線

東京都千代田区外神田4丁目

1930年（昭和5）1月、東京地下鉄道（現・東京地下鉄）の駅として開設。中央通りと蔵前橋通りが交わる外神田5丁目交差点の地下にある駅で、秋葉原電気街の北縁に位置している。銀座線と並行して東側を山手線・京浜東北線および東北・上越新幹線が走っている。駅名は1964年（昭和39）に住居表示が実施される前まで存在していた神田末広町に由来する。地下鉄駅の上に、かつて「末広町」という東京都電の停留所が置かれていた。

0294
茗荷谷／みょうがだに【東京地下鉄】丸ノ内線

東京都文京区小日向4丁目

1954年（昭和29）1月、丸ノ内線の池袋–御茶ノ水間の開業にともない開設。小石川植物園の最寄り駅で、教育の森公園も近くにある。周辺にはお茶の水女子大、跡見学園女子大、拓殖大など多くの大学が立地している。駅に隣接して東京地下鉄の小石川車両基地がある。駅名は住居表示が実施されるまで、駅の西側一帯を指す地名として存在していた茗荷谷町に由来しており、地名はミョウガ（茗荷）の畑が広がっている谷があったことに因む。

0295 **神谷町／かみやちょう**【東京地下鉄】日比谷線

東京都港区虎ノ門5丁目

1964年（昭和39）3月に開設。駅の上を桜田通（国道1号）が通っている。駅の周辺はオフィス街でビルが林立しており、多くの大使館も立地している。駅の西側にはテレビ東京やホテルオークラ東京などがあり、駅東側のNHK放送博物館の北にある愛宕山は、自然の山では東京23区で最も高い山として知られている。芝公園や増上寺、東京タワーなども駅から近い。駅名は住居表示が実施される前まで、駅の所在地であった芝神谷町に由来する。

0296 **江戸川橋／えどがわばし**【東京地下鉄】有楽町線

東京都文京区関口1丁目

1974年（昭和49）10月に開設。駅の北側を神田川が流れ、その上を首都高速5号池袋線が走っている。神田川の北岸に江戸川公園、新江戸川公園という公園がある。駅名は神田川に架かる江戸川橋に由来。古くは神田川の中流域を江戸川と呼んでいた（利根川水系の江戸川とは無関係）。1966年（昭和41）に住居表示が実施される前まで、神田川の北岸沿いに江戸川町、西江戸川町という町名があり、「江戸川橋」という都電の停留所も存在していた。

0297 **宝町／たからちょう**【東京都交通局】浅草線

東京都中央区京橋2丁目

1963年（昭和38）2月に開設された昭和通りの地下にある駅。周辺はオフィス街でビルが林立。駅の東側を掘割式の首都高速都心環状線が、駅の南側を東京高速道路が通っている。駅から1キロ以内に東銀座、銀座、銀座一丁目、築地、新富町、八丁堀、茅場町、日本橋などの地下鉄駅がある地下鉄駅の密集地。東京の玄関の東京駅やJR京葉線の八丁堀駅へも1キロ足らずの距離にある。駅名は住居表示が実施される前まで存在していた宝町に由来する。

0298 **西台／にしだい**【東京都交通局】三田線

東京都板橋区高島平9丁目

1968年（昭和43）12月に開設。駅の北側を新河岸川が流れ、さらにその北側を荒川が流れている。荒川の河川敷では毎年8月、「いたばし花火大会」が開催され、対岸の埼玉県戸田市では同日、戸田橋花火大会として開催される。駅に隣接して東京都交通局（都営地下鉄）の志村車両基地があり、駅の近くにはマンモス団地として有名な高島平がある。駅名は駅が設置された当時の地名で、住居表示が実施されるまで存在していた志村西台町に由来する。

0299
汐留／しおどめ

【ゆりかもめ】東京臨海新交通臨海線、【東京都交通局】大江戸線

東京都港区東新橋1丁目

2000年（平成12）12月、大江戸線の汐留信号場として開設され、2002年（平成14）11月、ゆりかもめの汐留駅が開設された際に駅に昇格し、両線の接続駅になる。駅の周辺は再開発で建設された超高層ビル群の「汐留シオサイト」。駅の東側を首都高速都心環状線が通り、その東側に浜離宮恩賜庭園がある。「汐留」という地名はないが、住居表示が実施されるまで「芝汐留」がこの地域の地名だった。現在も、ビル名などに汐留の名が使われている。かつて東海道本線の貨物線に汐留駅が存在していた。

0300
熊野前／くまのまえ

【東京都交通局】都電荒川線、日暮里・舎人ライナー

東京都荒川区東尾久

1913年（大正2）4月、王子電気軌道（現・東京都電）の停留場として開設。2008年（平成20）3月、新交通システムの日暮里・舎人ライナーの駅が開設され、都電と新交通システムが接続する初めての駅となった。尾久橋通の上を走る高架駅で、北側を隅田川が流れている。駅の近くに首都大学東京荒川キャンパスが、隣接して尾久の原公園がある。駅名は近くに熊野神社があったことに由来するが、明治時代にはすでに神社は廃されていたとわれ、地名としても存在したことはない。

0301

高野／こうや ［東京都交通局］日暮里・舎人ライナー

東京都足立区扇２丁目

２００８年（平成20）３月に開設。足立区の西部を南北に貫いている尾久橋通の上に設置されている高架駅。駅の南側を流れている荒川に沿って、北岸を首都高速中央環状線が走っている。駅の周辺は住宅地で、団地や都営アパートが多く立地している。駅名は明治中頃まで存在していた足立郡高野村に由来。同村は１８８９年（明治22）５月の町村制で江北村になり消滅するが字名として残り、１９７６年（昭和51）の住居表示まで「高野町」として存在していた。

第4章　中部の駅名

0302
片浜／かたはま［JR］東海道本線

静岡県沼津市今沢

1987年（昭和62）3月、沼津－原間に新しく開設された駅。駅の南側を旧東海道が通っており、その南側に広がる駿河湾の沿岸に千本松原が続いている。駅の周辺は沼津市近郊の住宅地で、駅の北側を走っている国道1号（沼津バイパス）と駅との間に今沢団地がある。駅名は1889年（明治22）4月の町村制で今沢村など7村が合併して成立した片浜村に由来。同村は1944年（昭和19）4月、他村とともに沼津市に編入されて消滅。

0303
富士川／ふじかわ［JR］東海道本線

静岡県富士市中之郷

1889年（明治22）2月の開設時は岩淵駅、1970年（昭和45）6月、富士川駅に改称。駅の西側を東名高速道路が、南側を東海道新幹線が通り、駅の東側には富士川が流れている。駅が開設された当時の岩淵駅は、1889年4月の町村制が施行されるまで存在した岩淵村に由来し、富士川駅は駅名が改称された当時の自治体名（富士川町）に由来。同町は2008年（平成20）11月、富士市に編入され消滅。

0304
六合／ろくごう［JR］東海道本線

静岡県島田市道悦1丁目

1986年（昭和61）4月、藤枝－島田間に新しく開設された駅。島田市近郊の住宅地にあり、駅の西側を流れる大井川支流の大津谷川の対岸に島田市の中心市街地が広がっている。1960年（昭和35）、六合駅付近で狭軌鉄道の世界最高速度を記録し、それを示す記念碑が構内の上り線ホーム外側に設置されている。駅名は1889年（明治22）10月の合併で、6つの村が合併して成立した六合村に由来。同村は1955年（昭和30）1月、島田市へ編入され消滅。

0305
豊田町／とよだちょう［JR］東海道本線

静岡県磐田市立野

1991年（平成3）12月、磐田－天竜川間に新しく開設された。駅の周辺は磐田市近郊の住宅地で、駅の東側を仿僧川が流れている。駅の西側を流れている天竜川の対岸は浜松市である。駅の北に、日本と世界の香りに関する美術工芸品などを集めた「磐田市香りの博物館」がある。駅名は1955年（昭和30）3月、豊田村から町に昇格した豊田町に由来。同町は2005年（平成17）4月の合併で磐田市になり消滅。

0306
三河塩津／みかわしおつ［JR］東海道本線

愛知県蒲郡市竹谷町油井

1988年（昭和63）11月、蒲郡競艇場の最寄り駅として新しく開設された。駅の南側に隣接して名鉄蒲郡線の蒲郡競艇場前駅があり、両駅は階段でつながっている。名鉄蒲郡線の駅は1面1線の地上駅だが、JRの駅は2面2線の橋上駅。駅の南側を国道23号が通っており、その南側に蒲郡競艇場がある。駅名は1889年（明治22）10月の合併で発足した塩津村に由来。同村は1954年（昭和29）4月の合併で蒲郡市になり消滅している。

0307
清洲／きよす［JR］東海道本線

愛知県稲沢市北市場町

1934年（昭和9）2月に開設。名古屋市近郊の住宅地にある駅だが、工場も多く立地している。駅の南側で、これまで並行して走ってきた東海道新幹線と分岐しており、その線路の上を名古屋第二環状自動車道が横断している。当駅にはJR貨物の駅も併設し、貨物専用の路線が旅客用の線路の東側を通っている。駅は清須市（旧・清洲町）と稲沢市の境界近くの稲沢市側にある越境駅である。清須市にあるJR駅は、合併前の旧・西枇杷島町にある枇杷島駅だけである。

0308
永和／えいわ［JR］関西本線

愛知県愛西市大野町郷西

1927年（昭和2）6月、善太信号場として開設され、1929年2月、駅に昇格すると同時に永和駅に改称。駅の周辺は濃尾平野南部の水郷地帯で、東側を日光川が、西側を善太川が流れている。駅の北側を東名阪自動車道が通り、駅から1キロほど南側に関西本線と並行して走る近鉄名古屋本線の富吉駅がある。駅名は1906年（明治39）7月の合併で発足した永和村に由来。同村は1956年（昭和31）4月、津島市や蟹江町など4市町村に分割編入されて消滅。

0309
塩崎／しおざき［JR］中央本線

山梨県甲斐市下今井

1951年（昭和26）12月、建設費を地元が負担して設置された請願駅。駅の周辺は釜無川の東岸に開けた住宅地。駅の東に中央自動車道と中部横断自動車道が分岐する双葉ジャンクションがあり、駅の西側には双葉バイパス（国道20号）が通っている。駅名は1875年（明治8）6月の合併で発足した塩崎村に由来。同村は1955年（昭和30）3月の合併で双葉町（現・甲斐市）となり消滅。

0310
日野春／ひのはる［JR］中央本線

山梨県北杜市長坂町富岡

1904年（明治37）12月に開設。急勾配区間にある駅で、当駅から小渕沢駅にかけて25パーミルの急勾配が続く。駅の周辺は国蝶のオオムラサキの生息地として知られており、近くにオオムラサキ自然公園がある。駅の西側を釜無川が流れ、遠くに甲斐駒ヶ岳がそびえている。北杜市役所の最寄り駅である。駅名は1874年（明治7）に発足した日野春村に由来。同村は1955年（昭和30）1月の合併で長坂町（現・北杜市）になり消滅。

0311
すずらんの里／すずらんのさと ［JR］中央本線

長野県諏訪郡富士見町富士見

1985年（昭和60）10月、当駅の近くにあるセイコーエプソン株式会社が、自社へのアクセスの向上を図るために、建設費を負担して設置された駅。駅の周囲は住宅地だが、工場も多く立地している。茅野市との境界近くにある駅で、駅の北側に中央自動車道の諏訪南インターチェンジがある。駅の周辺に、「すずらんの里」という公園や観光名所などは存在しない。駅名は駅の南側の南アルプス山麓に広がる入笠山《にゅうがさやま》高原に、「すずらん高原」の別称があることに由来。

0312
信濃川島／しなのかわしま ［JR］中央本線・辰野支線

長野県上伊那郡辰野町上島

1955年（昭和30）4月に開設された山間の駅。南アルプスの北端にそびえる経ヶ岳を水源とする横川川と、北から三州街道（国道153号）に沿って流れてくる小野川が、駅のすぐ東側で合流している。駅名は1889年（明治22）4月の町村制で発足した川島村に由来。同村は1956年（昭和31）9月、辰野町に編入されて消滅。旧村名は、合併した横川村と上島《かみしま》村から1文字ずつ取って命名した合成地名。

0313
定光寺／じょうこうじ ［JR］中央本線

愛知県春日井市玉野町

1919年（大正8）5月、玉野信号場として開設。翌年、定光寺仮停車場となり、1924年（大正13）1月、駅に昇格。駅は庄内川に発達した渓谷の西岸にある。駅名の由来になった尾張徳川家の菩提寺の定光寺は、庄内川の対岸の瀬戸市側にあり、寺の所在地には定光寺町という地名がつけられている。つまり、定光寺駅は越境駅なのである。

0314
茶臼山／ちゃうすやま［JR］飯田線

愛知県新城市富永

1926年（大正15）5月、豊川鉄道の駅として開設され、1943年（昭和18）8月の国有化で飯田線の駅になる。三河湾に注いでいる豊川の北岸に位置し、駅の周辺は新城市近郊の住宅地。駅の北側を新城バイパス（国道151号）が、南側を伊那街道が通っている。長野県との境界にそびえている茶臼山は駅から直線で40キロほど離れており、駅名の由来になった山ではない。駅から2キロほど北にある豊川支流の大宮川左岸の丘陵に、織田信長が本陣を構えたと伝わる茶臼山があり、茶臼山公園として整備されている。ここが駅名の由来になった茶臼山である。

0315
三河東郷／みかわとうごう［JR］飯田線

愛知県新城市川路

1900年（明治33）12月、豊川鉄道の川路駅として開設。1943年（昭和18）8月に国有化され、飯田線の駅になるとともに三河東郷駅に改称。同日に国有化で飯田線になった伊那電気鉄道にも、同名の川路駅があったことによる改称で、鹿児島本線に東郷駅が存在していたため、旧国名の「三河」を冠して駅名とした。駅名の「東郷」は、1906年（明治39）5月の合併で発足した東郷村に由来。同村は1955年（昭和30）4月の合併で、新城《しんしろ》町（現・新城市）になり消滅。

0316
鳥居／とりい［JR］飯田線

愛知県新城市有海

1923年（大正12）2月、鳳来寺鉄道の駅として開設。1943年（昭和18）8月、国有化されて飯田線の駅になる。駅は飯田線が逆S字型に急カーブを描いている区間にあり、駅のすぐ北側近くを新東名高速道路が通る。駅名は神社の鳥居に因んだものではなく、人名に由来している。駅の周辺が、戦国時代の武将である鳥居強右衛門《とりいすねえもん》が、「長篠の戦い」で最期を遂げた地であると伝わる地であることに因んで命名されたもの。

0317
三河槇原／みかわまきはら ［JR］飯田線

愛知県新城市豊岡

1923年（大正12）2月、鳳来寺鉄道の駅として開設。1943年（昭和18）8月、国有化されて飯田線の駅になる。山間を流れる豊川支流の宇連川《うれ》の北岸にある駅で、宇連川の対岸に別所街道（国道151号）が通っており、宇連川との間に集落が形成されている。この付近は峡谷美で知られる鳳来峡である。駅名は明治初期まで存在していた槇原新田村に由来するが、同村は1874年（明治7）の合併で豊岡村（現・新城市）になり消滅。

0318
柿平／かきだいら ［JR］飯田線

愛知県新城市豊岡

1929年（昭和4）5月、鳳来寺鉄道の駅として開設。豊川支流の宇連川の北岸にあり、駅の背後まで山が迫り、駅の周辺にこじんまりした集落が形成されている。駅前に架かる橋を渡った対岸に別所街道（国道151号）が通じている。駅名は1874年（明治7）まで存在していた柿平村に由来し、合併で豊岡村（→長篠村→鳳来町→新城市）となり消滅。

0319
中部天竜／ちゅうぶてんりゅう ［JR］飯田線

静岡県浜松市天竜区佐久間町半場

1934年（昭和9）11月、三信鉄道の佐久間駅として開設。1935年5月、中部天竜（なかっぺてんりゅう）駅に改称。1943年（昭和18）8月、国有化されるとともに駅名の読みが「ちゅうぶてんりゅう」に改称される。天竜川が大きく蛇行している東岸にあり、上流に日本でも有数の規模を誇る佐久間ダムがある。静岡県内を走る飯田線では唯一の有人駅で、特急も停車する。駅名の「中部」は中部地方の中部ではなく、天竜川の対岸にある「中部(なかべ)」という地区名に由来する。

0320
城西／しろにし 〔JR〕飯田線

静岡県浜松市天竜区佐久間町相月

1955年(昭和30)11月、飯田線の佐久間－大《おお》嵐《ぞれ》間の経路変更にともない、新線上に開設された駅。駅は静岡県西部の山岳地を流れる天竜川支流の水窪川の西岸にある。駅の西側を秋葉街道(国道152号)が通り、その沿道に市街地が形成されている。駅名は1903年(明治36)12月に発足した城西村に由来。同村は1956年(昭和31)9月の合併で佐久間町(現・浜松市)になり消滅。小学校名などにその名をとどめている。

0321
金野／きんの 〔JR〕飯田線

長野県飯田市千栄

1932年(昭和7)10月、三信鉄道の金野停留場として開設され、1943年(昭和18)8月に国営化された際に駅に昇格。山間を流れる天竜川の東岸にある駅で、駅の近くに人家はない。鉄道ファンの間では秘境駅として知られている。駅名は1871年(明治4)6月に発足した金野村に由来。同村は1875年(明治8)1月の合併で泰《やす》阜《おか》村となり消滅。金野駅は飯田市の南端に位置し、駅名の由来になった旧・金野村は隣の泰阜村にある。つまり越境駅である。

0322
伊那田島／いなたじま 〔JR〕飯田線

長野県上伊那郡中川村片桐

1920年(大正9)11月、伊那電気鉄道の伊那田島停留場として開設され、1943年(昭和18)8月の国有化にともない駅に昇格。駅は中央アルプスと南アルプスの間を流れる天竜川流域の農村地帯にある。駅の西を中央自動車道が、東側を三州街道

（国道１５３号）が走っている。駅名は明治初期まで存在した「片桐７ヶ村」のうちの田島村に由来。同村は１８８９年（明治22）４月の町村制で片桐村（現・中川村）になり消滅。

0323
木ノ下／きのした［JR］飯田線

長野県上伊那郡箕輪町中箕輪

１９１１年（明治44）２月、伊那電車軌道（後の伊那電気鉄道）の駅として開設。１９４３年（昭和18）８月、国有化により飯田線の駅になる。箕輪町の南部、天竜川の西岸に位置し、駅の西側を三州街道（国道１５３号）が、駅の東側にはそのバイパスが通っている。駅名は明治の初めまで存在した木下村に由来するが、同村は１８７５年（明治８）２月に合併して中箕輪村（現・箕輪町）となり消滅。

0324
伊那松島／いなまつしま［JR］飯田線

長野県上伊那郡箕輪町中箕輪

１９０９年（明治42）12月、伊那電車軌道（後の伊那電気鉄道）の松島駅として開設され、１９２３年（大正12）３月、伊那松島駅に改称。１９４３年（昭和18）８月、国有化により飯田線の駅になる。天竜川の西岸にある箕輪町の中心駅で、駅前を通っている三州街道（国道１５３号）の西側に箕輪町役場や箕輪町郷土資料館、箕輪町図書館などがある。駅名は明治初期まで存在した松島村に由来。同村は１８７５年（明治８）２月の合併で中箕輪村（現・箕輪町）になり消滅。

0325
沢／さわ［JR］飯田線

長野県上伊那郡箕輪町中箕輪

１９０９年（明治42）12月、伊那電車軌道（後の伊那電気鉄道）の駅として開設。１９４３年（昭和18）８月に国有化。駅の東側を天竜川が流れ、西側には三州街道（国道１５３号）が走り抜けている。駅名は明治の初めまで存在した沢村に由来。同村は１８７５年（明治８）８月に合併して中箕輪村（現・箕輪町）になり消滅。

0326
羽場／はば ［JR］飯田線

長野県上伊那郡辰野町伊那富

1909年（明治42）12月、伊那電車軌道（後の伊那電気鉄道）の駅として開設。1943年（昭和18）8月に国有化。飯田線で最も標高の高いところにある駅で、周辺は辰野町の外れにある住宅地。駅の東側を中央自動車道が走り、南に隣接する箕輪町との境界に伊北インターチェンジがある。インターチェンジの周辺には工業団地が形成されている。駅名はこの地域が高遠《たかとお》藩の時代に存在した羽場村に由来する。

0327
竪堀／たてぼり ［JR］身延線

静岡県富士市中島

1926年（大正15）3月、富士身延鉄道の竪堀（たてほり）停留場として開設され、1927年（昭和2）11月、駅に昇格。1938年（昭和13）10月、駅名の読みを「たてぼり」と改称し、1941年（昭和16）5月に国有化。1969年（昭和44）9月、線路の変更により駅が西に移転し、高架駅となった。駅の北を東名高速道路が通っており、駅の東側にある旧身延線の跡地は、富士緑道として整備されている。駅名の由来は不明で、旧駅のあたりに竪堀という地名は見当たらない。

0328
富士根／ふじね ［JR］身延線

静岡県富士市天間

1913年（大正2）7月、富士身延鉄道の駅として開設され、1941年（昭和16）5月に国有化。富士市と富士宮市の境界近くにある駅だが、駅周辺の市街地は両市をまたいで連続している。駅名は1889年（明治22）4月の町村制で発足した富士根村に由来。同村は1955年（昭和30）4月、富士宮市と合併し消滅。だが、富士根駅は富士市にあるので越境駅だ。当初は旧富士根村に駅を設置する計画だったが、地形的な理由からルート変更を余儀なくされ、隣の鷹岡村（現・富士市）に駅を設置したものの、駅名は計画通りになったようだ。

0329 **久那土／くなど**［JR］身延線

山梨県南巨摩郡身延町三澤

１９２７年（昭和２）12月、富士身延鉄道の駅として開設され、１９４１年（昭和16）５月に国有化。駅の南側を富士川の支流の三沢川が流れ、その北岸を走っている県道市川三郷身延線沿いに市街地が形成されている。峡南高校の最寄り駅になっており、高校生の利用が多い。駅名は１８８９年（明治22）７月の町村制施行で発足した久那土村に由来。同村は１９５６年（昭和31）９月の合併で下部《しもべ》町（現・身延町）になり消滅。

0330 **鰍沢口／かじかざわぐち**［JR］身延線

山梨県西八代郡市川三郷町黒沢

１９２７年（昭和２）12月、富士身延鉄道の鰍沢黒沢駅として開設。１９３８年（昭和13）10月、鰍沢口駅に改称され、１９４１年（昭和16）５月に国有化。駅の西側を富士川が流れ、その対岸を甲西道路（国道52号）が通っている。駅の周辺にも市街地が形成されているが、駅名になっている「鰍沢」という地名は、富士川の対岸の富士川町側にあり、近世には鰍沢河岸として水運が栄えた。駅名は２０１０年（平成22）の合併で富士川町となった旧・鰍沢町への入口にあることに由来する。

0331 **小井川／こいかわ**［JR］身延線

山梨県中央市上三條

１９２９年（昭和４）８月、富士身延鉄道の小井川停留場として開設。１９３８年（昭和13）10月、駅に昇格し、１９４１年（昭和16）５月に国有化。中央市の中心市街地に近く、駅のすぐ北を新山梨環状道路が通っている。駅名は１８７５年（明治８）１月に発足した小井川村に由来するが、駅は三町《さんちょう》村（→玉穂村→中央市）に設置された越境駅。小井川村は１９４１年（昭和16）２月の合併で田富村（→田富町→中央市）となり消滅。

0332
常永／じょうえい 〔JR〕身延線

山梨県中巨摩郡昭和町上河東

1928年（昭和3）3月、富士身延鉄道の西条常永駅として開設。1938年（昭和13）10月、常永駅に改称され、1941年（昭和16）5月に国有化。中央市との境界近くにある駅で、駅の周囲は田畑と住宅の混在地域。駅の東側を中央自動車道が走っており、その東側に工業団地が形成されている。駅名は1875年（明治8）1月に発足した常永村に由来する。同村は1942年（昭和17）4月の合併で昭和村（現・昭和町）になり消滅。

0333
金手／かねんて 〔JR〕身延線

山梨県甲府市城東1丁目

1929年（昭和4）8月、富士身延鉄道の金手停留場として開設。1938年（昭和13）10月、駅に昇格し、1941年（昭和16）5月に国有化。甲府市の中心部近くにある駅で、金手駅のひとつ手前の善光寺駅の近くから終着の甲府駅まで、身延線と中央本線の線路が並行して走っている。駅名は江戸時代から1963年（昭和38）に住居表示が実施されるまであった金手町に由来。甲州街道が駅の近くでクランクしていたことから「鍵の手」と呼ばれ、それが転訛して金手（かねんて）になったといわれている。

0334
足柄／あしがら 〔JR〕御殿場線

静岡県駿東郡小山町竹之下

1903年（明治36）1月、足柄信号場として開設。1934年（昭和9）12月、熱海－沼津間が開通したことにより線名が東海道本線から御殿場線に改称され、1947年（昭和22）9月、駅に昇格。駅の周辺に市街地が形成され、駅の西1キロほどのところを東名高速道路が走っている。駅名は1889年（明治22）4月の町村制で発足した足柄村に由来。同村は1955年（昭和30）4月、小山町に編入され消滅。小田急電鉄小田原線にも足柄駅（小田原市）があるが、かなり離れている。

0335
富士岡／ふじおか［JR］御殿場線
静岡県御殿場市中山

1911年（明治44）5月、東海道本線の富士岡信号場として開設。1934年（昭和9）12月、東海道本線から御殿場線に改称され、1944年（昭和19）8月、駅に昇格。駅の西側を東名高速と新東名高速、裾野バイパス（国道246号）が御殿場線と並行して走っており、その西側に工業団地が形成されている。駅名は1889年（明治22）4月の町村制で発足した富士岡村に由来。同村は1955年（昭和30）2月の合併で御殿場市になり消滅。

0336
来宮／きのみや［JR］伊東線
静岡県熱海市福道町

1935年（昭和10）3月に開設。起点の熱海駅から当駅まで、東海道本線と並行して走っており、伊東線は当駅で分岐している。だが、東海道本線には駅が設置されていないため、乗り換えるには熱海駅まで行かなければならない。熱海－来宮間は東海道本線と伊東線の二重戸籍である。伊東線の0キロポストは来宮駅にある。熱海市の中心地に最も近い駅で、市役所へは800メートルほどしか離れていない。駅名は近くにある來宮神社に由来。

0337
甲斐小泉／かいこいずみ［JR］小海線
山梨県北杜市長坂町小荒間

1933年（昭和8）7月に開設。日本で最も高地を走る鉄道路線として知られる小海線にある駅。駅の標高は1044メートルあり、駅の近くに平山郁夫シルクロード美術館がある。北に八ヶ岳がそびえている。駅名は1875年（明治8）1月に発足した小泉村に由来。同村は、1955年（昭和30）3月の合併で長坂町（現・北杜市）になり消滅。

0338
八千穂／やちほ［JR］小海線
長野県南佐久郡佐久穂町穂積

1919年（大正8）3月、佐久鉄道の佐久穂積駅として開設。1934年（昭和9）9月に国有化され、1959年（昭和34）10月、八千穂駅に改称。駅前に日本画家として有名な奥村土牛《とぎゅう》記念美術館がある。駅名は1956年（昭和31）9月、畑八《はたや》村と穂積村が合併して成立した八千穂村に由来。同村は2005年（平成17）3月、佐久町と合併して佐久穂町となり消滅。

0339
羽黒下／はぐろした【JR】小海線

長野県南佐久郡佐久穂町平林

1915年（大正4）12月、佐久鉄道の駅として開設され、1934年（昭和9）9月に国有化。千曲川に沿って走る小海線は北に進むにつれて次第に高度を下げていくが、それでも羽黒下駅の標高は741メートルもある。千曲川の対岸を走る佐久甲州街道（国道141号）を少し南へ行ったところに佐久穂町役場がある。駅名は羽黒山の下に位置することに由来。羽黒山は駅の南側の佐久市（旧・臼田町）の飛び地の中にある小高い丘で、国土地理院の地形図にも山名が記載されていない。

0340
青沼／あおぬま【JR】小海線

長野県佐久市入澤

1915年（大正4）12月、佐久鉄道の入沢停留場として開設され、1934年（昭和9）9月の国有化で駅に昇格。1944年（昭和19）11月に休止されるが、1952年（昭和27）3月に復活し、青沼駅に改称される。駅名は1889年（明治22）4月の町村制で発足した青沼村に由来。同村は田口青沼村になった後、1957年（昭和32）4月の合併で臼田町（現・佐久市）となり消滅。

0341
中佐都／なかさと【JR】小海線

長野県佐久市長土呂

1915年（大正4）8月、佐久鉄道の中佐都停留場として開設され、1934年（昭和9）9月に国有化。ひと駅隣に小海線と北陸新幹線の接続駅である佐久平駅がある。駅名は1889年（明治22）4月の町村制で発足した中佐都村に由来。同村は1954年（昭和29）12月の合併で浅間町（現・佐久市）になり消滅。

0342
三岡／みつおか［JR］小海線
長野県小諸市森山

1915年（大正4）8月、佐久鉄道の土橋停留場として開設。1925年（大正14）4月、三岡駅に改称され、1934年（昭和9）9月に国有化。駅前に「三岡停車場建設記念碑」と刻んだ大きな石碑が立っている。駅名は1889年（明治22）4月の町村制で発足した三岡村に由来。同村は1954年（昭和29）4月の合併で小諸市になり消滅。

0343
稲荷山／いなりやま［JR］篠ノ井線
長野県長野市篠ノ井塩崎

1900年（明治33）11月に開設。長野市の南端、旧・篠ノ井市の住宅地にある駅で、駅のすぐ北側を長野自動車道が走っている。稲荷山という地名は、駅から南に2キロほど離れた千曲市にあり、善光寺街道の稲荷山宿として栄えた地である。鉄道は当初、稲荷山宿を通す計画だったが、地元住民の反対で駅は北に隣接する当時の塩崎村（↓篠ノ井市↓長野市）に設置された。

0344
塚山／つかやま［JR］信越本線
新潟県長岡市西谷

1898年（明治31）12月、北越鉄道の駅として開設され、1907年（明治40）8月に国有化。柏崎駅と長岡駅のほぼ中間あたりの山間にある駅で、駅前を国道404号が通り、その北側に信濃川の支流の渋海《しぶみ》川が流れている。駅の周辺はホタルの生息地として知られ、毎年夏には「越路ほたるまつり」が行われる。駅名は1889年（明治22）4月の町村制で発足した塚山村に由来。同村は1955年（昭和30）3月の合併で越路町（現・長岡市）となり消滅。

0345
越後岩塚／えちごいわつか［JR］信越本線

新潟県長岡市飯塚

1945年（昭和20）6月に開設された駅。駅の西側を信濃川の支流の渋海川が流れ、対岸に国道404号が通っている。駅の周辺と国道沿いに集落が形成されている。駅の東側には、宝徳山稲荷大社が鎮座している。駅名は1901年（明治34）11月の合併で発足した岩塚村に由来。同村は1955年（昭和30）3月の合併で越路町になり、2005年（平成17）4月の合併で長岡市に編入され消滅。

0346
前川／まえかわ［JR］信越本線

新潟県長岡市上前島町

1964年（昭和39）8月に開設。信濃川の右岸にある駅。信越本線は、隣の宮内駅の手前で上越線と合流しており、上越線の東側を上越新幹線が走り抜けている。駅名は1889年（明治22）4月の町村制で発足した前川村に由来するが、同村は1901年（明治34）11月の合併で上組《かみぐみ》村となり消滅。上組村は町制施行の際に改称して宮内町になり、1954年（昭和29）3月、長岡市に編入され消滅。

0347
荻川／おぎかわ［JR］信越本線

新潟県新潟市秋葉区中野3丁目

1917年（大正6）9月、荻川信号場として開設され、1926年（大正15）11月、駅に昇格。阿賀野川と信濃川を結ぶ交通路として改修された小阿賀野川の南岸に位置する。駅の周囲は住宅地で、その周りに水田が広がっている。駅名は1901年（明治34）11月の合併で発足した荻川村に由来。同村は1939年（昭和14）11月、新津町（→新津市→新潟市）に編入され消滅。

0348
小出／こいで［JR］上越線・只見線

新潟県魚沼市四日町

1923年（大正12）9月、上越線の駅として開設。1942年（昭和17）11月、只見線の小出－大白川間が開通したことにより両線の接続駅になる。駅の東側を魚野川が流れており、少し下流で破間川が魚野川に合流している。魚沼市の玄関駅だが、市の中心市街地は魚野川の対岸に形成されている。駅名は1889年（明治22）4月の町村制で発足した小出町村に由来。同村は1896年（明治29）8月に合併して小出町に、2004年（平成16）11月の合併で魚沼市になり消滅。

0349
立ヶ花／たてがはな［JR］飯山線
長野県長野市豊野町蟹沢

1958年（昭和33）8月に開設。長野市の郊外、旧・豊野町の町外れにある駅。駅前を飯山街道（国道117号）が通り、南側を北陸新幹線が通り抜けている。駅の周辺に人家はほとんどなく、利用者のほとんどが駅の東側を流れている千曲川の対岸の住民である。千曲川が長野市と中野市の境界になっており、千曲川に架かっている立ヶ花橋で両地域が結ばれている。立ヶ花という地名も中野市側にある。

つまり越境駅なのである。

0350
替佐／かえさ［JR］飯山線
長野県中野市豊津

1921年（大正10）10月、飯山鉄道の駅として開設され、1944年（昭和19）6月に国有化。千曲川の左岸にある駅で、駅の周辺は住宅地。駅の北に中野市役所豊田支所や豊田中学校などのほか団地もある。駅の西側を飯山街道（国道117号）と上信越自動車道が通り、千曲川の対岸を北陸新幹線が走っている。駅名は明治初期まで存在した替佐村に由来。同村は1875年（明治8）に笠倉村と合併して豊津村（→豊井村→豊田村→中野市）となり消滅。

0351
上境／かみさかい［JR］飯山線
長野県飯山市一山

1923年（大正12）7月、飯山鉄道の上境駅として開設。1934年（昭和9）12月、野沢温泉駅に改称され、1944年（昭和19）6月の国有化で再び上境駅になる。千曲川左岸にある駅で、駅の南側の千曲川畔に湯滝温泉がある。千曲川の対岸は野沢温泉村で、県道野沢上境停車場線を数キロ行ったところに野沢温泉がある。駅名は明治初期まで存在した上境村に由来。同村は1876年（明治9）7月、下境村と合併して一山村（現・飯山市）となり消滅。

0352
西大滝／にしおおたき［JR］飯山線
長野県飯山市照岡

1923年（大正12）12月、飯山鉄道の駅として開設され、1944年（昭和19）6月に国有化。長野県北部の山間を流れている千曲川の北岸にある駅で、駅の周囲に小さな集落が形成されている。駅のすぐ南側の千曲川に西大滝ダムがある。駅名は明治初期まで存在した西大滝村に由来。同村は1876年（明治9）7月、桑名川村と合併して照岡村（現・飯山市）になり消滅。千曲川の対岸の住所は「野沢温泉村東大滝」である。

0353
信濃白鳥／しなのしらとり［JR］飯山線
長野県下水内郡栄村豊栄

1925年（大正14）11月、飯山鉄道の信州白鳥（しんしゅうしらとり）駅として開設。1944年（昭和19）6月、国有化された際に廃止されるが、1946年（昭和21）6月、信濃白鳥仮乗車場として再開。1950年（昭和25）1月、駅に昇格。千曲川の北岸にあり、駅がある栄村は長野県で最北の村である。駅の南側を国道117号が通っているが、集落は駅の北側の旧道沿いにある。駅名は明治初期まで存在した白鳥村に由来。同村は1876年（明治9）7月、合併して豊栄村（現・栄村）になり消滅。

0354
平滝／ひらたき［JR］飯山線
長野県下水内郡栄村豊栄

1931年（昭和6）10月、飯山鉄道の駅として開設。1944年（昭和19）6月、国有化され飯山線の駅になる。駅の南側に国道117号が通り、その南側を千曲川が流れている。駅の周辺に人家が点在しており、豊栄郵便局や駐在所がある。駅名は明治の初め頃まで存在していた平滝村に由来。同村は1876年（明治9）7月、白鳥村と合併して豊栄村（現・栄村）となり消滅。

0355
越後田中／えちごたなか［JR］飯山線
新潟県中魚沼郡津南町上郷上田

1927年（昭和2）8月に開設。信濃川の北岸にある駅で、信濃川の対岸を国道117号が通っている。信濃川に架かっている田中橋が、駅と対岸の集落を結ぶ重要な交通路になっている。駅名は、明治初めまで存在していた田中村に由来。同村は1883年（明治16）に合併して上田村（現・津南町）になり消滅。

0356
越後鹿渡／えちごしかわたり［JR］飯山線
新潟県中魚沼郡津南町三箇

1927年（昭和2）11月に開設された駅。駅の南側を信濃川が流れており、少し下流で清津川が合流している。駅の北側を通っている国道353号沿いに集落が形成されている。山の向こう側には「日本三大薬湯」のひとつとして知られる松之山温泉がある。駅名は明治初期まで存在していた鹿渡村に由来。同村は周辺の集落と合併して三箇《さんか》村（現・津南町）になり消滅。

0357
入広瀬／いりひろせ［JR］只見線
新潟県魚沼市大栃山

1942年（昭和17）11月に開設。越後山脈の山間にある駅で、只見線の北側を信濃川水系魚野川の支流、破間《あぶるま》川が線路に沿って流れている。駅名は1889年（明治22）4月の町村制で発足した入広瀬村に由来。同村は2004年（平成16）11月の合併で魚沼市になり消滅。町の中心は駅前周辺と破間川の対岸に広がっている。駅の南側を通っている国道252号沿いに「道の駅いりひろせ」があり、その北側に鏡ヶ池という大きな池が横たわっている。

0358

上条／かみじょう［JR］只見線

新潟県魚沼市渋川

1951年（昭和26）3月、上条仮乗降場として開設され、同年10月、駅に昇格。駅前で国道252号と国道290号が分岐している。駅名は1889年（明治22）4月の町村制で発足した上条村に由来。同村は1956年（昭和31）9月の合併で守門《すもん》村（現・魚沼市）になり消滅。

0359

越後広瀬／えちごひろせ［JR］只見線

新潟県魚沼市並柳

1942年（昭和17）11月に開設。破間川の西岸にある駅。駅の東側で支流の和田川が破間川に注いでおり、駅の西側を通っている国道252号に国道352号と国道291号が駅の近くで合流している。これらの国道沿いに集落が形成されている。駅名は1901年（明治34）11月の合併で発足した広瀬村に由来するが、同村は1955年（昭和30）3月の合併で広神村（現・魚沼市）になり消滅。

0360

藪神／やぶかみ［JR］只見線

新潟県魚沼市今泉

1951年（昭和26）3月、藪原仮乗降場として開設され、同年10月、駅に昇格。駅の西側を国道252号が通り、その西側を破間川が流れている。旧村の中心駅で、駅の近くに魚沼市役所広神支所や郵便局などがある。駅名は1901年（明治34）11月に発足した藪神村に由来。同村は1955年（昭和30）3月の合併で広神村（現・魚沼市）になり消滅。

0361

三川／みかわ［JR］磐越西線

新潟県東蒲原郡阿賀町白崎

1913年（大正2）6月、白崎《しろさき》駅として開設。1985年（昭和60）3月、三川駅に改称。阿賀野川の流域にある駅で、駅前を通る若松街道（国道49号）沿いに集落が形成されている。駅名は1889年（明治22）4月の町村制で発足した三川村に由来。

同村は2005年（平成17）4月の合併で阿賀町になり消滅。

0362
東下条／ひがしげじょう［JR］磐越西線
新潟県東蒲原郡阿賀町熊渡

1951年（昭和26）4月、熊渡仮乗降場として開設され、1953年（昭和28）1月、駅に昇格し、現駅名に改称。阿賀野川の西岸にある駅。駅の東側を若松街道（国道49号）が通っており、阿賀野川との間に集落がある。駅の西側には磐越自動車道の阿賀野川サービスエリアがある。駅名は1889年（明治22）4月の町村制で成立した下条村に由来。飯山線の下条駅より東に位置している。同村は1955年（昭和30）1月、村域を分割して、三川村（現・阿賀町）と五泉市に編入され消滅。

0363
新関／しんせき［JR］磐越西線
新潟県新潟市秋葉区大関

1954年（昭和29）4月に開設。駅の西側を阿賀野川支流の能代川が、駅の東側を同支流の早出川が流れており、駅は秋葉区と五泉市の境界上に位置している。駅の西側、すなわち秋葉区側に集落があり、駅の東側（五泉市側）には田園地帯が広がっている。駅名は1889年（明治22）4月に発足した新関村に由来。同村は1957年（昭和32）3月、五泉市と新津市（現・新潟市秋葉区）に分割して編入され消滅。

0364
神山／かみやま［JR］羽越本線
新潟県阿賀野市船居

1944年（昭和19）9月、神山信号場として開設され、1955年（昭和30）1月、駅に昇格。駅の東側を国道460号が羽越本線に並行して走っている。駅名は1901年（明治34）11月の合併で発足した神山村に由来。同村は1956年（昭和31）9月の合併で笹神村（現・阿賀野市）となり消滅。

0365
中浦／なかうら［JR］羽越本線

新潟県新発田市下飯塚

1944年（昭和19）5月、中浦信号場として開設され、1953年（昭和28）7月、駅に昇格。旧・豊浦町の中心駅で、新発田市役所豊浦支所や豊浦郵便局、新発田市立豊浦図書館などの施設がそろっている。駅名は1889年（明治22）4月の町村制で発足した中浦村に由来。同村は1955年（昭和30）3月の合併で福島村（7月に豊浦村に改称、現・新発田市）になり消滅。

0366
加治／かじ［JR］羽越本線

新潟県新発田市下中

1914年（大正3）6月に開設された旧・加治川村の中心駅。駅の東側を通っている国道7号の沿線に市街地が形成されている。加治川が駅の南の方から西に向かって流れていき、日本海に注いでいる。駅名は1889年（明治22）4月の町村制で発足した加治村に由来するが、同村は1955年（昭和30）7月の合併で加治川村になり、2005年（平成17）5月、新発田市に編入され消滅。

0367
豊栄／とよさか［JR］白新線

新潟県新潟市北区白新町1丁目

1952年（昭和27）12月、葛塚《くずつか》駅として開設され、1976年（昭和51）4月、豊栄駅に改称。特急などすべての列車が停車する白新線の主要駅。駅の南口には北区役所をはじめ、豊栄図書館や新潟市北区文化会館などの公共施設がある。北口は新興住宅地で、日本海東北自動車道が走っている。駅名は1955年（昭和30）3月の合併で発足した豊栄町（→豊栄市）に由来。同市は2005年（平成17）3月の合併で新潟市に編入され消滅。

0368
西中通／にしなかどおり［JR］越後線

新潟県柏崎市山本

1912年（大正元）11月、越後鉄道の荒浜駅として開設され、1915年（大正4）7月、西中通駅に改称。1927年（昭和2）10月、国有化されて越後線の駅になる。駅の南側を鯖石川が流れており、越後線に沿って南側を国道８号が走っている。駅名は１９０１年（明治34）11月の合併で発足した西中通村に由来。同村は１９５４年（昭和29）４月、柏崎市に編入され消滅。

0369 荒浜／あらはま ［JR］越後線

新潟県刈羽郡刈羽村正明寺

１９１５年（大正４）６月、越後鉄道の新荒浜駅として開設され、翌７月、荒浜駅に改称。１９２７年（昭和２）10月に国有化。駅の東側を国道１１６号が通っている。駅名は１８８９年（明治22）４月の町村制で発足した荒浜村に由来するが、駅は刈羽村に設置された越境駅である。荒浜村は１９５４年（昭和29）７月、柏崎市に編入されて消滅するが、「荒浜」は現在も柏崎市に字名として残っている。

0370 桐原／きりはら ［JR］越後線

新潟県長岡市寺泊五分一

１９１９年（大正８）12月、越後鉄道の桐原停留場として開設され、翌年12月、駅に昇格。１９２７年（昭和２）10月に国有化され越後線の駅になる。駅名は１８８９年（明治22）４月の町村制で発足した下桐原村に由来。同村は１９０１年（明治34）11月、合併して大河津《おおこうづ》村（→寺泊町→長岡市）となり消滅。

0371 岩室／いわむろ ［JR］越後線

新潟県新潟市西蒲区和納１丁目

１９１２年（大正元）８月、越後鉄道の和納駅として開設され、１９２７年（昭和２）10月に国有化。１９６５年（昭和40）12月、岩室駅に改称される。駅の西方に東京スカイツリーと同じ高さの弥彦山（６３４メートル）がそびえている。駅名は１８８９年（明治22）４月の町村制で発足した岩室村に由来。同村は２００５年（平成17）３月、新潟市に編入され消滅。

0372
王子保／おうしほ［JR］北陸本線

福井県越前市四郎丸町

1927年（昭和2）12月に開設。旧・武生《たけふ》市近郊の日野川流域にある駅。駅の北側で国道8号と365号（北陸街道）が交差しており、日野川の東側を北陸自動車道が走っている。駅名は1889年（明治22）4月の町村制で発足した王子保村に由来。同村は1954年（昭和29）7月、武生市（現・越前市）に編入され消滅。

0373
松任／まっとう［JR］北陸本線

石川県白山市相木町

1898年（明治31）4月に開設。駅の北側にJR西日本の金沢総合車両所がある。白山市の中心駅で、南側を通っている金沢バイパス（国道8号）との間に中心市街地が形成されている。駅名は1889年（明治22）4月の町村制により成立した松任町（→松任市）に由来。同市は2005年（平成17）2月の合併で白山市になり消滅。

0374
一日市場／ひといちば［JR］大糸線

長野県安曇野市三郷明盛

1915年（大正4）1月、信濃鉄道の明盛駅として開設され、同年5月、一日市場駅に改称。1937年（昭和12）6月、国有化される。松本市の近郊にある旧・三郷《みさと》村の中心駅で、駅の西側に市街地が形成されている。駅名は明治初期まで存在した一日市場村に由来。同村は1873年（明治6）9月の合併で明盛村（→三郷村→安曇野市）になり消滅。

0375
中萱／なかがや［JR］大糸線

長野県安曇野市三郷明盛

1915年（大正4）5月、信濃鉄道の駅として開設され、1937年（昭和12）6月に国有化。松本盆地の北部に位置し、駅の周囲は住宅地だが、その周りには農地も広がっている。1686年（貞享3）に、松本藩内で発生した百姓一揆の貞享《じょうきょう》騒動に関する資料を展示した貞享義民記念館が駅の西にある。駅名は明治初期まで存在した中萱村に由来。同村は1873年（明治6）9月の合併で明盛村（→三郷村→安曇野市）になり消滅。

0376
細野／ほその ［JR］大糸線
長野県北安曇郡松川村東川原

1915年（大正4）9月、信濃鉄道の駅として開設され、1937年（昭和12）6月に国有化。信濃川水系犀川支流の高瀬川西岸にある駅。西側を通っている糸魚川街道（国道147号）沿いに集落が形成されている。駅の東側を通っている県道有明大町線に「道の駅安曇野松川」がある。駅名は明治初期まで存在していた細野村に由来。同村は1874年（明治7）10月の合併で松川村になり消滅。

0377
白馬大池／はくばおおいけ ［JR］大糸線
長野県北安曇郡小谷村千国乙

1948年（昭和23）9月に開設。日本海に注ぐ姫川の右岸にある駅。駅の西側を糸魚川街道（国道147号）が通っている。白馬岳の東側山麓にスキー場で有名な栂池《つがいけ》高原が広がっている。駅名は駅の西方にそびえる後立山連峰の乗鞍岳（2469メートル）の山頂付近にある白馬大池という湖に由来する。だが、白馬大池まで直線でも10キロ以上離れている。

0378
根知／ねち ［JR］大糸線
新潟県糸魚川市根小屋

1934年（昭和9）11月に開設。山間を流れる姫川の流域にあり、駅の北側で根知川が姫川に合流している。根知川の上流の雨飾山の麓に1軒宿の雨飾温泉がある。駅名は1901年（明治34）11月の合併で発足した根知村に由来。同村は1954年（昭和29）6月の合併で糸魚川市になり消滅。

0379
油田／あぶらでん ［JR］城端線
富山県砺波市三郎丸

1900年（明治33）12月、中越鉄道の駅として開設され、1920年（大正9）9月に国有化される。砺波市の近郊にある駅で、市役所までは中心の砺波駅より油田駅の方が近い。駅の西側を砺波街道（国道156号）が通っている。駅名は1889年（明治22）4月の町村制で発足した油田村に由来。油田は「ゆでん」ではなく、「あぶらでん」と読む。同村は1952年（昭和27）4月の合併で砺波町（現・砺波市）になり消滅。

0380
東野尻／ひがしのじり［JR］城端線
富山県砺波市苗加

1951年（昭和26）8月に開設。砺波市の郊外にある駅で、駅の西側を砺波街道（県道砺波福光線）が、さらにその西側を国道359号が走っている。駅の北側を走っている北陸自動車道の砺波インターチェンジが近くにある。駅名は1889年（明治22）4月の町村制で発足した東野尻村に由来。同村は1954年（昭和29）1月、砺波町（現・砺波市）になり消滅。

0381
東石黒／ひがしいしぐろ［JR］城端線
富山県南砺市下吉江

1951年（昭和26）8月に開設。旧・福野町と旧・福光町のほぼ中間にある駅。駅前を砺波街道（県道砺波福光線）が通っている。駅の東側を小矢部川の支流の大井川が流れ、そのすぐ東側を東海北陸自動車道が南北に走り抜けている。駅名は1889年（明治22）4月の町村制で発足した東石黒村に由来。同村は1954年（昭和29）7月の合併で福野町（現・南砺市）になり消滅。

0382
越前富田／えちぜんとみだ［JR］越美北線
福井県大野市上野

1960年（昭和35）12月に開設。駅の東を流れている九頭竜川に、国の天然記念物に指定されたアラレガコ（カジカ科の一種）の生息地がある。駅名は1889年（明治22）4月の町村制で発足した富田村に由来。同村は1954年（昭和29）7月の合併で大野市となり消滅。富田小学校や富田郵便局などに旧村名をとどめている。

0383
粟野／あわの【JR】小浜線

福井県敦賀市野坂

1917年（大正6）12月に開設。市街地の南にある。駅の南方には「敦賀富士」の別称がある野坂岳（913・5メートル）がそびえており、野坂岳への登山口になっている。駅の南側の山麓を舞鶴若狭自動車道が走っている。駅名は1889年（明治22）4月の町村制で発足した粟野村に由来。同村は1955年（昭和30）1月、敦賀市に編入されて消滅。

0384
十村／とむら【JR】小浜線

福井県三方上中郡若狭町井崎

1917年（大正6）12月に開設。駅から5キロほど北には三方五湖がある。駅の東側を丹後街道（国道27号）が通り、駅前周辺と国道沿いに集落が形成されている。駅の西側の丘陵の下を、舞鶴若狭自動車道がくぐり抜けている。駅名は1889年（明治22）4月の町村制で発足した十村に由来。同村は1954年（昭和29）3月、三方町（現・若狭町）に編入されて消滅。

0385
上中／かみなか【JR】小浜線

福井県三方上中郡若狭町井ノ口

1918年（大正7）11月、三宅駅として開設され、1956年（昭和31）4月、上中駅に改称。福井県で最も南にある駅で、駅の近くに丹後街道（国道27号）と鯖街道（国道303号）の合流地点がある。当駅と琵琶湖岸とを結ぶ琵琶湖若狭湾快速鉄道の建設計画がある。駅名は1954年（昭和29）1月の合併で発足した遠敷《おにゅう》郡上中町に由来。同町は2005年（平成17）3月、三方郡三方町と合併して三方上中郡若狭町となり、郡名に旧町名をとどめることになった。

0386 青郷／あおのごう ［JR］小浜線

福井県大飯郡高浜町青

1940年（昭和15）11月に開設。福井県で最も西にある駅で、数キロ先の吉坂トンネルをくぐり抜けると京都府に入る。駅の北側を通っている丹後街道（国道27号）沿いに市街地が形成され、駅の南側は背後まで山地が迫っている。駅名は1889年（明治22）4月の町村制で発足した青郷村に由来する。同村は1955年（昭和30）2月の合併で高浜町となり消滅。駅名の読みは「あおのごう」だが、旧村は「せいきょう村」といった。

0387 上枝／ほずえ ［JR］高山本線

岐阜県高山市下切町

1934年（昭和9）10月に開設。宮川の左岸にある駅。駅前を通る県道名張上切線と宮川の間に市街地が形成され、宮川の対岸には国道41号が走っている。駅名は1889年（明治22）7月に発足した上枝村に由来。同村は1943年（昭和18）4月、高山市に編入されて消滅。難読駅名として知られているが、上枝という地名は上川郷と三枝郷《さえぐさ》という2つの集落が統合された際、両郷から1文字ずつ取って村名としたもの。

0388 飛騨細江／ひだほそえ ［JR］高山本線

岐阜県飛騨市古川町袈裟丸

1934年（昭和9）10月に開設された旧・古川町にある駅。駅前を国道41号が通り、その南側を宮川が流れている。国道41号は駅の北側で、越中西街道（国道471号）と越中東街道（国道41号）に分岐している。駅のすぐ北まで山地が迫っており、駅の周辺に集落を形成している。駅名は1875年（明治8）2月の合併で発足した細江村に由来。同村は1956年（昭和31）4月の合併で古川町（現・飛騨市）になり消滅。

0389
坂上／さかかみ ［JR］高山本線

岐阜県飛騨市宮川町林

1933年（昭和8）11月に開設。2004年（平成16）10月、台風の被害により休止になるが、2007年（平成19）9月に復旧。山間を流れる宮川の流域に開けた旧・宮川村の中心駅。駅舎は「中部の駅百選」に選定されている。宮川に沿って越中西街道（国道471号）が通っている。駅名は1875年（明治8）2月の合併で発足した坂上村に由来。同村は1956年（昭和31）9月、坂下村と合併して宮川村（現・飛騨市）になり消滅。

0390
男川／おとがわ ［名古屋鉄道］名古屋本線

愛知県岡崎市大西町揚枝

1926年（大正15）4月、愛知電気鉄道の駅として開設され、1935年（昭和10）8月、名岐鉄道と合併して名古屋鉄道になる。岡崎市の中心市街地の近くにある駅で、駅の東側を矢作川の支流の乙川（おとがわ）が流れ、対岸に東名高速道路の岡崎インターチェンジがある。乙川の上流で男川（おとがわ）が合流し、その男川の上流では乙女川（おとがわ）が合流している。文字の表記はそれぞれ異なっているが、読みはすべて「おとがわ」である。駅名は1889年（明治22）10月の合併で発足した男川村に由来。同村は1928年（昭和3）9月、岡崎市に編入され消滅。

0391
富士松／ふじまつ ［名古屋鉄道］名古屋本線

愛知県刈谷市今川町1丁目

1923年（大正12）4月、愛知電気鉄道の今川駅として開設。1935年（昭和10）8月、名岐鉄道と合併して名古屋鉄道の駅になり、1952年（昭和27）3月、富士松駅に改称。刈谷市の北部にある駅で、近くには多くの工場が立地している。駅の東側を国道1号が、西側を知立バイパス（国道23号）が走っている。駅名は1906年（明治39）5月の合併で発足した富士松村に由来。同村は195

5年（昭和30）4月、刈谷市に編入されて消滅。駅前に地名のもとになった「お富士の松」がある。

0392
丸ノ内／まるのうち 【名古屋鉄道】名古屋本線

愛知県清須市清洲

1914年（大正3）9月、名古屋電気鉄道の丸之内駅として開設され、1921年（大正10）7月、名古屋鉄道の駅になる。1928年（昭和3）4月、清洲線が開通して両線の接続駅になる（清洲線は1948年廃止）。1930年代に文字の表記を「丸之内」から「丸ノ内」に変更。名古屋市近郊の住宅地にある駅で、駅の西側を東海道と中山道を結ぶ脇街道の美濃路が通っている。駅名は織田信長が居城した清洲城の内堀と外堀に挟まれた地に由来か。

0393
大里／おおさと 【名古屋鉄道】名古屋本線

愛知県稲沢市奥田町

1928年（昭和3）2月、大佐土（おおざと）駅として開設され、1943年（昭和18）11月、大里駅に改称。駅の周辺は名古屋近郊の住宅地。駅の東1・5キロほどのところに東海道本線の清洲駅があり、駅のすぐ南側を東海道新幹線が高架で走っている。駅名は1906年（明治39）5月の合併で発足した大里村に由来。同村は1955年（昭和30）4月の合併で稲沢町（現・稲沢市）になり消滅。

0394
茶所／ちゃじょ 【名古屋鉄道】名古屋本線

岐阜県岐阜市加納八幡町

1914年（大正3）6月、美濃電気鉄道の駅として開設され、1935年（昭和10）8月、名古屋鉄道の駅になる。駅の周辺は住宅地で、終着の名鉄岐阜駅から1・5キロの距離にある。旧中山道沿いにある駅で、かつては加納宿が置かれていた。すぐ東側を東海道本線が通っている。駅名は行いの悪い相撲力士が改心して罪滅ぼしに寺院を建て、茶屋を設けて旅人にお茶をふるまったという伝説に由来。

0395
三河八橋／みかわやつはし 【名古屋鉄道】三河線

愛知県豊田市花園町

１９２０年（大正9）7月、三河鉄道の駅として開設され、１９４１年（昭和16）6月、名古屋鉄道と合併して三河線の駅になる。駅の近くは交通の要地で、伊勢湾岸自動車道の豊田南インターチェンジ、衣浦豊田道路の生駒インターチェンジおよび牛田インターチェンジがある。豊田市と知立市の境界近くにある越境駅で、駅は豊田市だが、八橋という地名は知立市にある。駅の南側にある八橋かきつばた園のあたりが、京都銘菓「八ツ橋」の発祥地だという説もある。

0396
吉浜／よしはま 【名古屋鉄道】三河線

愛知県高浜市屋敷町

１９１４年（大正3）2月、三河鉄道の駅として開設され、１９４１年（昭和16）6月、名古屋鉄道三河線の駅になる。駅の西側は衣浦港の臨海部に発達した工業地帯で、工場従業員の利用者が多い。駅がある地域は雛人形の吉浜人形で知られ、近くに紫《し》峰《ほう》人形美術館がある。駅名は１８８９年（明治22）10月に発足した吉浜村に由来。同村は１９０６年（明治39）5月の合併で高浜町（現・高浜市）になり消滅。

0397
福地／ふくち 【名古屋鉄道】西尾線

愛知県西尾市川口町松原

１９１５年（大正4）3月、西尾鉄道の一色口駅として開設。１９２６年（大正15）12月、合併して愛知電気鉄道になり、１９３５年（昭和10）8月、名岐鉄道と合併して名古屋鉄道になる。１９４９年（昭和24）3月、福地駅に改称。駅名は１９０６年（明治39）5月の合併で発足した福地村に由来。同村は１９５４年（昭和29）8月、西尾市に編入され消滅。

0398
八幡新田／やわたしんでん 【名古屋鉄道】河和線

愛知県東海市加木屋町

１９３１年（昭和６）４月、知多鉄道の駅として開設され、１９４３年（昭和18）２月、名古屋鉄道と合併し河和線の駅になる。駅の周辺は名古屋のベッドタウンだが、田園地帯の名残もみられ、多くの溜め池が点在している。東海市と知多市の境界近くにある駅で、駅名は１９０６年（明治39）４月の合併で発足した八幡村（現・知多市）に由来。「新田」も知多市に存在していた字名で、新田小学校にその名をとどめている。つまり越境駅である。

0399

坂部／さかべ ［名古屋鉄道］河和線

愛知県知多郡阿久比町卯坂

１９３１年（昭和６）４月、知多鉄道の駅として開設され、１９４３年（昭和18）２月、名古屋鉄道に合併。駅の西側には阿久比《あぐい》スポーツ村や図書館、知多半島道路の阿久比インターチェンジなどがある。同駅名は明治初期まで存在していた坂部村に由来。同村は１８７８年（明治11）12月に合併して阿久比村（現・阿久比町）になり消滅。

0400

古見／こみ ［名古屋鉄道］常滑線

愛知県知多市新知

１９１２年（明治45）２月、愛知電気鉄道の駅として開設。１９３５年（昭和10）８月、名岐鉄道と合併して名古屋鉄道の駅になる。伊勢湾岸にある駅で、駅のすぐ西側を西知多産業道路（国道１５５号）が通っている。その西側は臨海部に形成されている工業地帯。駅名は明治初期まで存在した古見村に由来。同村は１８７８年（明治11）12月、朝倉村と合併して新知《しんち》村（→八幡村→八幡町→知多町→知多市）になり消滅。

0401

森下／もりした ［名古屋鉄道］瀬戸線

愛知県名古屋市東区徳川2丁目

１９１５年（大正４）６月、瀬戸電気鉄道（現・名古屋鉄道）の駅として開設。駅の西側を国道19号が通っている。駅の北側あたりからＪＲ大曽根駅まで約600メートルにおよぶ商店街が続いている。かつて駅の北側は、名古屋有数の歓楽街（城東園）として賑わっていた。駅名は住居表示が実施される前まで駅の南側に存在していた森下町という字名に由来する。

0402
瓢箪山／ひょうたんやま【名古屋鉄道】瀬戸線

愛知県名古屋市守山区長栄

1936年（昭和11）6月、瀬戸電気鉄道（現・名古屋鉄道）の駅として開設。名古屋のベッドタウンとして、駅の周囲には住宅が密集している。駅の北側を通っている瀬戸街道（県道名古屋多治見線）沿いに市街地が形成され、スーパーマーケットやマンションなどが連なっている。駅名は駅の北にある守山小学校に隣接の守山瓢箪山古墳に由来する。

0403
水野／みずの【名古屋鉄道】瀬戸線

愛知県瀬戸市效範町2丁目

1905年（明治38）4月、瀬戸自動鉄道（→瀬戸電気鉄道→名古屋鉄道）の今村駅として開設され、1939年（昭和14）9月、水野駅に改称。瀬戸市西部の住宅地にある駅で、駅の周辺にはマンションが林立している。駅の北部で愛知県森林公園が、名古屋市守山区と尾張旭市にまたがっており、その周囲に団地が広がっている。駅名は1889年（明治22）10月に発足した水野村に由来。同村は1951年（昭和26）5月、瀬戸市に編入され消滅。

0404
藤浪／ふじなみ【名古屋鉄道】津島線

愛知県愛西市諏訪町中島

1914年（大正3）1月、名古屋電気鉄道（現・名古屋鉄道）の諏訪駅として開設され、翌年、藤浪駅に改称。津島市との境界線まで数十メートルの距離にあり、駅の南側に津島労働基準監督署がある。駅の西1キロほどのところに名鉄尾西線の町方《まちかた》駅がある。駅名は1889年（明治22）10月の合併で発足した藤浪村に由来。同村は1906年（明治39）7月の合併で佐織村（→佐織町→愛西市）になり消滅。

0405 **日比野／ひびの**【名古屋鉄道】尾西線

愛知県愛西市柚木町東田面

1907年（明治40）12月、尾西鉄道（現・名古屋鉄道）の駅として開設。愛西市役所および津島高校の最寄り駅。駅の東側を、東海道の「七里の渡し」の迂回路として設けられた佐屋街道が通っている。駅の周囲には「日比野」という地名は見当たらない。駅名は地名とは無関係で、駅の開設に尽力した日比野紋左衛門という人名に由来している。

0406 **六輪／ろくわ**【名古屋鉄道】尾西線

愛知県稲沢市平和町須ヶ脇

1899年（明治32）2月、尾西鉄道の駅として開設され、1925年（大正14）8月、名古屋鉄道の駅になる。旧・平和町で唯一の駅。周囲は田園地帯の中に広がる住宅地。駅の東側を国道155号が通っている。駅名は1889年（明治22）10月に6村が合併して発足した六輪村に由来。同村は1906年（明治39）5月の合併で平和村（→平和町→稲沢市）となり消滅。

0407 **二子／ふたご**【名古屋鉄道】尾西線

愛知県一宮市萩原町萩原大日

1924年（大正13）10月、尾西鉄道（現・名古屋鉄道）の駅として開設。一宮市近郊の住宅地にある駅で、一宮西高校が近くにある。駅の北側を走る国道155号と名鉄尾西線の上を名神高速道路の高架が通り抜けている。駅名は明治初期まで存在していた二子村に由来。同村は1878年（明治11）12月、萩原村（→萩原町→一宮市）に編入されて消滅。

0408 **西春／にしはる**【名古屋鉄道】犬山線

愛知県北名古屋市久之坪南町

1912年（大正元）8月、名古屋電気鉄道（現・名古屋鉄道）の駅として開設。名古屋市の北に隣接する北名古屋市の玄関駅で、駅の周辺には大型の商業施設や商店街があり、北名古屋市役所も駅の近くに立地している。駅前から名古屋空港への路線バスが発着している。駅名は1906年（明治39）7月の合併で発足した西春村に由来。同村は西春町に昇格後の2006年（平成18）3月、師勝《しかつ》町と合併して北名古屋市となり消滅。駅は旧・師勝町と旧・西春町の境界上にある。

0409 **間内／まない**【名古屋鉄道】小牧線

愛知県春日井市牛山町

1931年（昭和6）2月、名岐鉄道（現・名古屋鉄道）の駅として開設。春日井市と小牧市の境界上にある駅。駅がある付近は浅井長政の子孫が住んでいた地だといわれ、駅の東側に戦国武将の浅井長政の像が立っている。駅名は古くからの地区名に由来する。駅の東側を流れている大山川に、間内橋という小さな橋が架かっている。

0410 **味岡／あじおか**【名古屋鉄道】小牧線

愛知県小牧市岩崎

1931年（昭和6）4月に開設。小牧市北部の住宅地にある駅。駅の北側で県道27号、102号、179号の3路線が合流し、1キロほど南を国道155号が走っている。駅の周辺には多くの団地や工場が立地している。駅名は1889年（明治22）10月に発足した味岡村に由来。同村は1955年（昭和30）1月の合併で小牧市となり消滅。小中学校や郵便局などにその名をとどめている。

0411 **二十軒／にじっけん**【名古屋鉄道】各務原線

岐阜県各務原市鵜沼三ツ池町

1926年（大正15）8月、各務原鉄道（→名岐鉄道→名古屋鉄道）の駅として開設。駅の北側を中山道（国道21号）と高山本線が名鉄各務原線に並行して走っている。駅の西側に航空自衛隊岐阜基地がある。駅名はこの付近に20軒ほどの人家があったことから生まれた地区名に由来する。

0412 **石津／いしづ**【養老鉄道】養老線

岐阜県海津市南濃町太田

1919年（大正8）4月、養老鉄道の駅として開設され、養老鉄道→揖斐川電気→養老電気鉄道→伊勢電気鉄道→養老電鉄→参宮急行電鉄→関西急行電鉄→近畿日本鉄道を経て、2007年（平成19）10月、養老鉄道の駅になる。揖斐川西岸の旧・南濃町にある駅。対岸は旧・海津町で、駅の背後に養老山地が連なっている。駅名は1897年（明治30）4月に発足した石津村に由来。同村は1954年（昭和29）11月の合併で南濃町（現・海津市）になり消滅。

0413
糸貫／いとぬき ［樽見鉄道］樽見線

岐阜県本巣市見延

1956年（昭和31）3月、国鉄樽見線の駅として開設。1984年（昭和59）10月、第三セクターの樽見鉄道に転換される。駅の周辺は富有柿の一大生産地として知られている。駅名は1955年（昭和30）4月に発足した糸貫村（→糸貫町）に由来。同村は2004年（平成16）2月の合併で本巣市になり消滅するが、中学校や幼稚園、郵便局などにその名をとどめている。

0414
織部／おりべ ［樽見鉄道］樽見線

岐阜県本巣市曽井中島

2002年（平成14）4月に新しく開設された駅。駅の西側を揖斐川支流の根尾川が流れている。駅名は当地が、戦国武将で茶人としても知られる古田織部の出生地であったことに由来する。駅に隣接する「道の駅織部の里もとす」は1年前に開業しており、鉄道駅を併設した道の駅として知られる。つまり駅名は、道の駅の名称に倣ってつけられたものである。

0415
関富岡／せきとみおか ［長良川鉄道］越美南線

岐阜県関市肥田瀬

1986年（昭和61）12月、国鉄越美南線が第三セクターの長良川鉄道に転換された際に開設。駅の北側を国道418号が通っており、駅の東から西に向かって、長良川支流の津保川がUの字型に流れている。駅名は１８９７年（明治30）４月の合併で発足した富岡村に由来。同村は１９４９年（昭和24）10月、富田町（現・富加町）と関町（現・関市）に分割して編入され消滅。ＪＲ常磐線の富岡駅との混同を避けるため、市名の「関」を冠した。

0416
洲原／すはら 【長良川鉄道】越美南線

岐阜県美濃市須原

１９５７年（昭和32）４月、国鉄越美南線の美濃洲原駅として開設され、１９８６年（昭和61）12月、第三セクターの長良川鉄道に転換されたと同時に洲原駅に改称。山間にある駅で、駅の東側を長良川が流れ、川沿いを国道１５６号が通っている。駅の北側に、ブッポウソウの繁殖地として知られる洲原神社がある。駅名は１８９１年（明治24）９月に洲原谷村から改称した洲原村に由来するが、住所は須原。洲原村は１９５４年（昭和29）４月の合併で美濃市になり消滅。

0417
木尾／こんの 【長良川鉄道】越美南線

岐阜県郡上市美並町上田

１９８６年（昭和61）12月、越美南線が第三セクターの長良川鉄道に転換された際に木尾駅として開設され、それにともなって１キロほど南にあった木尾駅が母野《はんの》駅に改称される。長良川の西岸にある駅で、長良川鉄道と並行して国道１５６号が通っている。駅の東側に「道の駅美並」がある。駅名は明治初期まで存在した木尾村に由来。同村は１８７５年（明治８）の合併で上田村（→嵩田《たけだ》村→美並村→郡上市）になり消滅。

0418
大矢／おおや 【長良川鉄道】越美南線

岐阜県郡上市美並町大原

１９２７年（昭和２）10月、国鉄の美濃下川駅として開設。１９８６年（昭和61）12月、第三セクターの長良川鉄道に転換されると同時に大矢駅に改称された。駅は長良川の東岸にあり、国道１５６号は長良川の西岸を走っている。駅名は明治初期まで存在した大矢村に由来。同村は1875年（明治8）の合併で大原村（→下川村→美並村→郡上市）になり消滅。

0419 **福野／ふくの** ［長良川鉄道］越美南線

岐阜県郡上市美並町白山

1952年（昭和27）7月、国鉄の郡上福野駅として開設。1986年（昭和61）12月、第三セクターの長良川鉄道に転換される際に福野駅に改称。長良川を挟んで両岸に市街地が形成されている。駅は長良川の東岸にあり、国道156号は西岸から長良川を渡って駅前を通り北へ延びている。駅名は明治初期まで存在した福野村に由来。同村は1875年（明治8）の合併で白山村（→下川村→美並村→郡上市）になり消滅。

0420 **赤池／あかいけ** ［長良川鉄道］越美南線

岐阜県郡上市美並町山田

1952年（昭和27）7月、国鉄の郡上赤池駅として開設され、1986年（昭和61）12月、第三セクターの長良川鉄道に転換された際に赤池駅に改称。長良川の西岸にある駅で、この付近で長良川が激しく蛇行している。駅の西側に東海北陸自動車道の瓢《ふくべ》ケ《が》岳《たけ》パーキングエリアがある。駅名は明治初期まで存在した赤池村に由来。同村は1875年（明治8）の合併で山田村（→嵩田村→美並村→郡上市）になり消滅。

0421 **深戸／ふかど** ［長良川鉄道］越美南線

岐阜県郡上市美並町三戸

1928年（（昭和3）5月、国鉄の駅として開設され、1986年（昭和61）12月、第三セクターの長良川鉄道に転換。山間を流れる長良川がS字型に蛇行している部分の北岸にあり、駅前を国道156号が通っている。駅名は明治初期まで存在した深戸村に由来。同村は1875年（明治8）に合併して三戸《みと》村（→下川村→美並村→郡上市）になり消滅。

0422
山田／やまだ　【長良川鉄道】越美南線

岐阜県郡上市大和町河辺

1932年（昭和7）7月、国鉄の美濃山田駅として開設。1986年（昭和61）12月、第三セクターの長良川鉄道に転換された際に山田駅に改称。駅の上を東海北陸自動車道が走っており、長良川の対岸に「ぎふ大和インターチェンジ」がある。駅名は1897年（明治30）4月に発足した山田村に由来する。同村は1955年（昭和30）3月の合併で大和村（↓大和町↓郡上市）になり消滅。

0423
大中／おおなか　【長良川鉄道】越美南線

岐阜県郡上市白鳥町大島

1933年（昭和8）7月、国鉄の駅として開設され、1986年（昭和61）12月、第三セクターの長良川鉄道に転換される。駅の西側を長良川が流れ、東側を越前街道（国道156号）と東海北陸自動車道が通っている。駅前周辺と越前街道沿いに市街地が形成されている。駅名は駅が白鳥町の大島地区と中津屋地区の中間に位置していることから、両地域名の頭文字を取って「大中駅」と命名したもの。

0424
北濃／ほくのう　【長良川鉄道】越美南線

岐阜県郡上市白鳥町歩岐島

1934年（昭和9）8月、国鉄の駅として開設され、1986年（昭和61）12月、第三セクターの長良川鉄道に転換。福井県側から延びてくる越美北線と結ばれる計画で建設されてきた路線だが実現せず、当駅が終着駅になった。駅の構内に転車台がある。長良川の西岸にあり、駅前を飛騨街道（国道156号）が通っている。駅名は1897年（明治30）4月の合併で発足した北濃村に由来。同村は1956年（昭和31）4月に白鳥町（現・郡上市）になり消滅。

0425
極楽／ごくらく　【明知鉄道】明知線

岐阜県恵那市岩村町飯羽間

1985年（昭和60）11月に国鉄明知線が第三セクターの明知鉄道に転換されて再スタート。沿線住民の要望で、利便性向上のため2008年（平成20）12月25日のクリスマスの日に新しく開設された駅。駅の周辺は丘陵地だが、駅の建設に協力した大手スーパーのバローや、病院、書店などがある。駅名は公募によって決められたものだが、平安末期から室町時代にかけてこの地に存在していたという縁起のいい寺名の極楽寺に由来する。

0426
末野原／すえのはら
【愛知環状鉄道】愛知環状鉄道線
愛知県豊田市豊栄町12丁目

1988年（昭和63）1月、国鉄岡多線が第三セクターの愛知環状鉄道に転換された際に開設された駅。豊田市の住宅地にある駅だが、トヨタ自動車の関連工場も多く立地している。駅の東側に伊勢湾岸自動車道の豊田東インターチェンジがあり、駅から2キロほど南の地点で、伊勢湾岸自動車道と東名高速道路が合流する豊田ジャンクションがある。駅名は万葉集に収められた持統天皇の和歌「〜陶《すえ》の原野に鳥狩する君が〜」から取ったものだという。

0427
向ヶ丘／むこうがおか
【豊橋鉄道】渥美線
愛知県豊橋市植田町西蛤沢

1959年（昭和34）1月に開設された駅。豊橋市の南部に開けた住宅地にあり、駅の西側に豊橋バイパス（国道23号）と田原街道（国道259号）が立体で交差する大崎インターチェンジがある。駅の周辺には植田大池など大小の溜め池が点在している。現在は住宅団地が広がっているが、溜池はかつてこの周辺が農業用地であった頃の名残である。駅名は分譲事業として開発した当時、この地域一帯を向ヶ丘団地と呼んだことに由来する。

0428
桜木／さくらぎ
【天竜浜名湖鉄道】天竜浜名湖線
静岡県掛川市富部

1935年（昭和10）4月、国鉄二俣線の遠江《とおとうみ》桜木駅として開設。1987年（昭和62）3月、国鉄の分割民営化により第三セクターの天竜浜名湖鉄道に転換され、駅名も桜木駅に改称。駅舎とホームが国の登録有形文化財に指定されている。掛川市郊外の住宅地にある駅で、駅名は１９３２年（昭和7）10月に発足した桜木村に由来。同村は１９５４年（昭和29）３月の合併で北小笠村（現・掛川市）になり消滅。

0429 **原谷／はらのや** ［天竜浜名湖鉄道］天竜浜名湖線

静岡県掛川市本郷

１９３５年（昭和10）４月、国鉄の駅として開設され、１９８７年（昭和62）３月、第三セクターの天竜浜名湖鉄道に転換。掛川市の北部にある駅で、駅舎は国の登録有形文化財に指定され、テレビドラマで使われたこともある。駅の周辺は住宅地で、駅の西側に原野谷川が流れている。駅名は１８８９年（明治22）10月に発足した原谷（はらや）村に由来。同村は１９５７年（昭和32）３月、掛川市に編入され消滅。村名は「はらや」だが、駅名は河川名（原野谷川）と同じ「はらのや」と読む。

0430 **原田／はらだ** ［天竜浜名湖鉄道］天竜浜名湖線

静岡県掛川市幡鎌

１９８８年（昭和63）３月、国鉄が第三セクターに転換後に新しく開設された駅で、掛川市の北部丘陵にある。駅の北1キロほどの山麓を新東名高速道路が走っており、森掛川インターチェンジがある。駅名は１８８９年（明治22）10月に発足した原田村に由来するが、同村は１９５７年（昭和32）３月、掛川市に編入され消滅。

0431 **戸綿／とわた** ［天竜浜名湖鉄道］天竜浜名湖線

静岡県周智郡森町睦実

１９６０年（昭和35）４月、国鉄の駅として開設され、１９８７年（昭和62）３月、第三セクターの天竜浜名湖鉄道に転換。駅の西側を流れている太田川の対岸に、森町の中心市街地が広がっている。太田川に架かる森川橋を渡ったすぐのところに森町役場がある。1962年（昭和37）まで、森町と袋井市を結ぶ静岡鉄道秋葉線が駅の近くを通っていた。駅名は1876年（明治9）まで存在していた戸綿村（現・森町）に由来。

0432
知波田／ちばた 〔天竜浜名湖鉄道〕天竜浜名湖線

静岡県湖西市太田

1936年（昭和11）12月、国鉄の駅として開設され、1987年（昭和62）3月、第三セクターの天竜浜名湖鉄道に転換。浜名湖の西岸にある駅で、歯科医院を併設している。浜名湖岸は複雑に入り組んだ景勝の地で、海水浴場がある。駅に隣接してゴルフ場もある。駅名は1889年（明治22）4月の町村制で発足した知波田村に由来。同村は1955年（昭和30）4月の合併で湖西町（現・湖西市）になり消滅。

0433
さぎの宮／さぎのみや 〔遠州鉄道〕鉄道線

静岡県浜松市東区大瀬町

1909年（明治42）12月、大日本軌道（現・遠州鉄道）の共同駅として開設され、1923年（大正12）4月、遠州共同駅に改称。1966年（昭和41）4月に、さぎの宮駅に改称される。浜松市の都心近郊の住宅地にある。駅の西側を国道152号が遠州鉄道と並行して南北に通り、駅の南を東名高速道路が走り抜けている。駅の近くに鎮座する八坂神社は、鷺が生息していたことから鷺宮神社と呼ばれるようになり、これが駅名の由来になった。

0434
遠州芝本／えんしゅうしばもと 〔遠州鉄道〕鉄道線

静岡県浜松市浜北区於呂

1909年（明治42）12月、大日本軌道（現・遠州鉄道）の芝本駅として開設され、1923年（大正12）4月、遠州芝本駅に改称。駅の周辺には住宅地が広がっている。駅の西側を秋葉街道（国道152号）が、そのバイパスが南から東に向かって通っている。駅名は、駅が設置された地域を古くから芝本郷と呼んでいたことに由来する。

0435
日切／ひぎり　［大井川鐵道］大井川本線
静岡県島田市島大西下

１９８５年（昭和60）７月に開設された旧・金谷町の住宅地にある駅。大井川の西岸にあり、駅の西側を大井川支流の大代川が流れている。駅の南側で東海道（国道1号）と国道４７３号が立体で交差している。駅名は、近くにある日限《ひぎり》地蔵尊に由来する。ここに安置されている日限地蔵尊菩薩に、日を限ってお参りをすると願いがかなうとのいい伝えがあり、８月の大祭には各地から訪れる参拝客で大変な賑いとなる。

0436
五和／ごか　［大井川鐵道］大井川本線
静岡県島田市竹下籾蒔島

１９２７年（昭和2）６月に開設。大井川とその支流の大代川に挟まれた住宅地にある駅。駅のすぐ西側を国道４７３号が通っており、駅の北側を走り抜けている新東名高速道路に、島田金谷インターチエンジがある。駅名は１８８９年（明治22）４月の町村制で発足した五和村に由来する。同村は１９５７年（昭和32）10月の合併で金谷町（現・島田市）になり消滅。

0437
川根両国／かわねりょうごく　［大井川鐵道］井川線
静岡県榛原郡川根本町千頭

１９５９年（昭和34）８月に開設。「南アルプスあぷとライン」の愛称がつけられている井川線の駅で、２面２線を有し、井川線の車両区と保線区も併設している。駅は大井川の西岸にあり、駅前を県道川根寸又峡線が通っている。駅の北側に両国吊橋という吊り橋が大井川に架かっているが、駅名は、この吊り橋に由来している。山間を流れている大井川は、駿河国と遠江国の境界になっていたことから、両国を結ぶ吊り橋として「両国吊橋」と命名されたもの。

0438
ひらんだ／ひらんだ

［大井川鐵道］井川線
静岡県榛原郡川根本町犬間

1990年（平成2）10月に開設。長島ダムの建設のためルートが変更され、新線上に新しく開設された駅。ダム建設で生まれた接阻湖《せっそ》が駅の眼前に横たわっている景勝の地だが、駅の周りに人家はなく、少し離れた山側に民家が点在している。駅名は地区名の「平田」に由来するが、平田は「ひらた」ではなく、「ひらんだ」と読む。難読のため平仮名表記の駅名にしたもの。

0439
日吉町／ひよしちょう

［静岡鉄道］静岡清水線
静岡県静岡市葵区鷹匠2丁目

1908年（明治41）12月、台所町駅として開設。1945年（昭和20）6月、戦争で廃止されるが、1950年（昭和25）2月、日吉町駅として復活。静岡市の都心にある駅で、駅の南側を東海道本線に並行して国道1号が通っている。駅名は昭和40年代まで存在していた日吉町に由来する。同町に実施された住居表示により、鷹匠2丁目になり消滅。

0440
狐ヶ崎／きつねがさき

［静岡鉄道］静岡清水線
静岡県静岡市清水区上原

1908年（明治41）12月、上原駅として開設され、遊園前駅→狐ヶ崎駅→狐ヶ崎ヤングランド駅と変遷し、1985年（昭和60）に再び狐ヶ崎駅に改称される。旧・清水市の中心市街地から西の方にあり、駅舎は「中部の駅百選」に選定されている。駅名は鎌倉幕府の創設に活躍した、梶原氏一族の終焉の地として知られる狐ヶ崎に由来。梶原氏が滅ぼされた際に使用された名刀は「狐ヶ崎」と呼ばれ、国宝に指定されている。

0441
須津／すど

［岳南電車］岳南線
静岡県富士市中里

1953年（昭和28）1月に開設された駅。駅の周辺は富士市近郊の住宅地で北側を東名高速道路が、南側を東海道新幹線が走っている。駅の西側を赤淵川が、東側には須津川が流れている。駅名は1889年（明治22）4月の町村制で発足した須津村に由来。同村は1955年（昭和30）2月の合併で吉原市（現・富士市）になり消滅。須津を「すど」と読む難読駅名である。

0442
稲梓／いなずさ ［伊豆急行］伊豆急行線

静岡県下田市落合

1961年（昭和36）12月に開設。伊豆半島南東部に位置する駅。村の中心は駅から少し離れた稲生沢川の流域に開けている。北へ少し行くと、全長2796メートルの伊豆急行線で最長の谷津トンネルがある。駅名は1889年（明治22）4月の町村制で発足した稲梓村に由来。同村は1955年（昭和30）3月の合併で下田町（現・下田市）になり消滅。

0443
禾生／かせい ［富士急行］大月線

山梨県都留市古川渡

1929年（昭和4）6月、富士山麓電気鉄道（現・富士急行）の駅として開設。駅の周囲は桂川流域に開けた住宅地で、「山梨百名山」の高川山および九鬼山の登山口になっている。鉄道路線と並行して、中央自動車道富士吉田線と国道139号が走っており、駅の北1キロほどをリニア実験線が通っている。駅名は1875年（明治8）1月に発足した禾生村に由来。同村は1954年（昭和29）4月の合併で都留市になり消滅。

0444
赤坂／あかさか ［富士急行］大月線

山梨県都留市四日市場

1929年（昭和4）6月、富士山麓電気鉄道（現・富士急行）の駅として開設。都留市近郊の桂川流域付近にある駅で、駅の周辺には住宅地が広がっている。駅の北側を中央自動車道富士吉田線が走っており、都留インターチェンジが駅の西の方にある。駅名はかつて存在した駅周辺の地区名に因む。赤坂という地名は全国各地にあり、赤い土の坂道があったことに由来か。

0445 **谷村町／やむらまち**［富士急行］大月線

山梨県都留市上谷1丁目

1929年（昭和4）6月、富士山麓電気鉄道（現・富士急行）の駅として開設。都留《つる》市の中心部にある市役所の最寄り駅。駅の西側を流れる桂川の対岸を中央自動車道富士吉田線が走っている。市街地は駅の東側に広がっており、その真ん中を国道139号が通っている。桂川の西岸にそびえている城山に勝山城跡がある。駅名は1875年（明治8）に成立した谷村が、1896年（明治29）3月に町制施行して発足した谷村町に由来。同町は1954年（昭和29）4月の合併で都留市になり消滅。

0446 **三つ峠／みつとうげ**［富士急行］大月線

山梨県南都留郡西桂町小沼

1929年（昭和4）6月、富士山麓電気鉄道（現・富士急行）の小沼駅として開設され、1943年（昭和18）9月、三つ峠駅に改称。西桂町の中心駅で、西桂町役場は駅のすぐ近くにある。駅の南側に国道139号が通り、その南側を桂川が流れ、さらにその南側を中央自動車道富士吉田線が走っている。街の真ん中に三つ峠駅とは妙に感じるが、駅名は西にそびえる三つ峠山に由来。しかし、三つ峠山は駅から7キロも離れている。

0447 **寿／ことぶき**［富士急行］大月線

山梨県富士吉田市上暮地

1929年（昭和4）6月、富士山麓電気鉄道（現・富士急行）の暮地《くれち》駅として開設され、1981年（昭和56）1月、寿駅に改称。駅前を国道139号が通っており、市街地の外れを中央自動車道富士吉田線が走っている。駅の周辺に「寿」という地名は見当たらない。旧駅名の「暮地」の文字が「墓地」に似ており、しばしば「ぼち」と誤読されたことから、縁起のいい文字を使って「寿駅」に改名されたもの。

0448
信濃荒井／しなのあらい 【アルピコ交通】上高地線
長野県松本市島立

1921年（大正10）10月、筑摩鉄道（↓筑摩電気鉄道↓松本電気鉄道）の駅として開設され、2011年（平成23）4月、アルピコ交通に社名変更。信濃川水系の奈良井川が駅の東側を流れており、その対岸の先に松本市の中心市街地がある。駅名は明治初期まで存在していた荒井村に由来。同村は1875年（明治8）7月、島立《しまだち》村（現・松本市）になり消滅。

0449
大庭／おおにわ 【アルピコ交通】上高地線
長野県松本市島立

1921年（大正10）10月、筑摩鉄道（↓筑摩電気鉄道↓松本電気鉄道↓アルピコ交通）の駅として開設。松本市の近郊にある駅。西側を南北に走っている長野自動車道と、北側を東西に走る野麦街道（国道158号）が松本インターチェンジで接続している。駅の近くには、松本合同庁舎や市役所の出張所などがある。駅名は明治初期まで存在していた大庭村に由来。同村は1875年（明治8）7月、島立村（現・松本市）となり消滅。

0450
新島々／しんしましま 【アルピコ交通】上高地線
長野県松本市波田赤松

1924年（大正13）9月、筑摩電気鉄道（↓松本電気鉄道↓アルピコ交通）の赤松駅として開設され、1966年（昭和41）10月、新島々駅に改称。梓川の南岸にある上高地線の終着駅で、駅前を通る野麦街道（国道158号）沿いに集落が形成されている。駅名は梓川支流の島々谷川に由来する。駅の機能が島々駅から移されたのを機に、「新」を冠して「新島々駅」としたもの。

0451
城下／しろした 【上田電鉄】別所線
長野県上田市諏訪形

1921年（大正10）6月、上田温泉電軌（↓上

田電鉄→上田丸子電鉄→上田交通→上田電鉄）の駅として開設され、1927年（昭和2）、城下駅に改称。駅の周辺は上田市の近郊に開けた住宅地で、千曲川の対岸にJRと、しなの鉄道の上田駅がある。駅名は1889年（明治22）4月の町村制で発足した城下村に由来。同村は1921年（大正10）9月、上田市に編入されて消滅。駅の北1キロほどのところに上田城跡があり、地名は上田城の下の意。

0452
赤坂上／あかさかうえ［上田電鉄］別所線
長野県上田市上田原

1932年（昭和7）、上田温泉電軌（→上田電鉄→上田丸子電鉄→上田交通→上田電鉄）の駅として開設され、1951年（昭和26）、現在地に移設される。千曲川の西側に位置する駅。駅の周辺は上田市近郊の住宅地で、駅の北側を松本街道（国道143号）が、東側を県道上田丸子線が通っている。駅名は赤土の坂道の上にあることに由来か。

0453
塩田町／しおだまち［上田電鉄］別所線
長野県上田市中野

1921年（大正10）6月、上田温泉電軌（→上田電鉄→上田丸子電鉄→上田交通→上田電鉄）の上本郷駅として開設され、1965年（昭和40）、塩田町駅に改称。駅の周辺に大きな溜め池が点在している。駅の南側を千曲川支流の産川が流れており、その南に広がる塩田平の一帯は「信州の鎌倉」と称され、中禅寺や前山寺など古寺が多くある。駅名は1956年（昭和31）5月の合併で発足した塩田町に由来。同町は1970年（昭和45）4月、上田市に編入されて消滅。

0454
本郷／ほんごう［長野電鉄］長野線
長野県長野市三輪3丁目

1926年（大正15）6月、長野電気鉄道（現・長野電鉄）の駅として開設。長野市の中心市街地の近くにある駅で、長野県短大や長野女子短大など学校が多い地域である。駅名の本郷は全国に分布している地名で、集落のもとの集落を指す語として使われた。三輪村の中心として発展していた地区を指す地名だと思われる。

0455
朝陽／あさひ 【長野電鉄】長野線

長野県長野市南堀

１９２６年（大正15）６月、長野電気鉄道（現・長野電鉄）の駅として開設。長野市北東部の駅で、周辺は都市化が進みつつある。駅の北側を千曲川支流の浅川が北東に向かって流れており、その北を北陸新幹線と、しなの鉄道が北東方向に走り抜けている。駅名は１８８９年（明治22）４月の町村制で発足した朝陽村に由来。同村は１９５４年（昭和29）４月、長野市に編入され消滅。

0456
日野／ひの 【長野電鉄】長野線

長野県須坂市小山

１９２６年（大正15）６月、長野電気鉄道（現・長野電鉄）の駅として開設。１９４４年（昭和19）１月から休止になるが、それから四十数年後の１９８７年（昭和62）10月、東に少し移転して復活。駅の南側を国道４０６号が、西側を上信越自動車道が通っている。駅名は１８８９年（明治22）４月の町村制で発足した日野村に由来。同村は１９５４年（昭和29）２月の合併で須坂町（現・須坂市）になり消滅。

0457
延徳／えんとく 【長野電鉄】長野線

長野県中野市篠井

１９２３年（大正12）３月、河東《かとう》鉄道（→長野電気鉄道→長野電鉄）の駅として開設。西の方から流れてきた千曲川支流の篠井川が、長野線を越えると向きを北に変えて駅の東側を流れていく。駅の近くに、中野市出身の作曲家中山晋平生誕１００年を記念して建てられた中山晋平記念館がある。駅名は１８８９年（明治22）４月の町村制で発足した延徳村に由来。同村は１９５４年（昭和29）７月の合併で中野市になり消滅。

0458
上条／かみじょう 【長野電鉄】長野線

長野県下高井郡山ノ内町平穏

1927年（昭和2）4月、長野電気鉄道（現・長野電鉄）の駅として開設。湯田中・渋温泉の玄関として賑わう終点の湯田中駅のひとつ手前、夜間瀬川の東岸にある駅。駅の周辺はリンゴやモモ、ブドウ畑などを栽培する農村地帯だが、駅の東側には集落が形成され、町役場まで1キロほどと比較的近くにある。駅名は明治初期まで存在した上条村に由来。同村は1876年（明治9）5月に合併して平穏《ひらお》村（→平穏町→山ノ内町）になり消滅。

0459
美佐島／みさしま 【北越急行】ほくほく線

新潟県十日町市午

1997年（平成9）3月、北越急行の開通にともない開設された駅。北越急行は魚沼丘陵と東頸城丘陵の下をくぐり抜けて、北陸方面とを最短で結ぶために建設された路線のため、路線全体の68％がトンネル区間。美佐島駅も赤倉トンネルの中に設置されており、駅舎とホームは長い階段で結ばれている。周囲駅の周辺に美佐島という地名は見当たらない。周囲にある猿倉、津池、菅沼、大池、赤倉など県道沿いの地域を美佐島と呼んでおり、駅名もこの通称名に由来するという。

0460
浦本／うらもと 【えちごトキめき鉄道】日本海ひすいライン

新潟県糸魚川市間脇

1950年（昭和25）1月に開設。2015年（平成27）3月、北陸新幹線の開通にともない、えちごトキめき鉄道に移管される。駅の北側の日本海沿岸を北陸街道（国道8号）が通り、駅の南側を北陸新幹線と北陸自動車道がトンネルでくぐり抜けている。駅名は1889年（明治22）4月の町村制で発足した浦本村に由来。同村は1954年（昭和29）6月に合併して糸魚川市になり消滅。

0461
谷浜／たにはま

［えちごトキめき鉄道］日本海ひすいライン

新潟県上越市長浜

1911年（明治44）7月に開設。2015年（平成27）3月、北陸新幹線の開通にともない、えちごトキめき鉄道に移管される。鉄道路線に並行して北側を北陸街道（国道8号）が通り、南側の旧道沿いに住宅地が形成されている。駅名は1889年（明治22）4月の町村制で発足した谷浜村に由来。同村は1955年（昭和30）4月、直江津市（現・上越市）に編入され消滅。

0462
越中三郷／えっちゅうさんごう

［富山地方鉄道］本線

富山県富山市水橋開発

1931年（昭和6）8月、富山電気鉄道（現・富山地方鉄道）の駅として開設。付近を流れる常願寺川の河川敷には、テニスコートやサッカー場などを備えた常願寺川公園があり、その対岸には富山市の市街地が広がっている。駅名は1926年（大正15）12月に発足した三郷村に由来。同村は1954年（昭和29）4月の合併で水橋町（現・富山市）になり消滅。

0463
新宮川／しんみやかわ

［富山地方鉄道］本線

富山県中新川郡上市町中江上

1913年（大正2）6月、立山軽便鉄道（→立山鉄道→富山電気鉄道→富山地方鉄道）の江上駅として開設され、1921年（大正10）2月、宮川駅に改称。さらに1924年（大正13）5月、新宮川駅に改称。富山市のベッドタウンとして都市化が進んでいる地域にあり、駅の周辺にはいくつもの団地が造成されている。駅の北側を北陸自動車道が通っている。駅名は1889年（明治22）4月の町村制で発足した宮川村に由来。同村は1953年（昭和28）9月の合併で上市町になり消滅。

0464
中加積／なかかづみ 【富山地方鉄道】本線

富山県滑川市堀江

１９１３年（大正２）６月、立山軽便鉄道（現・富山地方鉄道）の堀江駅として開設され、１９２１年（大正10）２月、中加積駅に改称。上市町との境界近くにある駅。中加積駅の隣に西加積駅があり、滑川市北部の日本海沿岸には浜加積駅および早月加積駅がある。駅名は１８８９年（明治22）４月の町村制で発足した中加積村に由来。同村は１９５３年（昭和28）11月の合併で滑川町（現・滑川市）になり消滅。

0465
釜ヶ淵／かまがふち 【富山地方鉄道】立山線

富山県中新川郡立山町寺坪

１９２１年（大正10）３月、立山鉄道（現・富山地方鉄道）の駅として開設。富山平野の南縁の田園地帯にある駅。駅の周辺に集落が形成されている。駅名は１８８９年（明治22）４月の町村制で発足した釜ヶ淵村に由来する。同村は１９２２年（大正11）１月に村の一部を上段《うわだん》村に編入するが、１９５４年（昭和29）１月の合併で立山町になり消滅。旧村名は小学校名や郵便局名などに残る。

0466
大庄／おおしょう 【富山地方鉄道】上滝線

富山県富山市南大場

１９２１年（大正10）４月、富山県営鉄道（現・富山地方鉄道）の駅として開設。駅は富山湾に注ぐ常願寺川の西岸にある。周辺は富山平野の南端に広がるのどかな田園地帯だが、団地も造成されている。駅名は１８８９年（明治22）４月の町村制で発足した大庄村に由来する。同村は１９５５年（昭和30）11月の合併で大山《おおやま》村（現・富山市）になり消滅するが、小学校名や地区コミュニティセンター名などにその名をとどめている。

0467
西岸／にしぎし【のと鉄道】七尾線

石川県七尾市中島町外

1932年（昭和7）8月に国鉄七尾線の駅として開設。1991年（平成3）9月、JR七尾線の和倉温泉－輪島間が第三セクターの「のと鉄道」に転換される。駅前を国道249号が通っており、その東側の七尾湾に大きな能登島が横たわっている。駅名は1889年（明治22）4月の町村制で発足した西岸村に由来。同村は1954年（昭和29）11月の合併で中島町（現・七尾市）になり消滅。地名は読んで字のごとく、七尾湾の西岸に位置している。

0468
粟ヶ崎／あわがさき【北陸鉄道】浅野川線

石川県河北郡内灘町向粟崎

1929年（昭和4）7月、浅野川電気鉄道（現・北陸鉄道）の駅として開設。河北潟と日本海に挟まれた内灘町と、金沢市との境界を流れている大野川の西岸にある駅で、ホームが大野川にせり出している。次が終点の内灘駅で、駅の周辺は住宅地。駅の所在地は「向粟崎」。「粟崎」という地名は隣接する金沢市にある。「向」という文字がついているか、ついていないかの違いだが、駅名においては越境駅といえる。駅名には「ヶ」がつく。

0469
陽羽里／ひばり【北陸鉄道】石川線

石川県白山市曽谷町

2015年（平成27）3月に新しく開設された。白山市の北端、金沢市との境界近くにある駅で、駅名になっている「陽羽里」という地名は存在しない。近年、駅の周辺はベッドタウンとして宅地開発が盛んに行われており、その名称が「陽羽里ニュータウン」。光り輝く太陽の下でヒバリが羽ばたくような環境に恵まれた里になるように、との願望からつけられた名称だという。

0470
小舟渡／こぶなと【えちぜん鉄道】勝山永平寺線

福井県吉田郡永平寺町藤巻

1914年（大正3）3月、京都電燈の駅として開設。1942年（昭和17）3月、京福電気鉄道に継承される。2001年（平成13）6月、事故のため全線が休止になるが、2003年（平成15）10月、えちぜん鉄道の駅として復活。九頭竜川の南岸にある駅で、駅の背後まで山が迫っている。駅の近くから、九頭竜川の北岸を通る勝山街道（国道416号）と小舟渡橋で結んでいる。駅名は、かつて九頭竜川に小舟をつないで対岸に渡る有料の舟橋があったことに由来する。

0471
大関／おおぜき 【えちぜん鉄道】三国芦原線

福井県坂井市坂井町大味

1928年（昭和3）12月、三国芦原電鉄の駅として開設。1942年（昭和17）9月、京福電気鉄道に継承される。2001年（平成13）6月、事故のため全線が休止になり、2003年（平成15）8月、えちぜん鉄道の駅として復活。駅名は1889年（明治22）4月の町村制で発足した大関村に由来。同村は1955年（昭和30）3月の合併で坂井村（現・坂井市）になり消滅。

0472
本荘／ほんじょう 【えちぜん鉄道】三国芦原線

福井県あわら市中番

1928年（昭和3）12月、三国芦原電鉄の駅として開設され、1942年（昭和17）9月、京福電気鉄道に継承される。2001年（平成13）6月、列車事故で全線休止。2003年（平成15）8月、えちぜん鉄道の駅として復活。木造の駅舎は国の登録有形文化財。駅名は1889年（明治22）4月の町村制で発足した本荘村に由来。同村は1955年（昭和30）3月の合併で芦原町（現・あわら市）になり消滅。

0473
泰澄の里／たいちょうのさと 【福井鉄道】福武線

福井県福井市浅水町

2011年（平成23）3月に新しく開設された駅。福井市の南端、鯖江市との境界近くに位置しているが、駅の西部丘陵地は宅地開発が進み、団地が造成されている。駅の東側を福井バイパス（国道8号）が通り、その東側を北陸本線と北陸自動車道が並行して走っている。駅名は当地が白山を開山した奈良時代の僧、泰澄の生誕地であったことに由来しており、駅の南西500メートルほどのところに泰澄寺が鎮座している。

0474
清明／せいめい【福井鉄道】福武線
福井県福井市今市町

2011年（平成23）3月に開設。福井市の中心市街地の南にある駅で、沿線の宅地化にともない、泰澄の里駅とともに新しく開設された。駅の東側を福井バイパス（国道8号）と北陸本線、北陸自動車道が南北に走り、駅のすぐ西側で県道福井鯖江線と東郷麻生津線が接続している。駅名は公募によって地区名からつけられた。「清明」という正式な地名はないが、小学校や公民館、保育園などの名称として使われている。

0475
伏見／ふしみ【名古屋市営地下鉄】東山線・鶴舞線
愛知県名古屋市中区錦2丁目

1957年（昭和32）11月、東山線の伏見町駅として開設され、1966年（昭和41）6月、伏見駅に改称。1977年（昭和52）3月、鶴舞線が開通し、両線の接続駅に。名古屋の地下鉄で最も古い駅のひとつ。駅の周辺はビジネス街で、近くに市科学館や市美術館などがある。駅名は駅が開設された当時の「伏見町」に由来する。地名は江戸時代、京都伏見の伏見屋六兵衛がこの地に移り住んだことに因む。地名は住居表示により消滅するが、今も通称名として親しまれている。

0476
矢場町／やばちょう【名古屋市営地下鉄】名城線
愛知県名古屋市中区栄3丁目

1967年（昭和42）3月に開設。駅は通称「100メートル道路」と呼ばれる久屋大通と若宮大通が交差する近くにあり、名古屋の中心繁華街の一角を形成。駅の西には、矢場公園という小さな都市公園がある。駅名は住居表示が実施される前まで存在していた矢場町に由来。矢場町という地名は、この地区にある三輪神社に弓矢場が設けられていたことに因む。現在も通称名として使われている。

0477
荒畑／あらはた 【名古屋市営地下鉄】鶴舞線

愛知県名古屋市昭和区鶴舞４丁目

１９７７年（昭和52）３月に開設。名古屋市の中央を東西に走っている幹線道路にある駅で、市民のオアシスとして親しまれている鶴舞公園にも近く、公園に隣接して東海地方では最大の円墳として知られる八幡山古墳がある。駅名は、この地区の通称名に由来する。地下鉄が開通する前に、地上を走っていた市電の電停も「荒畑」だったが、当時からすでに正式な地名としては存在せず、それ以前の古地名。荒れた畑があったことに由来か。

0478
いりなか／いりなか 【名古屋市営地下鉄】鶴舞線

愛知県名古屋市昭和区隼人町

１９７７年（昭和52）３月に開設。飯田街道（国道１５３号）の地下にある駅で、周辺は名古屋市東部の閑静な住宅地。坂道の多い地域として知られ、近くには南山大学や中京大学など、多くの大学や高校が立地している。選抜高校野球の第１回大会が、近くにあった山本球場で開催され、その発祥地であることを記した石碑が立っている。漢字では「杁中」と表記するが、難読のため名古屋の地下鉄では唯一の平仮名の駅名になった。駅名は昭和初期まで存在した字名（杁中）を平仮名で表記したもの。

0479
高岳／たかおか 【名古屋市営地下鉄】桜通線

愛知県名古屋市東区東桜２丁目

１９８９年（平成元）９月に開設された名古屋市の都心にある駅。駅の上にある高岳の交差点は、名古屋と富山を結んでいる国道41号の起点で、その上を南北に名古屋高速都心環状線が走っている。東西の通りは、地下鉄の路線名にもなっている桜通（国道19号）だ。駅名は住居表示が実施される前まで存在していた「高岳町」という地名から取ったもので、地名は駅の近くにある尾張徳川家の崇高を集めた高《こう》岳院《がくいん》に由来する。

0480 車道／くるまみち【名古屋市営地下鉄】桜通線

愛知県名古屋市東区葵3丁目

1989年（平成元）9月に開設。駅の上は桜通（国道19号）が東西に走っている。桜通線の南側を地下鉄東山線が、駅の東側をJR中央本線が走っており、中央本線と地下鉄の千種《ちくさ》駅が当駅から300メートルという至近距離にある。駅名は住居表示が実施される前まで存在していた車道町に由来する。同町は駅の西側を南北に1・7キロほど続く通りの名前だった。かつては牛車《ぎっしゃ》や馬車が通る石畳の道があったといわれ、それが地名のルーツだとみられる。

0481 相生山／あいおいやま【名古屋市営地下鉄】桜通線

愛知県名古屋市緑区相川3丁目

2011年（平成23）3月、桜通線が野並駅から徳重駅まで延伸されたのにともない新しく開設された駅。名古屋市近郊の住宅地にあり、駅の周辺には多くの団地が造成されている。天白区と緑区の境界上にある駅で、駅の北側に大きな池を有する戸笠公園がある。駅名は住居表示が実施される前まで存在していた相生山という地名、および周辺一帯に広がっていた相生山緑地に由来する。駅の所在地は緑区だが、相生山は天白区にある地名なので越境駅になる。

第5章　近畿の駅名

0482
河瀬／かわせ【JR】東海道本線
滋賀県彦根市南川瀬町

1896年（明治29）5月に開設。駅の周囲は住宅地だが、多くの工場も立地している。駅の東側を国道8号が通り、その東側を東海道新幹線と近江鉄道本線が並走している。駅の周辺には川瀬馬場町や南川瀬町という地名はあるが、「河瀬」という地名は存在しない。1889年（明治22）4月の町村制で発足した川瀬村が、翌年6月に河瀬村に改名し、1956年（昭和31）9月、彦根市に編入されて消滅。駅名は旧村名の河瀬村に由来。

0483
能登川／のとがわ【JR】東海道本線
滋賀県東近江市林町

1889年（明治22）7月に開設。東近江市で唯一のJR駅。駅の周囲に市街地が形成され、東口に商店街がある。近江商人の発祥地として知られ、国の重要伝統的建造物群保存地区に指定された古い町並みがある五個荘《ごかしょう》への最寄り駅になっている。駅名は1889年（明治22）4月の町村制で発足した八条村の字名（能登川）に由来。1894年（明治27）6月、八条村は分割されて能登川村（↓能登川町）となり、2006年（平成18）1月、東近江市に編入され消滅。

0484
東淀川／ひがしよどがわ【JR】東海道本線
大阪府大阪市淀川区宮原2丁目

1940年（昭和15）4月に開設。当駅から300メートルほど南に東海道新幹線の新大阪駅がある。駅は東淀川区と淀川区の境目にあるが、区の境界線が東海道本線の線路の東側を走っているため、駅は淀川区にある。だが、駅名は東淀川区の区名がつけられ越境している。これは1974年（昭和49）7月、大阪市が22区から26区に改編された際、東淀川区は東西に分割され、西半分が淀川区に、東半分はそのまま東淀川区の区名を継承したからで、駅名はもともとの区名に由来している。

0485
土山／つちやま ［JR］山陽本線

兵庫県加古郡播磨町野添

1888年（明治21）12月、山陽鉄道の駅として開設。1906年（明治39）12月に国有化。1923年（大正12）年、別府鉄道土山線が開通し両線の接続駅になるが、土山線は1984年（昭和59）に廃止。駅は播磨町と明石市、加古川市の3市町の境界が交わる近くに位置する。駅は播磨町と明石市にまたがっているが、駅名の由来になっている「土山」という地名は加古川市にある（加古川市平岡町土山）。つまり越境駅である。

0486
宝殿／ほうでん ［JR］山陽本線

兵庫県高砂市神爪1丁目

1900年（明治33）5月、山陽鉄道の駅として開設され、1906年（明治39）12月に国有化。高砂市と加古川市の境界にある。駅舎は高砂市にあるが、ホームの一部が加古川市にまたがっている。駅のすぐ南側を国道2号が、駅の北側には国道2号のバイパス（加古川バイパス）が通っている。総合運動公園西側の小高い山（宝殿山）の中腹に鎮座している生石《おうしこ》神社は、「石乃宝殿」と呼ばれる巨大な石造物を御神体としている。駅名はこの「宝殿」に由来する。

0487
天和／てんわ ［JR］赤穂線

兵庫県赤穂市鷆和

1963年（昭和38）5月に開設された赤穂市にある駅。駅名は1876年（明治9）8月に真木村と鳥撫《となで》村が合併して発足した鷆和《てんわ》村に由来。同村は

1889年（明治22）4月の町村制で塩屋村（→赤穂町→赤穂市）になり消滅するが、鷆和村の「鷆」は真木村と鳥撫村の頭文字を取って合成したもの。難読のため、同音の「天和」を駅名とした。

0488
余部／よべ［JR］姫新線
兵庫県姫路市青山北1丁目

1930年（昭和5）9月に開設。姫路市西郊の小高い山と山に挟まれた住宅地にある。駅の南側で、瀬戸内海に注ぐ夢前川に菅生川が合流している。駅の西側の丘陵には、市民の憩いの場として親しまれている桜山公園がある。駅名は1889年（明治22）4月の町村制で発足した余部村に由来。同村は1954年（昭和29）7月、姫路市に編入されて消滅。余部という地名は各地にあり、50戸未満の余剰集落を意味する。「あまるべ」と読むのが一般的。

0489
西栗栖／にしくりす［JR］姫新線
兵庫県たつの市新宮町鍛治屋

1934年（昭和9）3月に開設。駅の西側を出雲街道（国道179号）が、その西側を栗栖川が流れている。駅前周辺と出雲街道沿いに集落が形成されている。駅名は1889年（明治22）4月の町村制で発足した西栗栖村に由来する。同村は1951年（昭和26）4月、新宮町や東栗栖村などと合併して新たに新宮町（現・たつの市）となり消滅。

0490
青倉／あおくら［JR］播但線
兵庫県朝来市物部

1934年（昭和9）8月に開設。山間を流れる円山川の西岸、旧・朝来《あさご》町の北端に位置する駅。駅の西側の山麓を播但《ばんたん》連絡有料道路が走っており、円山川の対岸には但馬《たじま》街道（国道321号）が通っている。駅前の旧道沿いと、円山川の東岸にも集落が形成されている。駅から3キロほど東方にそびえている青倉山の中腹に、「目の神様」として知られている青倉神社が鎮座している。駅名は青倉山および青倉神社に由来する。

0491
日岡／ひおか［JR］加古川線

兵庫県加古川市加古川町大野

1913年（大正2）4月、播州鉄道の駅として開設。1923年（大正12）12月、播丹鉄道になり、1943年（昭和18）6月に国有化。加古川市北部の住宅地にある駅。駅の西側を加古川が流れ、駅の東側には日岡山という小高い山がそびえている。日岡山の周辺一帯は日岡山公園として整備され、山麓には日岡神社がある。日岡山は日岡山古墳と呼ばれているように、日岡御陵など多くの古墳がある。駅名は日岡山に由来する。

0492
厄神／やくじん［JR］加古川線

兵庫県加古川市上荘町国包

1913年（大正2）4月、播州鉄道の国包《くにかね》駅として開設され、1916年（大正5）11月、三木線が開通したことにともない、厄神駅に改称される。1943年（昭和18）6月に国有化。2008年（平成20）4月に三木鉄道（旧・国鉄三木線）が廃止されるまで、両線の接続駅だった。厄神は「ヤクノカミ」ではなく、「ヤクジン」と読む。駅名は駅の南東2キロほどの丘陵地にある、厄除けの神様を祀る宗佐厄神《そうさやくじん》八幡神社に由来する。

0493
社町／やしろちょう［JR］加古川線

兵庫県加東市河高大谷口

1913年（大正2）8月、播州鉄道の社口駅として開設され、1916年（大正5）11月、播鉄社駅に改称。1943年（昭和18）6月、国有化されたことにともない社町駅に改称。加東市の玄関駅で、地球儀の形をした交流ふれあい館を併設している。駅名は1912年（明治45）6月に発足した社町に由来。同町は2006年（平成18）3月、滝野町、東条町と合併して加東市になり消滅。だが、社町駅は旧・社町ではなく、加古川対岸の旧・滝野町に設置された越境駅。

0494
久下村／くげむら［JR］加古川線

兵庫県丹波市山南町谷川

1924年（大正13）12月、播丹鉄道の駅として開設され、1943年（昭和18）6月に国有化。福知山線と接続している終着の谷川駅のひとつ手前にある駅で、旧・山南《さんなん》町の中心市街地が駅の東側に広がっている。市街地の北側を流れている篠山川が、駅の2キロほど下流で加古川に合流している。駅名は1889年（明治22）4月の町村制で発足した久下村に由来。同村は1955年（昭和30）7月の合併で山南町（現・丹波市）になり消滅。

0495
丹波口／たんばぐち［JR］山陰本線

京都府京都市下京区中堂寺南町

1897年（明治30）4月、京都鉄道の駅として開設され、1907年（明治40）8月に国有化。京都の中心市街地の西縁にある駅。駅前に中央卸売市場があり、駅のすぐ北側を山陰道（国道9号）が通っている。京都の市中（洛中）と市外（洛外）を結ぶ街道の出入口を「京の七口」と呼んでいたが、駅名は京の七口のひとつの丹波口に由来する。

0496
吉富／よしとみ［JR］山陰本線

京都府南丹市八木町木原

1935年（昭和10）7月に開設。桂川の支流、園部川の流域にある駅。駅前を山陰道（国道9号）が通り、その東側に京都縦貫自動車道（国道478号）の八木西インターチェンジがある。駅名は1889年（明治22）4月の町村制で発足した吉富村に由来。同村は1951年（昭和26）4月、八木町（現・南丹市）に編入されて消滅。

0497
鍼灸大学前／しんきゅうだいがくまえ［JR］山陰本線

京都府南丹市日吉町保野田

1996年（平成8）3月に開設。丹波高地の山間を流れる桂川の支流の胡麻川流域にある駅。駅と駅前広場の間を胡麻川が流れており、駅から少し離れたところに集落が形成されている。駅の近くに明治国際医療大学があるが、鍼灸大学という名前の大学は見当たらない。鍼灸大学は明治国際医療大学の旧校名で、当時の正式名は明治鍼灸大学といった。2008年（平成20）に現校名に名称変更しているが、駅名は旧校名のまま。

0498
和知／わち［JR］山陰本線

京都府船井郡京丹波町本庄馬場

1910年（明治43）8月に開設。駅は丹波高地の山中を流れている由良川が、U字型に蛇行している内側にある。駅の周囲に市街地が形成され、駅の東側を国道27号がトンネルで通り抜けている。駅名は1889年（明治22）4月の町村制で発足した上和知村と下和知村の「和知」に由来。両村は1955年（昭和30）4月に合併して和知町に、2005年（平成17）10月の合併で京丹波町になり消滅。

0499
山家／やまが［JR］山陰本線

京都府綾部市上原町戸尻

1910年（明治43）8月に開設。綾部市の東方にある駅。日本海に流れ下っていく由良川の南岸に位置する。対岸を国道27号が通っており、由良川と上林川との合流点近くに市街地が形成されている。市街地の西縁にある照福寺の庭園は国の名勝に指定。駅名は1889年（明治22）4月の町村制で発足した山家村に由来する。同村は1950年（昭和25）8月の合併で綾部市になり消滅。

0500
上川口／かみかわぐち［JR］山陰本線

京都府福知山市上小田

1911年（明治44）10月に設置。由良川支流の牧川の南岸にある駅。牧川の北岸を通っている山陰道（国道9号）沿いに集落が形成されている。牧川と支流の佐々木川との合流点近くに国道426号と国道9号の分岐点があり、その周辺にも集落がある。

駅名は1889年（明治22）4月の町村制で発足した上川口村に由来。同村は1955年（昭和30）4月、福知山市に編入されて消滅。

0501 **梁瀬／やなせ**［JR］山陰本線

兵庫県朝来市山東町滝田

1911年（明治44）10月に開設。駅の南側で円山川支流の与布土《よふど》川と粟鹿《あわが》川の合流点があり、その両河川に挟まれた平地に市街地が形成されている。駅名は1889年（明治22）4月の町村制で発足した梁瀬村に由来。同村は1926年（大正15）4月、町に昇格し、1954年（昭和29）3月の合併で山東町（現・朝来市）になり消滅。駅の近くに駅名と表記は異なるが発音が同じ矢名瀬という地名がある。

0502 **国府／こくふ**［JR］山陰本線

兵庫県豊岡市日高町上石

1948年（昭和23）10月に開設された豊岡盆地の南端にある駅。駅前を但馬街道（国道312号）が通り、その東側を円山川が流れている。駅と円山川の間に住宅地が形成されている。駅名は1889年（明治22）4月の町村制で発足した国府村に由来。同村は1955年（昭和30）3月の合併で日高町（現・豊岡市）になり消滅。国府は律令制の国ごとに国司の役所（国衙）が置かれた地。名古屋鉄道の国府駅は「こう駅」と読む。

0503 **佐津／さつ**［JR］山陰本線

兵庫県美方郡香美町香住区無南垣

1911年（明治44）10月に開設。日本海に注ぐ佐津川の河口近くにある駅。佐津川を挟んで両岸に集落が形成されている。日本海沿岸には山陰海岸国立公園に指定された美しい海岸線が続き、駅の近くに佐津浜海水浴場がある。海岸近くには佐津温泉もある。駅名は1889年（明治22）4月の町村制で発足した奥佐津村および口佐津村に由来。両村は1955年（昭和30）3月の合併で香住町（現・香美町）になり消滅。

0504
柴山／しばやま［JR］山陰本線

兵庫県美方郡香美町香住区浦上

1947年（昭和22）6月に開設。日本海に突き出す小さな2つの半島の狭間にあり、駅から海岸までの狭い平地に集落が形成されている。柴山という正式な地名は存在せず、小学校名や郵便局名に使われている。駅の前に広がる柴山漁港は松葉ガニの水揚げ港として知られている。

0505
蓬莱／ほうらい［JR］湖西線

滋賀県大津市八屋戸道皆頭

1974年（昭和49）7月、湖西線が開業されると同時に開設された駅。琵琶湖の沿岸にある駅で、駅の近くには蓬莱浜水泳場がある。駅のすぐ西側を西近江路（県道高島大津線）が通っており、丘陵の麓を湖西道路（国道161号）が走っている。駅名は駅の西北にそびえる比良山地の蓬莱山に由来する。蓬莱山は湖岸から5キロほどしか離れていないが、標高は1174メートルもあり、古くから修験者の霊場として信仰されている。

0506
志賀／しが［JR］湖西線

滋賀県大津市木戸

1974年（昭和49）7月、湖西線が開業したことにともない開設された駅。琵琶湖の西岸に位置しており、駅の近くに松の浦水泳場や青柳浜水泳場がある。駅の西側で湖西道路（国道161号）と国道161号、県道高島大津線の接続点がある。駅名は1955年（昭和30）10月の合併で発足した志賀町に由来。同町は2006年（平成18）3月、大津市に編入されて消滅。郡名および県名は「滋賀」だが、古くは「志賀」とも表記した。

0507
永原／ながはら［JR］湖西線

滋賀県長浜市西浅井町大浦羽部

1974年（昭和49）7月、湖西線の開通とともに開設。盛土の上に設置されたログハウス風のモダンな駅舎を有する駅。琵琶湖の北側にあり、琵琶湖に注いでいる大浦川がホームの下を流れている。琵琶湖岸には大浦漁港がある。駅名は1889年（明治22）4月の町村制で発足した永原村に由来。同村は1955年（昭和30）4月に合併して西浅井村（↓西浅井町↓長浜市）になり消滅。

0508
坂田／さかた［JR］北陸本線

滋賀県米原市宇賀野

1931年（昭和6）9月、法性寺駅として開設。1940年（昭和15）11月に休止。1954年（昭和29）8月に復活し、駅名も坂田駅と改称。琵琶湖岸のさざなみ街道に「道の駅近江母の郷」がある。駅名は休止中の1942年（昭和17）4月に成立した坂田村に由来。なお、法性寺は1889年（明治22）4月の合併で発足した村名である。

0509
虎姫／とらひめ［JR］北陸本線

滋賀県長浜市大寺町細田

1902年（明治35）6月に開設。琵琶湖の東側に広がっている近江盆地にある駅で、駅の周辺には住宅地が形成され、商店街もある。駅名は1889年（明治22）4月の町村制で発足した虎姫村（↓虎姫町）に由来。同町は2010年（平成22）11月、長浜市に編入されて消滅。

0510
河曲／かわの［JR］関西本線

三重県鈴鹿市木田町

1928年（昭和3）7月、木田信号場として開設。1949年（昭和24）3月、駅に昇格したと同時に鈴鹿駅に改称。1973年（昭和48）7月、伊勢線（現・伊勢鉄道）に鈴鹿駅が開設されたため、それまでの鈴鹿駅は河曲駅に改称した。鈴鹿市郊外の田園地帯にあり、駅の南側を鈴鹿川が流れている。駅名は1891年（明治24）6月に発足した河曲村に由来。同村は1942年（昭和17）12月の合併で鈴鹿市になり消滅。

0511
平城山／ならやま ［JR］関西本線
奈良県奈良市佐保台1丁目

1985年（昭和60）12月に開設。京都府との境界近く、JRでは奈良県で最北端にある駅。奈良市の人口増加にともない、周辺の丘陵地を切り開いて新設された駅。駅の西側を、国道24号が関西本線（大和路線）と並行して走っている。駅の周辺には平城《へいじょう》ニュータウンなど大規模な団地が造成されている。この付近一帯の丘陵を古くから平城山《ならやま》と呼び、駅名もこの丘陵名に由来する。土地を平らにする「平す」の意で、県名の「奈良」と語源は同じ。

0512
河内堅上／かわちかたかみ ［JR］関西本線
大阪府柏原市青谷

1911年（明治44）11月、青谷信号場として開設。1927年（昭和2）4月、駅への昇格と同時に河内堅上駅に改称。生駒山地南部の山間にある駅で、駅のすぐ東側を大和川が流れ、対岸の土手を大和街道（国道25号）が走っている。駅名は1889年（明治22）4月の町村制で発足した堅上村に由来する。同村は1939年（昭和14）7月の合併で柏原町（現・柏原市）になり消滅。

0513
今宮／いまみや ［JR］関西本線・大阪環状線
大阪府大阪市浪速区大国3丁目

1899年（明治32）3月、大阪鉄道の駅として開設。翌年、関西鉄道に移譲され、1907年（明治40）10月に国有化。関西本線と大阪環状線の2路線が乗り入れている。隣の新今宮駅が南海電鉄との接続駅になっており、繁華街の新世界にも近いので、利用客は圧倒的に新今宮駅の方が多い。駅名は1889年（明治22）4月の町村制で発足した今宮村に由来。同村は町に昇格後の1925年（大正14）4月、大阪市に編入されて消滅。有名な今宮戎神社は南海電鉄の今宮戎駅が最寄り駅。

0514
四条畷／しじょうなわて ［JR］片町線

大阪府大東市学園町

１８９５年（明治28）8月、浪速鉄道の駅として開設。１８９７年（明治30）2月、関西鉄道の駅となり、１９０７年（明治40）10月に国有化。四条畷市の玄関駅だが、駅の所在地は四条畷市ではなく南に隣接する大東市にある越境駅だ。だが四条畷という地名は、南北朝時代の「四条畷の戦い」の四条畷古戦場に由来する。駅が設置された当時の大東市の地名は四条町といい、一方の四条畷市は、駅が設置された当時は甲可村といった。その後、自治体名に古戦場の四条畷を名乗ったため、結果的に越境駅になったのである。

0515
忍ヶ丘／しのぶがおか ［JR］片町線

大阪府四条畷市岡山東1丁目

１９５３年（昭和28）5月、住民の要望によって設置された駅。四条畷市の北部にある当市唯一の鉄道駅である。駅の周囲は住宅地で、東部の丘陵麓には団地が造成されている。駅名は駅の西側にある丘（忍ヶ丘古墳）の上に鎮座した、藤原鎌足を祀っている忍陵神社に由来する。「しのぶがおか神社」と読む。

0516
河内磐船／かわちいわふね ［JR］片町線

大阪府交野市森南1丁目

１９３５年（昭和10）12月に開設。駅のすぐ西側を京阪交野線が通っており、３００メートルほど南に河内森駅がある。駅の周辺は住宅地だが、駅の東方の丘陵地は奈良県との境界に横たわる生駒山地。駅名は１８８９年（明治22）4月の町村制で発足した磐船村に由来。同村は１９３９年（昭和14）7月の合併で交野町（現・交野市）になり消滅。

0517
甲西／こうせい ［JR］草津線

滋賀県湖南市平松

１９８１年（昭和56）10月に開設。琵琶湖に注いでいる野洲川の南岸にある駅で、湖南市役所東庁舎の最寄り駅になっている。駅のすぐ北側を通っている東海道（国道1号）沿いに市街地が形成されている。駅の南側の丘陵地には住宅団地が造成され、野洲川対岸の丘陵にも住宅地が広がっている。駅名は1955年（昭和30）4月に発足した甲西町に由来。「甲西」は甲賀郡の西の意。同町は2004年（平成16）10月に合併して湖南市になり消滅。

0518
伊勢大井／いせおおい［JR］名松線

三重県津市一志町井生

1938年（昭和13）1月に開設。伊勢平野の西縁、雲出川の流域にある駅。駅前を県道久居美杉線が通っており、北側を流れる雲出川の対岸を近鉄大阪線が走っている。駅の周辺はゴルフ場の密集地で、駅から5キロ圏内に10ヵ所近くのゴルフ場がある。駅名は1889年（明治22）4月の町村制で発足した大井村に由来。同村は1955年（昭和30）1月の合併で一志町（現・津市）になり消滅。

0519
関ノ宮／せきのみや［JR］名松線

三重県津市白山町川口

1938年（昭和13）1月に開設。旧・白山町の中心駅で、駅の近くに津市役所白山庁舎や市民会館があり、駅の東側を県道久居美杉線が通っている。駅の西側から北側に回り込むように雲出川が流れ、駅の東側の丘陵地にはゴルフ場が点在している。駅名は聖武天皇が伊勢の国に行幸した際、この地に滞在したことにより「関宮《せきのみや》」と名付けたことに由来する。駅の近くに「聖武天皇行宮跡」の石碑が立っている。

0520
外城田／ときだ［JR］参宮線

三重県多気郡多気町土羽

1963年（昭和38）4月に開設。伊勢市郊外の多気町と玉城町の境界近くにある駅。駅の周辺は田園地帯で、駅の南側に田畑が広がり、北側には大小多くの溜め池がある。集落は駅から少し離れたところに点在している。駅名は1889年（明治22）4月の町村制で発足した下外城田村、東外城田村、あるいは西外城田村の「外城田」に由来。1955年（昭和30）4月の合併で下外城田村と東外城田村は玉城町に、西外城田村は多気町と合併して消滅。小学校などにその名をとどめている。

0521 **棚倉／たなくら**［JR］奈良線

京都府木津川市山城町平尾里屋敷

1896年（明治29）3月、奈良鉄道の駅として開設。1905年（明治38）2月、関西鉄道になり、1907年（明治40）10月に国有化。駅の北側には不動川が、駅の南には鳴子川が木津川に流れ注いでいる。駅の東側の丘陵地には茶畑が広がっている。駅名は1889年（明治22）4月の町村制で発足した棚倉村に由来。同村は1956年（昭和31）8月の合併で山城町（現・木津川市）になり消滅。

0522 **山城青谷／やましろあおだに**［JR］奈良線

京都府城陽市市辺五島

1926年（大正15）2月、青谷梅林仮停留場として開設。1933年（昭和8）12月、駅に昇格し、山城青谷駅に改称。城陽市の南部、木津川の東側にあり、駅の周辺は住宅地。駅の南側を流れる木津川支流の青谷川畔に、梅の名所として名高い青谷梅林がある。駅名は1889年（明治22）4月の町村制で発足した青谷村に由来。「山城」は京都府南部の旧国名。同村は1951年（昭和26）4月の合併で城陽町（現・城陽市）になり消滅。

0523 **新田／しんでん**［JR］奈良線

京都府宇治市広野町東裏

1896年（明治29）1月、奈良鉄道の駅として開設。1905年（明治38）2月、関西鉄道の駅になり、1907年（明治40）10月に国有化。宇治市の南端にある駅。駅の西側に近鉄京都線の大久保駅があり、その西側に陸上自衛隊大久保駐屯地がある。駅の東側の丘陵地には、山城総合運動公園という広大な都市公園が広がっている。駅の周辺に「新田」という地名は存在しないが、付近一帯の低湿地を開発した地であることに由来する地名だとみられる。

0524 帯解／おびとけ［JR］桜井線

奈良県奈良市今市町

1898年（明治31）5月、奈良鉄道の駅として開設。1905年（明治38）2月、関西鉄道の駅になり、1907年（明治40）10月に国有化。奈良市南端にある駅で、周辺には住宅地とともに数多くの溜め池が点在している。駅名は駅の近くにある帯解寺に由来。文徳天皇の皇后が子供に恵まれなかったため、当地にあった地蔵菩薩に祈願したところ懐妊し、腹帯が解けた。文徳天皇はそれに感激して伽藍を建立し、帯解寺と名付けたという。

0525 巻向／まきむく［JR］桜井線

奈良県桜井市辻

1955年（昭和30）8月に開設。桜井市北部の田園地帯にある駅。駅の周辺には多くの古墳が点在し、邪馬台国の候補地のひとつになっている。東部丘陵には、日本最古の道として知られる「山の辺の道」がある。駅名は1889年（明治22）4月の町村制で発足した纒向《まきむく》村、あるいは駅の近くにある纒向古墳群、駅の東にそびえる巻向山に由来。纒向村は1955年（昭和30）7月の合併で大三輪町（現・桜井市）になり消滅。

0526 香久山／かぐやま［JR］桜井線

奈良県橿原市出垣内町

1913年（大正2）4月に開設。桜井市との境界近くにある駅。桜井線に平行して駅の北側を近鉄大阪線が走り、駅の南には大和三山のひとつとして知られる天香具山がそびえている。駅名は1889年（明治22）4月の町村制で発足した香久山村に由来。同村は1956年（昭和31）9月、桜井市に編入されて消滅。村名のもとになった天香具山は橿原市内にそびえている山だが、旧・香久山村は桜井市に存在していたので越境駅だといえなくもない。

0527
金橋／かなはし［ＪＲ］桜井線
奈良県橿原市曲川町５丁目

１９１３年（大正２）４月に開設。橿原市と大和高田市のほぼ中間に位置する駅。駅の東側を橿原バイパス（国道24号）が、南側を下街道（国道１６５号・１６６号）が通っている。駅名は１８８９年（明治22）４月の町村制で発足した金橋村に由来。同村は１９５６年（昭和31）７月、橿原市に編入されて消滅。

0528
志都美／しずみ［ＪＲ］和歌山線
奈良県香芝市上中

１９４０年（昭和15）２月、志都美信号場として開設。いったん廃止されるが、１９５５年（昭和30）12月、駅に昇格して再開。駅の東方に大規模な住宅団地が造成され、駅の西側を南北に走っている国道１６８号沿いにスーパーや飲食店などが建ち並んでいる。西名阪自動車道の香芝インターチェンジが近くにある。駅名は１８８９年（明治22）４月の町村制で発足した志都美村に由来。同村は１９５６年（昭和31）４月の合併で香芝町（現・香芝市）になり消滅。

0529
掖上／わきがみ［ＪＲ］和歌山線
奈良県御所市柏原上方

１８９６年（明治29）５月、南和鉄道の掖上駅として開設され、１９０３年（明治36）５月、壺阪駅に改称。翌年12月、関西鉄道の駅になり、国有化後の１９４０年（昭和15）４月、再び掖上駅に改称される。御所市近郊にあり、駅の周囲は住宅地。駅名は１８８９年（明治22）４月の町村制で発足した掖上村に由来。同村は１９５５年（昭和30）５月、御所《ごせ》市に編入され消滅。地名の「掖上」は、孝昭天皇が営んだ掖上池心宮《わきがみのいけこころのみや》に因む。

0530
北宇智／きたうち［JR］和歌山線

奈良県五條市住川町

1896年（明治29）10月、南和鉄道の駅として開設。1904年（明治37）12月、関西鉄道になり、1907年（明治40）10月に国有化。五條市郊外にある駅で、西側を京奈和自動車道が走っており、駅の北に五條北インターチェンジがある。駅名は1889年（明治22）4月の町村制で発足した北宇智村に由来。同村は1957年（昭和32）10月の合併で五條市となり消滅。

0531
千旦／せんだ［JR］和歌山線

和歌山県和歌山市和佐関戸

1952年（昭和27）10月に開設。駅前に団地があり、その北側に大和街道（県道和歌山打田線）が和歌山線と並行して走っている。この地域は実業家松下幸之助の故郷で、駅の近くの和佐児童遊園に「松下幸之助生誕の地」の石碑がある。駅名は1889年（明治22）4月の町村制で発足した旧・和佐村の字名に由来。地名の千旦は、雑木林から大量の薪を伐採する意の「千駄」が語源で、1駄は馬1頭が背負う荷物の量のこと。

0532
田井ノ瀬／たいのせ［JR］和歌山線

和歌山県和歌山市岩橋

1898年（明治31）5月、紀和鉄道の岩橋駅として開設され、翌年1月、田井ノ瀬駅に改称。1904年（明治37）8月、関西鉄道の駅になり、1907年（明治40）10月に国有化。紀ノ川の南岸にある駅で、駅の周囲は住宅地。駅の南側の丘陵地に、地元の英雄松下幸之助の寄付で建設された「紀伊風土記の丘」資料館がある。駅名は紀ノ川にある中洲の田井ノ瀬に由来。天下統一を目指す織田信長は、この中洲を渡って敵地に攻め入ったことがある。

0533
鶴ヶ丘／つるがおか［JR］阪和線

大阪府大阪市阿倍野区西田辺町

１９３８年（昭和13）５月、阪和電気鉄道の阪和鶴ヶ丘停留場として開設され、１９４０年（昭和15）12月、南海鉄道と合併したことにより南海鶴ヶ丘駅に改称。１９４４年（昭和19）５月に国有化されたことにともない駅に昇格し、鶴ヶ丘駅に改称。阿倍野区と東住吉区の境界上にある駅で、陸上競技場などを有する長居公園の最寄り駅。駅の高架化により所在地が東住吉区から阿倍野区になった。駅名はこの地域の通称名に由来。むかし、このあたり一帯は沼地で多くの鶴が飛来していたという。

0534
富木／とのき［JR］阪和線

大阪府高石市取石２丁目

１９４０年（昭和15）３月、阪和電気鉄道の駅として開設。同年12月、南海鉄道になり、１９４４年（昭和19）５月に国有化。高石市東部の住宅地にある。南海本線の高石駅との中間に高石市役所があり、駅と市役所の間を第二阪和国道（国道16号）が通り抜けている。駅名は明治中頃まで存在した富木村に由来。同村は１８８９年（明治22）４月の町村制で取石村（→高石町→高石市）になり消滅。地名の富木は、この土地の氏神様の等乃伎（とのぎ）神社に由来。

0535
信太山／しのだやま［JR］阪和線

大阪府和泉市池上町１丁目

１９２９年（昭和４）７月、阪和電気鉄道の停留場として開設。１９４０年（昭和15）12月、南海鉄道になり、１９４４年（昭和19）５月、国有化され駅に昇格。和泉市の北部にあり、駅の周辺は住宅。駅のすぐ西側を第二阪和国道（国道26号）が通っており、駅の東側には陸上自衛隊信太山駐屯地がある。泉大津市との境界に、弥生時代の環濠集落遺跡の池上曽根遺跡がある。駅名は北隣の北信太駅の近くに鎮座している信太森葛葉《しのだのもりくずのは》稲荷神社に由来するとも、南東にある信太山に由来するともいわれている。

0536
和泉砂川／いずみすながわ［JR］阪和線

大阪府泉南市信達牧野

1930年（昭和5）6月、阪和電気鉄道の信達《しんだち》駅として開設され、1932年（昭和7）、阪和砂川駅に改称。1940年（昭和15）12月、南海鉄道の駅になって砂川園駅に改称され、1944年（昭和19）5月に国有化された際に現在の駅名になる。泉南市役所の最寄り駅だが、駅の周辺は溜め池の密集地。駅の東側の丘陵地には団地が造成されている。駅名は駅が開設された当時に存在していた砂川遊園に由来。団地やゴルフ場、学校名などに「砂川」の名が見える。

0537
紀伊／きい［JR］阪和線

和歌山県和歌山市北野

1930年（昭和5）6月、阪和電気鉄道の駅として開設。1940年（昭和15）12月、南海鉄道に吸収合併され、1944年（昭和19）5月に国有化。紀ノ川の北岸にある駅で、駅の南側は住宅地。駅の北側は丘陵地で、多くの溜め池が点在している。丘陵の麓を阪和自動車道が走っている。駅がある付近に紀伊国の国府が置かれていたといわれ、駅名は紀伊国の国府所在地であったことに由来する。

0538
徳和／とくわ［JR］紀勢本線

三重県松阪市下村町

1893年（明治26）12月、参宮鉄道の駅として開設され、1907年（明治40）10月に国有化。1930年（昭和5）12月、伊勢電気鉄道（のちの関西急行鉄道）が開通して両線の接続駅に（1942年8月廃止）。松阪市近郊にある駅で、駅の周辺にはいくつもの住宅団地が形成されている。駅の真上を通っている県道松阪環状線は、関西急行鉄道の廃線跡を道路として使用している。駅名は、この地域の古くからの通称名に由来。

0539
佐奈／さな［JR］紀勢本線

三重県多気郡多気町平谷

1923年（大正12）3月に開設。駅の南側を熊野街道（国道42号）が通り、駅と熊野街道の間を佐奈川が流れている。伊勢自動車道が駅の南西3キロほどのところで紀勢本線と国道42号をまたいでおり、勢和多気ジャンクションで紀勢自動車道と接続している。駅名は1889年（明治22）4月の町村制で発足した佐奈村に由来。同村は1955年（昭和30）3月の合併で多気町になり消滅。

0540
川添／かわぞえ［JR］紀勢本線

三重県多気郡大台町上楠

1923年（大正12）9月に開設。大紀町《たいき》との境界を流れている宮川の北岸に位置する。駅の南側を熊野街道（国道42号）が通り、北側の山麓を紀勢自動車道が走っている。集落は紀勢本線に沿って駅の北側を通っている旧道沿いに形成されている。駅名は1889年（明治22）4月の町村制で発足した川添村に由来。同村は1956年（昭和31）9月の合併で大台町になり消滅。

0541
滝原／たきはら［JR］紀勢本線

三重県多気郡大台町大ヶ所

1926年（大正15）8月に開設。駅の東側を流れている宮川支流の大内山川が大紀町との境界になっており、対岸に大紀町の中心市街地が形成されている。町役場もその中心にある。大台町にある駅だが大紀町の玄関駅で、利用者もほとんどが大紀町の住民である。駅名になっている「滝原」という地名も大台町には見当たらず、大紀町の中心市街地の地名、すなわち越境駅である。丘陵地に伊勢神宮別宮の瀧原宮が鎮座している。

0542
伊勢柏崎／いせかしわざき［JR］紀勢本線

三重県度会郡大紀町崎

1927年（昭和2）7月に開設。宮川支流の大内山川流域にある駅。大内山川の対岸を熊野街道（国道42号）が通っている。駅の西側の山中を紀勢自動車道が走っており、大内山川の曲流部に紀勢大内山インターチェンジがある。大内山川の両岸に集落が形成され、駅の近くに町役場の支所がある。大紀町に駅名になっている「柏崎」という地名は見当たらない。駅名は駅近くの「柏野」と「崎」という地名を合成したものである。

0543 **三野瀬／みのせ**［JR］紀勢本線

三重県北牟婁郡紀北町紀伊長島区三浦

1932年（昭和7）4月に開設。リアス式海岸で名高い熊野灘の近くに位置する駅。駅前を熊野街道（国道42号）が、駅の北側の山中を紀勢自動車道がトンネルで走り抜けている。熊野灘の入江に注ぐ大瀬川の流域に集落が形成されている。駅名は1889年（明治22）4月の町村制で三浦、海野浦、道瀬浦の3集落が合併して発足した三野瀬村に由来。同村は1955年（昭和30）1月の合併で長島町（→紀伊長島町→紀北町）になり消滅。

0544 **有井／ありい**［JR］紀勢本線

三重県熊野市有馬町

1940年（昭和15）8月に開設。熊野市の近郊にある駅。駅の東側を熊野街道（国道42号）が通り、その東側に美しい海岸線で知られる七里御浜が続いている。駅は海岸線から数百メートル内陸に位置しているため、ホームから海は見えない。駅名は1889年（明治22）4月の町村制で有馬村と井戸村が合併して発足した有井村に由来。同村は1954年（昭和29）11月の合併で熊野市になり消滅。

0545 **神志山／こうしやま**［JR］紀勢本線

三重県南牟婁郡御浜町下市木

1940年（昭和15）8月に開設された駅。駅前を熊野街道（国道42号）が通り、集落が連なっている。周辺には大小数多くの池が点在しており、駅のすぐ西側にも壺の池という大きな池が横たわっている。駅名は1889年（明治22）4月の町村制で発足した神志山村に由来。同村は1958年(昭和33)9月の合併で御浜町になり消滅。

0546
切目／きりめ［JR］紀勢本線

和歌山県日高郡印南町島田

1931年(昭和6)9月に開設。熊野街道(国道42号)が駅の西側を通っている。切目川が駅の西側から太平洋に注いでいる。駅名は1889年(明治22)4月の町村制で発足した切目村に由来。同村は1956年(昭和31)9月の合併で切目川村に、翌年8月の合併で印南町になり消滅。

0547
稲原／いなはら［JR］紀勢本線

和歌山県日高郡印南町印南原

1930年(昭和5)12月に開設された印南町北部の山間にある駅。駅の東側を印南川に沿って県道印南原印南線が、駅の北側を国道425号が東西に通っている。また、駅の西側の丘陵地を阪和自動車道が走り抜けている。駅名は1889年(明治22)4月の町村制で発足した稲原村に由来。同村は1956年(昭和31)9月の合併で印南町になり消滅。

0548
紀伊内原／きいうちはら［JR］紀勢本線

和歌山県日高郡日高町萩原

1929年(昭和4)4月に開設。日高町の中心駅。市街地は駅前を通っている熊野街道(国道42号)沿いに形成されており、その西側を流れている西川を越えたところに日高町役場がある。駅名は1889年(明治22)4月の町村制で発足した東内原村および西内原村に由来する。両村は1941年(昭和16)8月に合併して内原村、1954年(昭和29)10月の合併で日高町になり消滅。

0549
藤並／ふじなみ［JR］紀勢本線

和歌山県有田郡有田川町明王子

1926年(大正15)8月に開設。かつては有田鉄道との接続駅だった。有田川の南側に位置する有田川町の玄関駅で、駅の西側を通っている熊野街道

（国道42号）沿いに市街地が形成されている。阪和自動車道の有田インターチェンジと、湯浅御坊道路の有田南インターチェンジが駅のすぐ東側にある。駅名は１８８９年（明治22）４月の町村制で発足した藤並村に由来。同村は１９５５年（昭和30）４月の合併で吉備町（現・有田川町）になり消滅。

0550
加茂郷／かもごう ［ＪＲ］紀勢本線

和歌山県海南市下津町黒田

１９２４年（大正13）２月に開設。加茂川の南側にある旧・下津《しもつ》町の中心駅で、駅と加茂川の間に市街地が形成されている。駅の近くには海南市下津行政局（旧・下津町役場）があり、海南下津高校の最寄り駅にもなっている。紀勢本線に沿って東側を熊野街道（国道42号）が通じている。駅名は１８８９年（明治22）４月の町村制で発足した加茂村に由来。同村は１９５５年（昭和30）２月の合併で下津町（現・海南市）になり消滅。

0551
宮前／みやまえ ［ＪＲ］紀勢本線

和歌山県和歌山市北中島1丁目

１９５５年（昭和30）４月に開設。駅の周辺は住宅地。駅の西側に国体道路が通っており、その西側を流れている和歌川河畔に工場が建ち並んでいる。和歌川の対岸が和歌山市の中心市街地である。当駅の東１・５キロほどに、わかやま電鉄貴志川線の神《こう》前《ざき》駅がある。駅名は１８８９年（明治22）４月の町村制で発足した宮前村に由来。同村は１９３３年（昭和８）６月、和歌山市に編入され消滅。

0552
布施／ふせ ［近畿日本鉄道］奈良線・大阪線

大阪府東大阪市長堂1丁目

１９１４年（大正３）４月、大阪電気鉄道（→関西急行鉄道→近畿日本鉄道）の深江駅として開設。１９２２年（大正11）３月、足代《あじろ》駅に改称。１９２４年（大正13）10月、八木線（現・大阪線）が開通し両線の接続駅に。１９２５年（大正14）９月、布施駅に改称。東大阪市の西端にある駅だが、駅の周囲は東大阪市の商業の中心地。駅名は1889年（明治22）4月の町村制で発足した布施村（→布施町→布施市）に由来。同市は1967年（昭和42）2月、河内、枚岡の2市と合併して東大阪市になり消滅。

0553 **八戸ノ里／やえのさと**【近畿日本鉄道】奈良線

大阪府東大阪市小阪3丁目

1936年（昭和11）11月、大阪電気軌道（→関西急行鉄道→近畿日本鉄道）の駅として開設。日本の高度成長期以降、急速に開発が進み、駅の周辺は多くのマンションが建ち並ぶ人口の密集地。大型の商業施設などのほか、近畿大学や大阪商大など学校も多く、学生の利用者が多い。駅の東側を近畿自動車道が走っている。駅名は江戸初期に入植した家が8戸あったことに由来する。八戸をしばしば「はちのへ」と誤読される。

0554 **枚岡／ひらおか**【近畿日本鉄道】奈良線

大阪府東大阪市出雲井町

1914年（大正3）4月、大阪電気軌道（→関西急行鉄道→近畿日本鉄道）の駅として開設。駅は大阪平野の東縁、生駒山地西麓の30‰（パーミル）という急勾配区間にある。駅の東側の丘陵に、梅林で有名な枚岡公園がある。駅名は1889年（明治22）4月の町村制で発足した枚岡村（→枚岡町→枚岡市）に由来するが、地名は駅のすぐ東側の丘陵の麓に鎮座する河内国一宮の枚岡神社に因む。同市は1967年（昭和42）2月、布施、河内の2市と合併して東大阪市になり消滅。

0555 **弥刀／みと**【近畿日本鉄道】大阪線

大阪府東大阪市友井3丁目

1925年（大正14）12月、大阪電気軌道（→関西急行鉄道→近畿日本鉄道）の駅として開設。東大阪市の南部、八尾市との境界近くにある駅で、周辺は住宅の密集地で商店街もある。駅の北1キロほどのところに近畿大学のキャンパスがあり、その東側を近畿自動車道が走っている。駅名は1889年（明治22）4月の町村制で発足した弥刀村に由来。同村は1937年（昭和12）4月の合併で布施市（現・東大阪市）になり消滅。村名は駅の北にある弥刀神社に因む。

0556
堅下／かたしも 【近畿日本鉄道】大阪線

大阪府柏原市大県2丁目

1927年（昭和2）7月、大阪電気軌道（→関西急行鉄道→近畿日本鉄道）の駅として開設。駅の西400メートルほどのところに、JR関西本線と近鉄道明寺線が接続し、柏原市の玄関口として賑わう柏原駅がある。駅の周辺は住宅の密集地だが、駅から1キロほど東側は丘陵地。駅名は1889年（明治22）4月の町村制で発足した堅下村に由来。同村は1939年（昭和14）7月の合併で柏原町（現・柏原市）になり消滅。

0557
二上／にじょう 【近畿日本鉄道】大阪線

奈良県香芝市穴虫

1927年（昭和2）7月、大阪電気軌道（→関西急行鉄道→近畿日本鉄道）の駅として開設。駅の周辺は大阪のベッドタウンとして大規模な住宅団地が造成されている。駅名は1889年（明治22）4月の町村制で発足した二上村に由来。同村は1956年（昭和31）4月の合併で香芝町（現・香芝市）になり消滅。駅から900メートルほど南に近鉄南大阪線の二上山駅があり、駅名は南にそびえる大津皇子の墓があることで有名な二上山に因んで付けられた。

0558
真菅／ますが 【近畿日本鉄道】大阪線

奈良県橿原市曽我町

1925年（大正14）3月、大阪電気軌道（→関西急行鉄道→近畿日本鉄道）の駅として開設。駅の周辺は住宅の密集地。駅の東側を京奈和自動車道（国道24号）が通り、西側には曽我川が流れている。駅のすぐ近くに、由緒ある宗我坐宗我都比古神社《そがのそがつひこ》が鎮座している。駅名は1889年（明治22）4月の町村制で発足した真菅（ますげ）村に由来。同村は1956年（昭和31）2月の合併で橿原市になり消滅。村名と駅名の読みは異なる。

0559 **耳成／みみなし**［近畿日本鉄道］大阪線
奈良県橿原市石原田町

1929年（昭和4）1月、大阪電気軌道（↓関西急行鉄道↓近畿日本鉄道）の駅として開設。橿原市の東部に位置する。近鉄大阪線に並行して南側を走っているJR桜井線の香久山駅が、駅の1キロほど東にある。駅名は1889年（明治22）4月の町村制で発足した耳成村に由来。村名は駅の西にそびえる大和三山のひとつとして知られる耳成山に因む。同村は1956年（昭和31）2月の合併で橿原市になり消滅。

0560 **伊賀上津／いがこうづ**［近畿日本鉄道］大阪線
三重県伊賀市伊勢路

1930年（昭和5）12月、参宮急行電鉄の参急上津駅として開設。1941年（昭和16）3月、関西急行鉄道になると同時に伊賀上津駅に改称。1944年6月、近畿日本鉄道の駅になる。青山高原西麓の山間にある駅。駅の南側を初瀬街道（国道165号）が通っている。駅名は1889年（明治22）4月の町村制で発足した上津村に由来。同村は1955年（昭和30）3月の合併で青山町（現・伊賀市）になり消滅。上津は「津市の上」の意。

0561 **大三／おおみつ**［近畿日本鉄道］大阪線
三重県津市白山町二本木

1930年（昭和5）11月、参宮急行電鉄（↓関西急行鉄道↓近畿日本鉄道）の駅として開設。青山高原の東麓にある駅で、駅の近くを初瀬街道（国道165号）が通る。駅名は1889年（明治22）4月の町村制で発足した大三村に由来。村名は近くにある大三神社に因む。同村は1955年（昭和30）3月の合併で白山町（現・津市）になり消滅。

0562 **川合高岡／かわいたかおか**　【近畿日本鉄道】大阪線

三重県津市一志町田尻

1930年（昭和5）11月、参宮急行電鉄（→関西急行鉄道→近畿日本鉄道）の駅として開設。駅の北側を雲出川が流れ、東側を伊勢自動車道が走っている。当駅の200メートルほど南に、JR名松線の一志駅がある。駅名は駅が1889年（明治22）4月の町村制で発足した川合村と高岡村の境界付近に設置されたことに由来。両村は1955年（昭和30）1月の合併で一志町（現・津市）になり消滅。

0563 **河堀口／こぼれぐち**　【近畿日本鉄道】南大阪線

大阪府大阪市阿倍野区天王寺町南2丁目

1923年（大正12）10月、大阪鉄道（→関西急行鉄道→近畿日本鉄道）の駅として開設。2面2線の高架駅。近鉄南大阪線は高架のJR阪和線の上をまたいでおり、JR関西本線が国道25号と並行して駅の北側を走っている。大阪南部の交通の要衝、天王寺駅の近くにある人口の密集地。駅名は和気清麻呂が河内と摂津の国境を開削した堀川の河堀（こぼり）が転訛して「こぼれ」になったといわれる。河堀口は掘り始めたところの意。

0564 **布忍／ぬのせ**　【近畿日本鉄道】南大阪線

大阪府松原市北新町1丁目

1922年（大正11）4月、大阪鉄道（→関西急行鉄道→近畿日本鉄道）の駅として開設。松原市の中心市街地に近い駅で、1キロほど東に市役所や文化会館などがある。南大阪線は駅の南で急カーブして東に進路を変えている。駅名は1889年（明治22）4月の町村制で発足した布忍村に由来するが、村名は駅の西側を流れている西除川《にしよけ》河畔に鎮座する布忍神社に因む。同村は1955年（昭和30）2月の合併で松原市になり消滅。

0565 **土師ノ里／はじのさと**　【近畿日本鉄道】南大阪線

大阪府藤井寺市道明寺1丁目

1924年（大正13）6月、大阪鉄道（→関西急行鉄道→近畿日本鉄道）の駅として開設。藤井寺市の東部に位置する。駅の北側を大和川が流れ、東側を支流の石川が流れている。駅の西側には西名阪自動車道の藤井寺インターチェンジがある。駅の周辺は古墳の密集地で、西名阪自動車道の南側には応神天皇陵がある。駅名は大和政権時代に古墳の造営や、土器などの製作を担当した土師氏が居住したことに由来。土師郷（はじのごう）が土師ノ里に変化したもの。

0566

上ノ太子／かみのたいし【近畿日本鉄道】南大阪線

大阪府羽曳野市飛鳥

1929年（昭和4）3月、大阪鉄道（→関西急行鉄道→近畿日本鉄道）の駅として開設。羽曳野市の南東端にある駅で、南にある太子町の玄関口にもなっている。駅の北側を「古代の国道1号線」といわれる竹内《たけのうち》街道（国道166号）が通り、南側を走っている南阪奈道路の羽曳野東インターチェンジが駅のすぐ南側にある。駅名は中之太子（野中寺）、下之太子（大聖勝軍寺）とともに三太子のひとつに数えられる叡福寺（上之太子）に由来。聖徳太子の墓所とされている叡福寺は太子町にあるので越境駅になる。

0567

磐城／いわき【近畿日本鉄道】南大阪線

奈良県葛城市長尾

1929年（昭和4）3月、大阪鉄道（→関西急行鉄道→近畿日本鉄道）の駅として開設。駅の東側で竹内街道（国道166号）と国道168号が分岐している。駅名は1889年（明治22）4月の町村制で発足した磐城村に由来。同村は1956年（昭和31）4月の合併で當麻村《たいま》（→當麻町→葛城市）になり消滅。

0568

浮孔／うきあな【近畿日本鉄道】南大阪線

奈良県大和高田市田井

1929年（昭和4）3月、大阪鉄道（→関西急

行鉄道→近畿日本鉄道）の駅として開設。大和高田市と橿原市の境界近くにある駅で、駅の周辺は田園地帯の中に形成された住宅地。駅の東側で橿原バイパス（国道24号）と大和高田バイパス（国道24号、国道165号）が合流している。駅名は1889年（明治22）4月の町村制で発足した浮孔村に由来。同村は1941年（昭和16）1月、高田町（現・大和高田市）に編入され消滅。

0569
川西／かわにし
［近畿日本鉄道］長野線
大阪府富田林市甲田3丁目

1911年（明治44）8月、河南鉄道の駅として開設。1919年（大正8）3月、大阪鉄道の駅になり、翌年4月に廃止されるが同年5月、廿山《つづやま》駅に改称して再開。1933年（昭和8）4月、再び川西駅に改称される。1943年（昭和18）2月、関西鉄道に、翌年6月には近畿日本鉄道の駅になる。駅前を国道170号が、駅の西側をそのバイパスとなる大阪外環状線が走っている。駅名は1899年（明治32）3月、廿山村から改称した川西村に由来。同村は1942年（昭和17）4月の合併で富田林町（現・富田林市）になり消滅。

0570
岡寺／おかでら
［近畿日本鉄道］吉野線
奈良県橿原市見瀬町

1923年（大正12）12月、吉野鉄道（→大阪電気軌道→関西急行鉄道→近畿日本鉄道）の駅として開設。橿原市の南端にあり、駅の周辺には多くの住宅団地が形成されている。駅名は西国三十三所第7番札所の岡寺に由来するが、岡寺は橿原市ではなく隣の明日香村にある。しかも、岡寺は駅から3・5キロほど離れているので、初めて訪れた人は戸惑う。

0571
壺阪山／つぼさかやま
［近畿日本鉄道］吉野線
奈良県高市郡高取町観覚寺

1923年（大正12）12月、吉野鉄道（→大阪電気軌道→関西急行鉄道→近畿日本鉄道）の駅として開設。高取町の中心駅で、駅のすぐ西側に高取町役場がある。駅名は西国三十三所第6番札所の南法華寺（壺阪寺）の山号、壺阪山に由来。しかし南法華寺は高取町の南部、駅からは中街道（国道169号）と県道明日香清水谷線をたどって5キロほど離れたところにある。壺阪峠を越えて東へ行くと、高取山の山頂に「日本三大山城」の高取城跡がある。

0572
葛／くず　[近畿日本鉄道] 吉野線

奈良県御所市戸毛

1923年（大正12）12月、吉野鉄道（↓大阪電気軌道↓関西急行鉄道↓近畿日本鉄道）の駅として開設。高取町との境界近くにある駅。駅の周辺は住宅地。近鉄吉野線に沿ってJR和歌山線が西側を走っており、両線の間を大和川水系の曽我川が流れている。駅名は1889年（明治22）4月の町村制で発足した葛村に由来。同村は1958年（昭和33）3月の合併で御所市になり消滅。

0573
大阿太／おおあだ　[近畿日本鉄道] 吉野線

奈良県吉野郡大淀町佐名伝

1929年（昭和4）3月、吉野鉄道（↓大阪電気軌道↓関西急行鉄道↓近畿日本鉄道）の駅として開設。吉野川河畔の集落から少し北へ入った山間にある駅。周囲に人家はなく、駅の北側に観光用の梨園や果樹園がある。駅名は1891年（明治24）10月に発足した大阿太村に由来。同村は1957年（昭和32）10月の合併で五條市の一部になり消滅するが、大字佐奈伝《さなて》はその5年前に大淀町に編入されている。

0574
箸尾／はしお　[近畿日本鉄道] 田原本線

奈良県北葛城郡広陵町萱野

1918年（大正7）4月、大和鉄道（↓信貴生駒電鉄↓近畿日本鉄道）の駅として開設。広陵町の北部にある広陵町唯一の駅。駅の東側を葛城川が、西側を高田川が流れており、北側で両河川が合流している。駅の南西に、馬見古墳群を中心とする馬見丘陵公園がある。駅名は1889年（明治22）4月の町村制で発足した箸尾村（↓箸尾町）に由来。同町は1956年（昭和31）9月、広陵町に編入されて消滅。

0575
平端／ひらはた 【近畿日本鉄道】橿原線・天理線

奈良県大和郡山市昭和町

1922年（大正11）4月、大阪電気軌道（↓関西急行鉄道↓近畿日本鉄道）の駅として開設。橿原線と天理線が当駅で接続している。駅の南側を大和川支流の佐保川が流れ、北側を走っている西名阪自動車道の郡山インターチェンジが駅の北東にある。駅名は1889年（明治22）4月の町村制で発足した平端村に由来。地名は「平群《へぐり》郡の端」の意。同村は1935年（昭和10）2月の合併で昭和村（↓郡山町↓大和郡山市）になり消滅。

0576
笠縫／かさぬい 【近畿日本鉄道】橿原線

奈良県磯城郡田原本町秦ノ庄

1923年（大正12）3月、大阪電気軌道（↓関西急行鉄道↓近畿日本鉄道）の駅として開設。田原本町近郊の田園地帯にある駅だが、駅の周辺は住宅地。駅のすぐ東側を流れている大和川支流の寺川の対岸を国道24号が通っており、駅の西1キロほどのところには、そのバイパスの京奈和自動車道が橿原線に並行して南北に走っている。駅名と同じ笠縫という地名は存在しない。笠を縫う菅笠の製作に携わった職業部の笠縫部が居住していたことに由来か。

0577
久津川／くつかわ 【近畿日本鉄道】京都線

京都府城陽市平川東垣外

1928年（昭和3）11月、奈良電気鉄道の駅として開設され、1963年（昭和38）10月、近畿日本鉄道の駅になる。城陽市北端の住宅地にある駅だが、芭蕉塚古墳や久津川車塚古墳など多くの古墳が分布している。駅の東側を奈良街道（県道城陽宇治線）が通り、その東側をJR奈良線が走っている。駅名は1889年（明治22）4月の町村制で発足した久津川村に由来。同村は1951年（昭和26）4月の合併で城陽町（現・城陽市）になり消滅。

0578
元山上口／もとさんじょうぐち 【近畿日本鉄道】生駒線

奈良県生駒郡平群町椣原

1926年（大正15）10月、信貴生駒電鉄の駅として開設され、1964年（昭和39）10月、近畿日本鉄道の駅になる。生駒山地の東麓にある駅。駅の東側を国道168号が通り、西側を大和川支流の竜田川が流れている。駅周辺の丘陵には住宅団地が広がっている。駅名は生駒山地の麓に鎮座している千光寺の別称「元山上」に由来する。役小角が大峯山山上ヶ岳に入る前にこの寺で修行したことから、「元の山上ヶ岳」＝元山上と呼ばれるようになった。

0579
伊勢中原／いせなかはら 【近畿日本鉄道】山田線

三重県松阪市嬉野津屋城町

1930年（昭和5）5月、参宮急行電鉄の参宮中原駅として開設。1941年（昭和16）3月、関西急行鉄道になった際に伊勢中原駅に改称。1944年（昭和19）6月、近畿日本鉄道の駅になる。三渡《みわたり》川北岸の田園地帯にある駅。当駅の東1キロほどにJR紀勢本線の六軒駅があり、西へ1・5キロほどにJR名松線の権現前駅がある。駅名は1889年（明治22）4月の町村制で発足した中原村に由来。同村は1955年（昭和30）3月の合併で嬉野町（現・松阪市）になり消滅。

0580
松ヶ崎／まつがさき 【近畿日本鉄道】山田線

三重県松阪市久米町

1937年（昭和12）11月、参宮急行電鉄（→関西急行鉄道→近畿日本鉄道）の駅として開設。松阪市近郊の駅で周囲は住宅地。駅の東を伊勢街道（国道42号）が、駅の上を県道松阪環状線が走っている。JR紀勢本線と名松線が当駅の南で合流している。駅名は1889年（明治22）4月の町村制で発足した松ヶ崎村に由来。同村は1954年（昭和29）10月、松阪市に編入され消滅。

0581
漕代／こいしろ
［近畿日本鉄道］山田線

三重県松阪市稲木町

1943年（昭和18）10月、関西急行鉄道（現・近畿日本鉄道）の駅として開設。駅前を通っている伊勢街道（県道伊勢小俣松阪線）沿いに集落が形成されている。駅のすぐ東側に祓川《はらいがわ》が流れており、その対岸に斎宮歴史博物館がある。駅名は1889年（明治22）4月の町村制で発足した漕代村に由来。同村は1955年（昭和30）4月、松阪市に編入され消滅。

0582
宇治山田／うじやまだ
［近畿日本鉄道］山田線・鳥羽線

三重県伊勢市岩渕2丁目

1931年（昭和6）3月、参宮急行電鉄（→関西急行鉄道→近畿日本鉄道）の駅として開設。1969年（昭和44）12月、鳥羽線が開通したことにより両線の接続駅に。伊勢市の玄関駅で、3面4線の高架駅は開設された当初からのもの。駅舎は国の登録有形文化財および「中部の駅百選」に選定されている。伊勢神宮（外宮）と伊勢市役所の最寄り駅で、すぐ近くにJRと近鉄の伊勢市駅がある。駅名は1889年（明治22）4月に発足した宇治山田町（→宇治山田市→伊勢市）に由来。

0583
志摩赤崎／しまあかさき
［近畿日本鉄道］志摩線

三重県鳥羽市鳥羽5丁目

1929年（昭和4）7月、志摩電気鉄道（→三重交通→三重電気鉄道→近畿日本鉄道）の駅として開設。鳥羽港に注いでいる加茂川の河口近くにある駅で、駅の東側の加茂川沿いを国道167号が走っている。加茂川の対岸には野球場や陸上競技場などを備えた鳥羽中央公園と、隣接して市民の森公園がある。駅名は加茂川の西岸にある伊勢神宮（外宮）末社の赤崎神社に由来。地元では「赤崎さん」の名で親しまれ、毎年6月の赤崎祭は大変な賑わいとなる。

0584
加茂／かも
【近畿日本鉄道】志摩線

三重県鳥羽市岩倉町大野

1929年（昭和4）7月、志摩電気鉄道（→三重交通→三重電気鉄道→近畿日本鉄道）の駅として開設。盛土上に設置された高架駅。山間を流れる加茂川流域の狭い平地に開けたところにあり、加茂川の対岸に集落が形成されている。駅名は1889年（明治22）4月の町村制で発足した加茂村に由来。同村は1954年（昭和29）11月の合併で鳥羽市になり消滅。

0585
高田本山／たかだほんざん
【近畿日本鉄道】名古屋線

三重県津市一身田平野

1915年（大正4）9月、伊勢鉄道（→伊勢電気鉄道→参宮急行電鉄→関西急行鉄道→近畿日本鉄道）の一身田町《いしんでんちょう》駅として開設され、1918年（大正7）11月、高田本山駅に改称。津市の中心市街地の北部にある駅で、当駅の600メートルほど西に伊勢鉄道の東一身田駅がある。駅名は駅の1・3キロほど西にある真宗高田派本山専修寺の別称「高田本山」に由来する。だが、専修寺へはJR紀勢本線の一身田駅か、伊勢鉄道の東一身田駅の方が近い。

0586
桃園／ももぞの
【近畿日本鉄道】名古屋線

三重県津市牧町

1930年（昭和5）5月、参宮急行電鉄（→関西急行鉄道→近畿日本鉄道）の駅として開設。旧・久居市の南部にある駅で、駅の周辺には住宅地が形成されている。駅の南側を雲出川が流れており、東側を走る伊勢自動車道が伊勢まで通じている。駅名は1889年（明治22）4月の町村制で発足した桃園村に由来するが、同村は1955（昭和30）3月の合併で久居町《ひさいちょう》（→久居市→津市）になり消滅。

0587
和泉大宮／いずみおおみや

【南海電気鉄道】南海本線

大阪府岸和田市上野町東

1937年（昭和12）4月、南海鉄道の駅として開設。岸和田市の中心部近くにある駅。駅の1キロほど東側を国道26号が、その東をJR阪和線が南海本線と並行して走っており、駅の西1キロほどの大阪湾岸には阪神高速道路の湾岸線が通っている。和泉大宮駅の「和泉」はこの地域の旧国名だが、「大宮」という地名は見当たらない。駅名は岸和田中央公園の西側に隣接して鎮座している兵主《ひょうず》神社を「和泉の大宮」と呼んでいることに由来する。

0588
井原里／いはらのさと

【南海電気鉄道】南海本線

大阪府泉佐野市下瓦屋

1952年（昭和27）4月に開設。駅の周辺には住宅と田畑が混在しており、山の手側には大小の溜め池が数多く点在している。駅の周囲には「井原里」という地名も施設名も見当たらない。駅名は駅の南東に位置する上瓦屋地区を、かつて「井原庄」と呼んでいたことから命名されたもの。

0589
初芝／はつしば

【南海電気鉄道】高野線

大阪府堺市東区日置荘西町2丁目

1898年（明治31）1月、高野鉄道（→高野登山鉄道→大阪高野鉄道→南海鉄道→近畿日本鉄道→南海電気鉄道）の西村駅として開設。1935年（昭和10）8月、初芝駅に改称。駅の周辺は宅地開発が早くから行われてきた地域で、住宅団地が形成されているが、農業用の溜め池も数多く点在している。駅の南側を阪和自動車道が走り、西側には国道310号が通っている。駅名は南海電鉄がこの地域を宅地開発した際、イメージチェンジを図るため改称したもの。

0590
滝谷／たきだに
【南海電気鉄道】高野線

大阪府富田林市須賀2丁目

1898年（明治31）4月、高野鉄道（→高野登山鉄道→大阪高野鉄道→南海鉄道→近畿日本鉄道→南海電気鉄道）の駅として開設。駅の周辺は閑静な住宅地。駅の西側を西高野街道（国道310号）が通り、その近くに富田林と大阪狭山、河内長野の3市の境界線の交点がある。駅は3キロほど東にある瀧谷不動（明王寺）の最寄り駅として開設されたものだが、4年後、河南鉄道（現・近畿日本鉄道長野線）に「滝谷不動駅」が滝谷不動の近くに設置された。

0591
伽羅橋／きゃらばし
【南海電気鉄道】高師浜線

大阪府高石市羽衣5丁目

1918年（大正7）10月、南海鉄道（→近畿日本鉄道→南海電気鉄道）の駅として開設。高師浜線は沿線の宅地開発と海水浴客の輸送を目的に建設された全長1・5キロのミニ路線。駅の周辺は高級住宅地で、戦前には「キャラバシ園」と呼ばれる洋館住宅が建ち並ぶ一角があった。現在は、駅の西側は大阪湾岸を埋め立てて建設された大規模な工業地帯。駅名は芦田川に架かっていた伽羅橋に由来。朝鮮半島の伽《か》羅《ら》からの渡来人が居住した地だという。

0592
西三荘／にしさんそう
【京阪電気鉄道】京阪本線

大阪府門真市元町

1975年（昭和50）3月、当駅の200メートルほど東の門真駅を廃止し、新たに開設された2面2線の高架駅。駅の周辺は人口密集地だが、すぐ北側にパナソニックの工場があり、その一角に松下幸之助歴史館がある。駅が門真市と守口市の境界をまたいで設置されているため、駅名を西門真駅あるいは東守口駅などとする案も浮上した。駅名は、かつて駅の下を流れていた西三荘川に由来。

0593
大和田／おおわだ 【京阪電気鉄道】京阪本線

大阪府門真市常称寺町

1932年（昭和7）10月、京阪電気鉄道（→京阪神急行電鉄→京阪電気鉄道）の駅として開設。駅の周辺は人口の密集地。駅の北東で門真、守口、寝屋川の3市の境界線が交わっており、駅近くの大阪国際大学は守口市にある。駅名は1889年（明治22）4月の町村制で発足した大和田村に由来する。同村は1956年（昭和31）9月、門真市に編入されて消滅。

0594
中書島／ちゅうしょじま 【京阪電気鉄道】京阪本線・宇治線

京都府京都市伏見区葭島矢倉町

1910年（明治43）4月、京阪本線の中書島駅として開設され、1913年（大正2）6月、宇治線が開通して両線の接続駅に。宇治川の北岸にあり、駅の近くの宇治川河畔に伏見港公園がある。中務《なかつかさ》省《しょう》の少輔の職に就いていた賤ヶ岳七本槍の一人・脇坂安治は、宇治川の島に屋敷を構えた。中務少輔の唐名を「中書」といい、駅名は「中書の脇坂安治が住んでいる島」に由来。

0595
上栄町／かみさかえまち 【京阪電気鉄道】京津線

滋賀県大津市札ノ辻

1912年（大正元）8月、京津電気軌道（→京阪電気鉄道→京阪神急行電鉄→京阪電気鉄道）の長等《ながら》公園下駅として開設。1959年（昭和34）3月、上栄町駅に改称。大津市の中心市街地にあり、大津市の玄関口である東海道本線の大津駅とは約500メートル、琵琶湖畔にある京阪の浜大津駅とは800メートルほどしか離れていない。駅名は1889年（明治22）4月の町村制で大津町（現・大津市）が成立するまで存在していた「大津上栄町」に由来。

0596
瓦ヶ浜／かわらがはま 【京阪電気鉄道】石山坂本線

滋賀県大津市中庄1丁目

１９１３年（大正２）５月、大津電車軌道（→琵琶湖鉄道汽船→京阪電気鉄道→京阪神急行電鉄→京阪電気鉄道）の駅として開設。琵琶湖畔にある駅で、湖岸道路と琵琶湖岸の間に「大津湖岸なぎさ公園」が整備されている。駅のすぐ東側には膳所《ぜぜ》焼美術館がある。石山坂本線に並行して西側を東海道本線が走り、その西側に国道1号が通っている。むかし、琵琶湖に注いでいる篠津川の河口で町屋の瓦を焼いていたことから瓦ヶ浜と呼ばれ、駅名はこれに由来する。

0597 錦／にしき 【京阪電気鉄道】石山坂本線

滋賀県大津市昭和町

１９２７年（昭和２）５月、大津電車軌道（→琵琶湖鉄道汽船→京阪電気鉄道→京阪神急行電鉄→京阪電気鉄道）の駅として開設。駅の周辺は中心市街地の一角を形成しており、西側を東海道本線と国道１号が並行して走っている。駅からまっすぐ東へ１キロほど行くと、琵琶湖に架かる近江大橋に出る。駅名は駅の近くにある「西の庄」と「木下」という地名から頭文字を取って西木（にしき）とし、その読みに縁起の良い綾錦の「錦」の文字を当てたもの。

0598 別所／べっしょ 【京阪電気鉄道】石山坂本線

滋賀県大津市御陵町

１９２７年（昭和２）５月、琵琶湖鉄道汽船（→京阪電気鉄道→京阪神急行電鉄→京阪電気鉄道）の兵営前駅として開設。１９４０年（昭和15）11月、別所駅に改称。大津市役所が駅前にあり、駅の東側には陸上競技場や野球場などを備えた皇子山総合運動公園がある。駅の５００メートルほど北で、ＪＲ湖西線が京阪石山坂本線をまたいでいる。駅名は１８８９年（明治22）４月の町村制で大津町（現・大津市）が発足するまで存在していた別所村に由来。

0599
松ノ馬場／まつのばんば

【京阪電気鉄道】石山坂本線

滋賀県大津市坂本2丁目

1927年（昭和2）5月、琵琶湖鉄道汽船（→京阪電気鉄道→京阪神急行電鉄→京阪電気鉄道）の駅として開設。比叡山の東麓にある駅で、駅西側の山手側は寺院の密集地。高台に比叡山を御神体とする総本社の日吉大社が鎮座している。駅の東側には、JR湖西線に並行して西大津バイパス（国道161号）が走っており、そこから琵琶湖岸までは500メートルという至近距離にある。駅名は駅の近くを通る松ノ馬場通りに由来する。

0600
南方／みなみかた

【阪急電鉄】京都本線

大阪府大阪市淀川区西中島1丁目

1921年（大正10）4月、北大阪電気鉄道（→新京阪鉄道→京阪電気鉄道→京阪神急行電鉄→阪急電鉄）の駅として開設。駅の南側を淀川が流れ、北へ700メートルほど行ったところに東海道山陽新幹線の新大阪駅がある。駅の周辺はオフィス街でビルが林立している。駅名は住居表示が実施される前まで、西中島町にあった9大字のひとつの「南方」に由来。駅の西側を南北に走っている新御堂筋（国道423号）上に、市営地下鉄の西中島南方駅という高架駅があるが、「にしなかじまみなみがた駅」と濁る。

0601
豊津／とよつ

【阪急電鉄】千里線

大阪府吹田市垂水町1丁目

1921年（大正10）4月、北大阪電気鉄道（→新京阪鉄道→京阪電気鉄道→京阪神急行電鉄→阪急電鉄）の駅として開設。東海道本線と名神高速道路のほぼ中間に位置する。駅の周囲は住宅地で、駅の南側を県道豊中吹田線が通っている。駅の東側には、吹田市立中央図書館や片山市民体育館などを併設する片山公園がある。駅名は1889年（明治22）4月の町村制で発足した豊津村に由来。同村は194

0年（昭和15）4月の合併で吹田市になり消滅。

0602 **門戸厄神／もんどやくじん**【阪急電鉄】今津線

兵庫県西宮市下大市東町

1921年（大正10）9月、阪神急行電鉄（→京阪神急行電鉄→阪急電鉄）の駅として開設。駅の南側で国道171号が、800メートルほど北では山陽新幹線の高架橋が今津線をまたいでいる。駅の周辺は住宅地だが、駅の西には神戸女学院大学、少し離れて関西学院大学がある。駅名は駅の近くにある松泰山東光寺を門戸厄神と呼んでいることに由来する。「日本三大厄神」のひとつとして知られ、毎年1月に催される厄除大祭では大勢の参拝客で賑わう。

0603 **出屋敷／でやしき**【阪神電気鉄道】本線

兵庫県尼崎市竹谷町

1905年（明治38）4月に開設。1990年代の駅周辺の再開発により2面2線の高架駅に。駅の南側を阪神高速神戸線が、北側を国道2号が通っている。駅名は尼崎城近くにあった侍屋敷の出口付近にあったことに由来するとも、城の出口付近に屋敷があったから出屋敷と呼ばれるようになったともいわれる。

0604 **香櫨園／こうろえん**【阪神電気鉄道】本線

兵庫県西宮市松下町

1907年（明治40）4月、香枦園駅として開設され、2001年（平成13）3月、香櫨園駅に改称。夙川《しゅくがわ》をまたいで建つ高架駅で、駅舎は「近畿の駅百選」に選定。阪神電鉄本線に並行して、駅の南側を阪神高速神戸線が、北側を国道2号と東海道本線が、さらにその北を阪急神戸線が通っている。駅の周辺は高級住宅地として知られている。香櫨園という正式な地名はない。駅名は明治の終わり頃に香野蔵治と櫨山《はぜやま》慶次郎が共同で建設した公園に、両氏の頭文字を取って名付けた「香櫨園」に由来。

0605

春日野道／かすがのみち【阪神電気鉄道】本線

兵庫県神戸市中央区吾妻通1丁目

1905年（明治38）4月、阪神電気鉄道の駅として開設。国道2号の真下にある地下駅。当駅から450メートルほど北の東海道本線沿いにも、1936年（昭和11）4月に開設した阪急電鉄神戸本線の春日野駅があるが（開設当時は阪神急行電鉄）、こちらは高架駅。両駅の周辺に春日野道という正式な地名は存在しない。かつて北部に春日明神があり、そこから春日野という地名が生まれ、そこへ向かう道路を春日野道と呼ぶようになったという。駅名は、この通り名に由来。阪神と阪急の両駅の間に春日野商店街が形成されている。

0606

洲先／すざき【阪神電気鉄道】武庫川線

兵庫県西宮市東鳴尾町2丁目

1943年（昭和18）11月に開設。設置された当時は武庫川線の終着駅だったが、1984年（昭和59）4月に武庫川団地前駅が開設されたため途中駅に。西宮市と尼崎市の境界を流れている武庫川の河口西岸近くにある。駅北側には国道43号の道路上を高架で阪神高速神戸線が、駅南側の臨海部には阪神高速の湾岸線が走り、その南側の埋立地先端部に工場地帯が形成されている。駅名は砂州などの先端を意味する「洲崎」に由来か。

0607

滝の茶屋／たきのちゃや【山陽電気鉄道】本線

兵庫県神戸市垂水区城が山1丁目

1917年（大正6）4月、兵庫電気軌道（↓宇治川電気↓山陽電気鉄道）の駅として開設。大阪湾岸にある駅で、駅の南側には沿岸を埋め立てて建設された平磯緑地が広がっており、駅と平磯緑地の間をJR山陽本線と山陽道（国道2号）が山陽電鉄本線と並行して走り抜けている。駅のホームからは、淡路島や大阪湾岸の景色を望むことができる。駅名は、この付近には多くの滝があり、その近くに茶屋があったことに由来する。

0608
法華口／ほっけぐち【北条鉄道】北条線

兵庫県加西市東笠原町沖

1915年（大正4）3月、播州鉄道の駅として開設。1923年（大正12）12月、播丹鉄道になり、1943年（昭和18）6月に国有化。1985年（昭和60）4月、第三セクターの北条鉄道に転換。

下里川の東岸にある駅で、大小の溜め池が密集している。駅名は駅西方の丘陵に鎮座する西国三十三所第26番札所の法華山一乗寺の入口であることに由来するが、当寺までは5キロ近くも離れているので初めて来た人は戸惑う。

0609
播磨下里／はりましもさと【北条鉄道】北条線

兵庫県加西市王子町野中

1917年（大正6）8月、播州鉄道の播州王子駅として開設。1923年（大正12）12月、播丹鉄道になり、1943年（昭和18）6月に国有化。1985年（昭和60）4月、第三セクターの北条鉄道に転換。駅の周辺には多くの溜め池が点在している。駅名は1889年（明治22）4月の町村制で発足した下里村に由来。同村は1955年（昭和30）1月の合併で北条町（現・加西市）になり消滅。

0610
恵比須／えびす【神戸電鉄】粟生線

兵庫県三木市大塚2丁目

1937年（昭和12）12月、三木電気鉄道（→神有三木電気鉄道→神戸電気鉄道→神戸電鉄）の久留美駅として開設され、1939年（昭和14）4月、恵比須駅に改称。駅舎は「近畿の駅百選」に選定されている。三木市の中心近くにあり、駅から1キロほど西に三木市役所や三木市文化会館がある。南に広がる丘陵地には大規模な住宅団地が造成されている。駅名は駅の北にある戎神社に由来するが表記が異なる。駅前のロータリーに恵比寿様の大きな石像がある。

0611
岡場／おかば ［神戸電鉄］三田線

兵庫県神戸市北区藤原台中町１丁目

１９２８年（昭和３）12月、神戸有馬電気鉄道（→神有三木電気鉄道→神戸電気鉄道→神戸電鉄）の駅として開設。大規模団地の藤原台の中心に位置している。駅の東側に西宮市との境界線が通っている。駅名は明治初期まで、武庫川支流の有野川中流域に存在した下司岡場村（有野村になり消滅）に由来。

0612
田尾寺／たおじ ［神戸電鉄］三田線

兵庫県神戸市北区藤原台北町７丁目

１９２８年（昭和３）12月、神戸有馬電気鉄道（→神有三木電気鉄道→神戸電気鉄道→神戸電鉄）の駅として開設。ニュータウンの藤原台の北端に位置する。駅の周辺には新しく開発された住宅団地が広がっている。駅の北側には山陽自動車道と中国自動車道が接続する神戸ジャンクションがあり、そこから少し東に中国自動車道の西宮北インターチェンジがある。駅名は明治初期まで存在した中村田尾寺村（有野村になり消滅）に由来。

0613
一の鳥居／いちのとりい ［能勢電鉄］妙見線

兵庫県川西市東畦野山手１丁目

１９１３年（大正２）４月、能勢電気軌道の「一ノ鳥居駅」として開設。１９７３年（昭和48）４月、駅の移転にともない「一の鳥居駅」に表記が変更される。１９７８年（昭和53）10月、能勢電鉄に社名を変更。駅の周辺には丘陵地を造成した住宅団地が広がっており、駅の南側に能勢街道（国道１７３号）と国道４７７号の分岐点がある。駅名は能勢妙見山へ続く参拝道の、最初の鳥居（一の鳥居）があったことに由来。

0614
四所／ししょ ［京都丹後鉄道］宮津線

京都府舞鶴市上福井

１９２４年（大正13）４月に開設。１９９０年（平成２）４月、第三セクターの北近畿タンゴ鉄道に移管され、2015年（平成27）4月からは京都丹後鉄道が運行している。西舞鶴の中心市街地から西へ3キロほど行った山間にある駅。駅の北側を国道175号が通っており、国道沿いに集落が形成されている。駅名は1889年（明治22）4月の町村制で発足した四所村に由来。同村は1936年（昭和11）8月、舞鶴町（現・舞鶴市）に編入されて消滅。

0615
東雲／しののめ【京都丹後鉄道】宮津線
京都府舞鶴市水間

1924年（大正13）4月に開設。1990年（平成2）4月、第三セクターの北近畿タンゴ鉄道に移管され、2015年（平成27）4月からは、京都丹後鉄道が運行している。由良川東岸にある駅で、駅の背後まで山が迫っており、由良川の対岸を国道178号が通っている。駅名は1889年（明治22）4月の町村制で発足した東雲村に由来。同村は1928年（昭和3）10月の合併で八雲村（→加佐町→舞鶴市）になり消滅。

0616
栗田／くんだ【京都丹後鉄道】宮津線
京都府宮津市上司

1924年（大正13）4月に開設。1990年（平成2）4月、第三セクターの北近畿タンゴ鉄道に移管され、2015年（平成27）4月からは京都丹後鉄道が運行している。近くに栗田海水浴場がある。駅名は1889年（明治22）4月の町村制で発足した栗田村に由来。同村は1954年（昭和29）6月の町村制で宮津市になり消滅。

0617
岩滝口／いわたきぐち【京都丹後鉄道】宮津線
京都府宮津市須津

1925年（大正14）7月に開設。1990年（平成2）4月に第三セクターの北近畿タンゴ鉄道に移管され、2015年（平成27）4月からは京都丹後鉄道が運行している。宮津市の西端、阿蘇海に注いでいる野田川の河口南側にある駅。駅の北側に市街地が形成されている。北側を流れる野田川の対岸に与謝野町の市街地が広がっており、当駅が与謝野町役場の最寄り駅になっている。駅名は旧・岩滝町（現・与謝野町）への玄関口であったことに由来。

0618

茶山／ちゃやま 【叡山電鉄】叡山本線

京都府京都市左京区田中北春菜町

1925年（大正14）9月、京都電燈の駅として開設。1942年（昭和17）8月、京福電気鉄道に譲渡され、1986年（昭和61）4月には叡山電鉄の駅になる。駅の周辺には閑静な住宅地が広がっており、駅から700メートルほど東に京都造形芸術大学のキャンパスがある。駅の周辺に茶山という山があるわけではなく、地名も存在しない。駅名は、このあたりに江戸初期の豪商、茶屋四郎次郎の山荘があったことに由来する。

0619

二軒茶屋／にけんちゃや 【叡山電鉄】鞍馬線

京都府京都市左京区静市市原町

1928年（昭和3）12月、鞍馬電気鉄道の駅として開設。1942年（昭和17）8月、京福電気鉄道になり、1986年（昭和61）4月から叡山電鉄の駅になる。京都市北部の山間にある駅で、駅の西側を長代川が流れ、対岸を通っている府道下鴨静原大原線沿いに住宅地が細長く続いている。駅の周辺に京都産業大学、洛北病院などがある。駅名は鞍馬へ続く街道沿いに、2軒の茶屋があったことに由来するという。

0620

西院／さい 【京福電気鉄道】嵐山本線

京都府京都市中京区壬生仙念町

1910年（明治43）3月、嵐山電車軌道の駅として開設され、1918年（大正7）4月、京都電燈に、1942年（昭和17）3月に京福電気鉄道の駅になる。四条通にある駅で、すぐ西側を西大路通が南北に通じている。駅名は「さいいん」ではなく「さい」と読む。だが、地下にある阪急京都線の西院駅は「さいいん」である。佐井川沿いの佐井通（春日通）付近にあった淳和天皇の離宮が、御所の西にあるので西院と呼ばれたことに由来するとも、西院は賽の河原の「賽」のことで、近くに賽の河原があったことに由来するともいわれている。西院は右京区にある地名なので、京福電鉄の西院駅は越境駅になる。

0621
今池／いまいけ 【阪堺電気軌道】阪堺線

大阪府大阪市西成区萩之茶屋2丁目

１９１１年（明治44）12月、阪堺電気軌道（→南海鉄道→近畿日本鉄道→南海電気鉄道→阪堺電気軌道）の停留場として開設。大阪市南部の人口密集地にあり、周辺には商店街が形成されている。駅の西には南海電鉄本線の萩ノ茶屋駅がある。駅名は１８８９年（明治22）４月の町村制で発足した今宮村の字名（今池）に由来。

0622
今船／いまふね 【阪堺電気軌道】阪堺線

大阪府大阪市西成区天下茶屋北2丁目

１９８０年（昭和55）11月、南海電気鉄道（現・阪堺電気軌道）の停留場として開設。周囲は人口の密集地で、駅の西側を南海電鉄本線が、その西側を市営地下鉄四つ橋線が阪堺線に並行して南北に走っている。駅の東側で阪神高速松原線がほぼ直角にカーブしている。駅名は１９７３年（昭和48）に住居表示が実施される前まで存在していた東今船町および西今船町の「今船」に由来。

0623
松田町／まつだちょう 【阪堺電気軌道】阪堺線

大阪府大阪市西成区天下茶屋2丁目

１９１１年（明治44）12月、阪堺電気軌道（→南海鉄道→近畿日本鉄道→南海電気鉄道→阪堺電気軌道）の停留場として開設。周辺は人口の密集地で、３００メートルほど東側には大谷高校がある。駅から約３００メートル西側を走っている南海電鉄本線に、市営地下鉄堺筋線が合流している。駅名は住居表示が実施されるまで存在していた地区名（松田町）に由来する。

0624
御陵前／ごりょうまえ【阪堺電気軌道】阪堺線

大阪府堺市堺区南半町東1丁目

1912年（明治45）4月、阪堺電気軌道（↓南海鉄道↓近畿日本鉄道↓南海電気鉄道↓阪堺電気軌道）の停留場として開設。堺市の中心市街地の南部に位置し、停留場の南側を土居川が流れている。停留場の東側には第二阪和国道（国道26号）が、西側を南海電鉄本線と阪神高速湾岸線が阪堺線に並行して走っている。駅の周辺に御陵らしきものは見当たらないが、御陵は2キロ近く東にある世界最大級の墳墓として知られる仁徳天皇陵（大仙古墳）のこと。駅名は、この仁徳天皇陵に由来。

0625
姫松／ひめまつ【阪堺電気軌道】上町線

大阪府大阪市阿倍野区帝塚山1丁目

1900年（明治33）11月、大阪馬車鉄道（↓大阪電車軌道↓浪速電車軌道↓南海鉄道↓近畿日本鉄道↓南海電気鉄道↓阪堺電気軌道）の停留場として開設。停留場から南側一帯は高級住宅地として知られる帝塚山。停留場から南西へ500メートルほど行ったところに南海電鉄高野線の帝塚山駅があり、その西側に手塚山古墳がある。駅名は古今集に詠まれている「我見ても久しくなりぬ住吉の岸の姫松いく代経ぬらむ」の「岸の姫松」に由来するが、姫松は近年まで地名としても存在していた。

0626
神ノ木／かみのき【阪堺電気軌道】上町線

大阪府大阪市住吉区住吉1丁目

1900年（明治33）11月、大阪馬車鉄道（↓大阪電車軌道↓浪速電車軌道↓南海鉄道↓近畿日本鉄道↓南海電気鉄道↓阪堺電気軌道）の停留場として開設。盛土の上にある停留場で、その下を南海高野線がくぐり抜け、その南にある高野線の住吉東駅が接続駅になっている。停留場から南西へ400メートルほど行ったところに住吉大社がある。駅名は住吉大社の神木として崇められていた松の古木が、停留場の近くにあったことに由来。

0627 **近義の里／こぎのさと**【水間鉄道】水間線

大阪府貝塚市鳥羽

1969年（昭和44）6月に開設。水間鉄道は1925年（大正14）、水間寺（水間観音）への参拝客を輸送する目的で建設された。当駅は沿線の人口増加にともない新しく設置された駅。隣の貝塚市役所前駅とともに市役所の最寄り駅になっている。駅のすぐ北側を第二阪和国道（国道26号）が、南側をJR阪和線が水間線をまたいで走り抜けている。駅名はこの地域を支配していた渡来人の近義氏が居住していたことに由来。

0628 **学門／がくもん**【紀州鉄道】紀州鉄道線

和歌山県御坊市湯川町財部

1931年（昭和6）6月、御坊臨海鉄道の中学校前駅として開設。1941年（昭和16）12月に廃止になるが、1979年（昭和54）8月、学門駅として復活。紀州鉄道は全長2・7キロの日本一のミニ鉄道として知られていたが、2002年（平成14）に開業した千葉県の芝山鉄道（全長2・2キロ）に日本一の座を奪われた。駅名は駅の東側にある「日高《ひだか》高校」の「門」に由来。駅名が「学校の門に入る」、すなわち学校に入学することに通じるとして、当駅の入場券が受験生に人気。

0629 **新居／にい**【伊賀鉄道】伊賀線

三重県伊賀市東高倉

1916年（大正5）8月、伊賀軌道（→伊賀鉄道→伊賀電気鉄道→大阪電気軌道→参宮急行電鉄→関西急行鉄道→近畿日本鉄道→伊賀鉄道）の駅として開設。駅の周囲は田園地帯で、北側をJR関西本線が通り、南側を服部川が流れている。木津川支流の服部川の対岸が、伊賀市の中心市街地である。駅名は1889年（明治22）4月の町村制で発足した新居村に由来。同村は1941年（昭和16）9月の合併で上野市（現・伊賀市）になり消滅。

0630
依那古／いなこ ［伊賀鉄道］伊賀線

三重県伊賀市沖

1922年（大正11）7月、伊賀鉄道（↓伊賀電気鉄道↓大阪電気軌道↓参宮急行電鉄↓関西急行鉄道↓近畿日本鉄道↓伊賀鉄道）の駅として開設。駅前を国道422号が通り、その西側を木津川が流れている。集落は駅の周辺と木津川の対岸に形成されている。駅名は1889年（明治22）4月の町村制で発足した依那古村に由来。同村は1955年（昭和30）1月、上野市（現・伊賀市）に編入され消滅。

0631
内部／うつべ ［四日市あすなろう鉄道］内部線

三重県四日市市小古曽3丁目

1922年（大正11）6月、三重鉄道（↓三重交通↓三重電気鉄道↓近畿日本鉄道↓四日市あすなろう鉄道）の駅として開設。全国でも数少ないナローゲージ（軌間762ミリ）の内部線の終着駅で、駅の南側を東海道（国道1号）が通り、その南側を内部川が流れている。駅名は1889年（明治22）4月の町村制で発足した内部村に由来。同村は1943年（昭和18）9月、四日市市に編入され消滅。

0632
保々／ほぼ ［三岐鉄道］三岐線

三重県四日市市小牧町

1931年（昭和6）7月に開設。四日市市の西部、伊勢湾に注いでいる朝明川の中流域にある駅。駅から少し離れたところに住宅地と中小の工場がある。駅名は1889年（明治22）4月の町村制で発足した保々村に由来。同村は1957年（昭和32）4月、四日市市に編入されて消滅。

0633
三里／みさと ［三岐鉄道］三岐線

三重県いなべ市大安町平塚

1931年（昭和6）7月、三里駅として開設。1968年（昭和43）6月、宇賀渓口駅に改称され、1986年（昭和61）3月、再び三里駅に改称。駅の東側を員弁《いなべ》川が流れており、駅の北側を通っている国道421号を西へ8キロほど行ったところに、かつて駅名になっていた宇賀渓がある。駅名は1889年（明治22）4月の町村制で発足した三里村に由来。同村は1959年（昭和34）4月の合併で大《だい》安《あん》町（現・いなべ市）になり消滅。

0634
在良／ありよし ［三岐鉄道］北勢線

三重県桑名市額田中縄

1914年（大正3）4月、北勢鉄道（→北勢電気鉄道→三重交通→三重電気鉄道→近畿日本鉄道→三岐鉄道）の駅として開設。桑名市の郊外、員弁川の北岸にある駅。駅の真上を走っている東名阪自動車道の桑名インターチェンジが駅の少し北にあり、その一帯に大規模な住宅団地が広がっている。駅名は1889年（明治22）4月の町村制で発足した在良村に由来。同村は1951年（昭和26）3月、桑名市に編入され消滅。

0635
七和／ななわ ［三岐鉄道］北勢線

三重県桑名市芳ケ崎

1914年（大正3）4月、北勢鉄道（→北勢電気鉄道→三重交通→三重電気鉄道→近畿日本鉄道→三岐鉄道）の駅として開設。桑名工業高校の最寄り駅。駅の北側を走っている国道421号沿いには飲食店などが建ち並び、都市化が進んでいる。駅名は1889年（明治22）4月の町村制で、7村が合併して発足した七和村に由来。同村は1951年（昭和26）3月、桑名市に編入され消滅。

0636
長谷野／ながたにの ［近江鉄道］本線

滋賀県東近江市今堀町

1916年（大正5）12月に開設。旧・八日市市の近郊にある駅。近江盆地の中央に位置しており、駅の周囲に集落が形成されている。駅のすぐ南側を布引街道が東西に通っており、線路際で県道彦根八日市甲西線と交差している。駅名は駅の西側一帯の地名である蛇溝《へびみぞ》町の字名「長谷野」に由来する。

0637
朝日野／あさひの 【近江鉄道】本線

滋賀県東近江市鋳物師町

１９００年（明治33）12月に開設。近江盆地の南東部にある。東近江市の南端にある駅で、ホームの一部が東近江市と日野町との境界線をまたがっている。駅の周囲に人家はほとんどなく、駅の西側を通っている御代参街道《ごだいさん》（国道４７７号）との間に集落が形成されている。駅名は１８８９年（明治22）４月の町村制で発足した朝日野村に由来。同村は１９５５年（昭和30）４月の合併で蒲生町《がもう》（現・東近江市）になり消滅。

0638
雲井／くもい 【信楽高原鐵道】信楽線

滋賀県甲賀市信楽町牧

１９３３年（昭和８）５月に開設。１９８７年（昭和62）７月、第三セクターの信楽《しがらき》高原鐵道の駅になる。山間にある駅で、駅名は１８８９年（明治22）４月の町村制で発足した雲井村に由来。同村は１９５４年（昭和29）９月の合併で信楽町（現・甲賀市）になり消滅。

0639
朝潮橋／あさしおばし 【大阪市営地下鉄】中央線

大阪府大阪市港区田中３丁目

１９６１年（昭和36）12月に開設。地下鉄の駅だが、２面２線の高架駅。駅は安治川河口付近の南側に位置する。駅前に（大阪市）中央体育館や大阪プールなどを備える八幡屋《やはたや》公園がある。駅の周辺に朝潮橋という橋は見当たらない。駅がある一帯は江戸時代に干拓された埋立地で、駅名は水路に架かっていた朝潮橋という橋に因む。朝に潮が満ちてきたことに由来する橋名か。

0640
西大橋／にしおおはし 【大阪市営地下鉄】長堀鶴見緑地線

大阪府大阪市西区新町１丁目

１９９７年（平成９）８月に開設。なにわ筋と長堀通の交差点の地下にある駅。地下鉄の長堀鶴見緑地線が通っている長堀通には、かつて長堀川という人工河川が流れ「水の都大阪」の水運の要衝として機能していたが、1960年代からの埋め立て工事で1970年（昭和45）頃には消滅し、当時の面影は残っていない。駅名は長堀川に架かっていた西大橋に由来する。

0641 名谷／みょうだに 【神戸市営地下鉄】西神・山手線

兵庫県神戸市須磨区中落合

1977年（昭和52）3月に開設。地下鉄の駅だが、2面4線を有する地上駅。須磨ニュータウンの中心駅で、同線では三宮駅に次いで乗降客が多い。駅前には大型商業施設があり、その周辺には大規模な住宅団地が形成されている。須磨区にある駅だが、「名谷」という地名は駅から2キロほど離れた垂水区の福田川流域、神戸淡路鳴門自動車道の垂水インターチェンジから第二神明道路の名谷インターチェンジにかけての地名である。

第6章　中国・四国の駅名

0642
熊山／くまやま［JR］山陽本線

岡山県赤磐市千躰

1917年（大正6）7月、熊山信号場として開設され、1930年（昭和5）8月、駅に昇格。瀬戸内海に注いでいる吉井川の東岸にある赤磐《あかいわ》市唯一の鉄道駅だが、市の中心部までは10キロほど離れている。駅の南側を山陽自動車道が走り抜けている。駅名は1889年（明治22）4月の町村制で発足した熊山村に由来。同村は町に昇格後、2005年（平成17）3月の合併で赤磐市になり消滅。旧・熊山町の中心市街地は吉井川の対岸にある。

0643
向洋／むかいなだ［JR］山陽本線

広島県安芸郡府中町青崎南

1920年（大正9）8月に開設。自動車メーカーのマツダの企業城下町として知られる府中町で唯一の駅。府中町は周囲をすべて広島市に囲まれている。駅の西側を猿猴《えんこう》川が流れ、駅との間にマツダの本社工場がある。広島市の中心市街地にも近く、駅の周辺には住宅が密集している。駅名は駅から1キロほど離れている広島市南区の向洋地区に由来している。つまり越境駅である。

0644
神代／こうじろ［JR］山陽本線

山口県岩国市由宇町神東

1917年（大正6）7月、神代信号場として開設され、1944年（昭和19）10月、駅に昇格。安芸灘の沿岸にある駅で、駅の西側まで崖が迫り、駅の東側の海岸線に沿って国道188号が通っている。国道沿いに人家が連なっている。神代という地名は駅の近くには存在せず、駅から南へ２キロほど離れた柳井市にある。駅名はこの地区名（旧・神代村）に由来。今では越境駅に見えるが、同村は分離して合併しており、当時の村域は今の岩国市と柳井市にまたがっている。駅設置時は神代村にあった。

0645
新南陽／しんなんよう［ＪＲ］山陽本線
山口県周南市清水２丁目

１９２６年（大正15）４月、周防富田《すおうとんだ》駅として開設され、１９８０年（昭和55）10月、新南陽駅に改称。駅の北側に市街地が広がっており、規模の大きな商業施設もある。駅の南側の周防灘の沿岸には大規模な工場地帯が形成されている。駅名は１９７０年（昭和45）11月に発足した新南陽市に由来。同市は２００３年（平成15）４月、徳山市などと合併して周南市になり消滅。

0646
大道／だいどう［ＪＲ］山陽本線
山口県防府市台道

１９００年（明治33）12月、山陽鉄道の駅として開設され、１９０６年（明治39）12月に国有化。防府市の西部にある駅。駅の北を山陽道（国道２号）が、さらにその北側を山陽自動車道が走っている。駅名は１８８９年（明治22）４月の町村制で台道村と切畑村が合併して発足した大道村に由来。同村は１９５５年（昭和30）４月、防府市に編入され消滅するが、大道村が成立する以前に存在した台道村が字名として残った。大道も台道も「だいどう」と読む。

0647
厚東／ことう［ＪＲ］山陽本線
山口県宇部市吉見宮の下

１９００年（明治33）12月、船木駅として開設され、１９０６年（明治39）12月に国有化。１９１６年（大正５）11月厚東駅に改称。山陽本線の北側を山陽新幹線が並走し、駅は新幹線の高架下にある。駅の北側を山陽道（国道２号）が通り、駅の南側を厚狭《あさ》川が流れている。駅名は１８８９年（明治22）

4月の町村制で発足した厚東《ことう》村に由来。同村は1954年（昭和29）11月、宇部市に編入されて消滅。厚東は「厚狭郡の東」の意。

0648 東浜／ひがしはま ［JR］山陰本線

鳥取県岩美郡岩美町陸上

1950年（昭和25）1月に開設。鳥取県の最北端にあり、山陰本線における鳥取県最東端の駅でもある。日本海の沿岸にある駅で、駅のすぐ南側まで山地が迫り、その山麓を国道178号が通っている。駅の北側に日本海が広がり、駅と海岸線の間に集落が形成されている。駅名は「東村の浜」に由来か。東村は1954年（昭和29）7月の合併で岩美町になるまで存在していた。

0649 大岩／おおいわ ［JR］山陰本線

鳥取県岩美郡岩美町大谷

1950年（昭和25）1月に開設。蒲生川の河口近くにある駅。駅のすぐ南側まで山地が迫り、その麓を山陰本線と並行して山陰道（国道9号）が通っている。駅の北側に広がる田園地帯の中を国道9号のバイパスが走り抜けている。駅の西方の鳥取市との境界に駟馳山（しちやま）がそびえる。駅名は1954年（昭和29）7月の合併で岩美町が発足する前まで存在していた大岩村に由来。

0650 末恒／すえつね ［JR］山陰本線

鳥取県鳥取市伏野

1928年（昭和3）9月に開設。日本海沿岸にある駅で、駅と日本海の間を山陰道（国道9号）が通っている。駅の南側には団地が広がっており、その南側に日本一大きい池として知られる湖山池がある。駅から東へ2キロほど行ったところには鳥取空港がある。駅名は1889年（明治22）10月に発足した末恒村に由来。同村は1953年（昭和28）7月、鳥取市に編入され消滅するが、学校や団地、施設名などにその名をとどめている。

0651
伯耆大山／ほうきだいせん
［JR］山陰本線・伯備線

鳥取県米子市蚊屋

1902年（明治35）12月、熊党《くまんと》駅として開設。1911年（明治44）10月、大山駅に改称され、1917年（大正6）5月には伯耆大山駅に改称される。米子市の郊外にあるJR伯備線との分岐駅。駅の周囲には住宅地が広がっているが、近くには製紙の大工場もある。駅名は駅の東方にそびえる「伯耆富士」と称される山陰の名峰大山に由来。だが、駅があるのは大山町ではなく米子市で、駅から大山の山頂まで20キロ近くも離れている。

0652
江南／こうなん
［JR］山陰本線

島根県出雲市湖陵町三部

1913年（大正2）11月に開設。出雲市の西部にある駅で周囲は住宅地。駅の北側にシジミの産地として知られる汽水湖の神西湖が横たわっており、差海川で日本海とつながっている。駅の南側を山陰道（県道田伎江出雲線）が、神西湖の北岸を国道9号が通っている。駅名は1889年（明治22）4月の町村制で発足した江南村に由来。村名は、かつて入江だった神西湖の南の意。同村は1951年（昭和26）4月の合併で湖陵村（→湖陵町→出雲市）になり消滅。

0653
鎌手／かまて
［JR］山陰本線

島根県益田市西平原町

1923年（大正12）12月に開設。駅前を山陰道（国道9）号が通っている。駅の周辺は住宅地で、鎌手小学校、鎌手中学校、鎌手保育所などがある。駅の北側には、日本海沿岸に発達した変化に富む海岸線が続いており、景勝地の「唐音の蛇岩」や荒磯温泉、海水浴場もある。駅名は1889年（明治22）4月の町村制で発足した鎌手村に由来。同村は1955年（昭和30）3月、益田市に編入されて消滅。

0654
美作大崎／みまさかおおさき ［JR］姫新線

岡山県津山市福力

1934年（昭和9）11月に開設。津山盆地の東縁、吉井川支流の肘川と広戸川が合流するあたりにある駅。駅の南側を出雲街道（国道179号）が通っており、旧道沿いに市街地が形成されている。駅の北側には中国自動車道が走り抜け、2・5キロほど西へ行ったところに津山インターチェンジがある。駅名は1889年（明治22）6月の町村制で発足した大崎村に由来。同村は1954年（昭和29）7月、津山市に編入され消滅。

0655
富原／とみはら ［JR］姫新線

岡山県真庭市若代

1930年（昭和5）12月に開設。真庭市西端の山間にある駅。駅前を県道新見勝山線が通っている。県道の西側を月田川が流れており、駅から少し上流で神谷川が、下流では岩井谷川が月田川に合流している。駅名は1902年（明治35）4月に富山村と井原村が合併し、両村名から1文字ずつ取って命名された富原村に由来。同村は1955年（昭和30）4月の合併で勝山町（現・真庭市）になり消滅。

0656
刑部／おさかべ ［JR］姫新線

岡山県新見市大佐小阪部

1930年（昭和5）12月に開設。パラグライダーの離陸場やキャンプ場など、レジャー基地として知られる大佐山の東麓にある駅で、駅は東側を流れる小坂部川に面している。駅名は1889年（明治22）6月の町村制で発足した刑部村（→刑部町）に由来。駅の所在地の「小阪部」と表記は異なるが、読みも語源も同じで、古代部民の刑部氏に因む。刑部町は1955年（昭和30）2月の合併で大佐《おおさ》町（現・新見市）になり消滅。

0657
丹治部／たじべ ［JR］姫新線

岡山県新見市大佐田治部

１９３０年（昭和５）12月に開設。中国山地南麓の山間にある駅。駅の南側に、中国自動車道の大佐サービスエリアおよび大佐スマートインターチェンジがある。駅名は１８８９年（明治22）６月の町村制で発足した丹治部村に由来。同村は１９５５年（昭和30）２月の合併で大佐町（現・新見市）になり消滅。駅の所在地の「田治部」も「たじべ」と読むが、田治部は丹治部村が発足する前の旧村名（田治部村）である。

0658
岩山／いわやま【ＪＲ】姫新駅

岡山県新見市上熊谷

１９２９年（昭和４）４月に開設。中国山地の南麓の山間にある駅で、木造の駅舎は開業当時のもの。駅の西側を東城街道（県道新見勝山線）が通り、東側の山中を中国自動車道が走っている。駅のすぐ東側を流れている熊谷川は、アユやヤマメなどの釣り場として知られる。高齢者センターを併設した日帰り温泉の熊谷温泉が近くにある。駅名は駅の南にある岩山神社に由来。

0659
常山／つねやま【ＪＲ】宇野線

岡山県玉野市宇藤木

１９３９年（昭和14）１月に開設。翌年11月に廃止されるが、１９５０年（昭和25）11月に再開。玉野市の西北端にある駅。駅の北側は児島湾の干拓によって生まれた広大な埋立地で、田園地帯の中に団地も形成されている。駅の南側の丘陵と宇野線の間に集落が細長く延びている。駅名は駅の西南方向にそびえている常山に由来。「児島富士」の別称がある山容の美しい山で、山頂に児島湖の眺めが素晴らしい常山城跡がある。

0660
服部／はっとり【ＪＲ】吉備線

岡山県総社市北溝手

１９０８年（明治41）４月、中国鉄道の駅として開設され、１９４４年（昭和19）６月に国有化。駅のすぐ東側に岡山県立大学がある。駅の北側には岡山自動車道が走っており、2キロほど東にある岡山総社インターチェンジで国道180号に接続している。駅名は1889年（明治22）6月の町村制で発足した服部村に由来。同村は1951年（昭和26）4月、総社町（現・総社市）に編入されて消滅。

0661
牧山／まきやま［JR］津山線
岡山県岡山市北区下牧

1912年（大正元）10月、中国鉄道の停留場として開設。1944年（昭和19）6月に国有化され、駅に昇格。岡山市北部の山間にある駅で、西側には崖が迫り、駅の東側には旭川が流れている。駅の西方にそびえる金山の中腹に、金山寺という天台宗の寺院が鎮座し、近くに招き猫美術館がある。駅名は1900年（明治33）4月に発足した牧山村に由来。同村は1953年（昭和28）4月の合併で御津《みつ》町（現・岡山市）になり消滅。

0662
亀甲／かめのこう［JR］津山線
岡山県久米郡美咲町原田

1898年（明治31）12月、中国鉄道の駅として開設され、1944年（昭和19）6月に国有化。美咲町の玄関駅で、駅の近くには町役場や警察署、銀行などがある。駅の西側を津山街道（国道53号）が通り、東側には吉井川支流の皿川が流れている。駅名は駅の近くにある亀の甲羅に似た亀甲岩《かめのこういわ》に由来。駅舎は亀の形をしており、構内には亀の像もあるなど亀づくしの駅。

0663
佐良山／さらやま［JR］津山線
岡山県津山市高尾

1937年（昭和12）6月、中国鉄道の停留場として開設。1944年（昭和19）6月、国有化されたことにともない駅に昇格。吉井川水系の皿川東岸にある駅。駅の西側に津山街道（国道53号）と国道429号の分岐点があり、そのすぐ近くで吉井川水系の皿川と倭文《しとり》川が合流している。駅名は1889年（明治22）6月の町村制で発足した佐良山村に由来。同村は1941年（昭和16）2月、津山市へ編入され消滅。

0664
河原／かわはら［JR］因美線

鳥取県八頭郡八頭町国中

1919年（大正8）12月、因美軽便線（現・因美線）の駅として開設。駅は千代川水系の八東《はっとう》川の流域に開けたところ、旧・河原町（現・鳥取市）から八頭《やず》町に入ったところにある。つまり越境駅である。駅の1・5キロほど西に、鳥取自動車道の河原インターチェンジがある。駅名は1893年（明治26）12月の合併で発足した河原村（→河原町）に由来する。同町は2004年（平成16）11月に鳥取市に編入され、現在は鳥取市東部の字名になっている。河原駅は八頭町にあるが、河原地区への入口となっている。

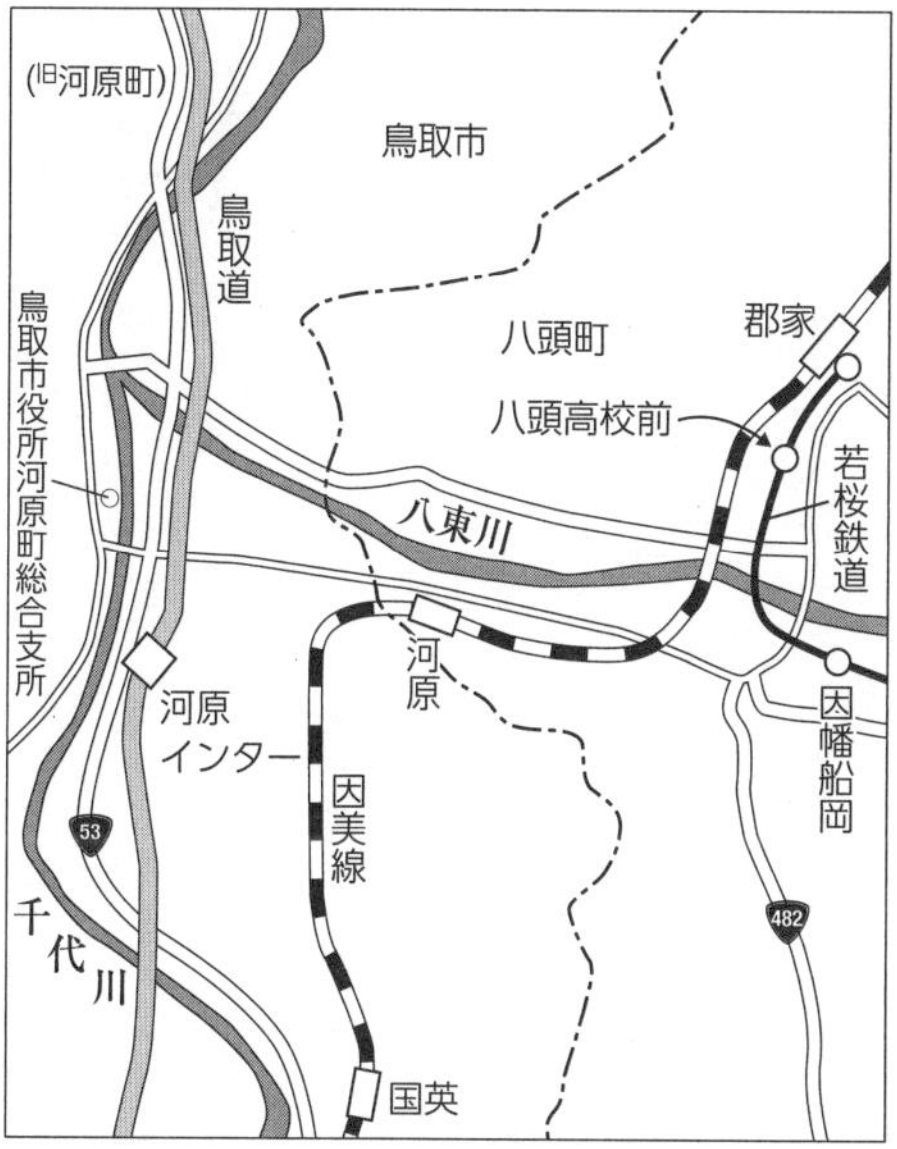

0665
国英／くにふさ［JR］因美線

鳥取県鳥取市河原町釜口

1919年（大正8）12月、因美軽便線（現・因美線）の駅として開設。千代川流域の狭い平地にある駅。「国英」を「くにふさ」と読む難読駅名のひとつ。駅の西側を智頭街道（国道53号）が通っており、その西側を流れている千代川の対岸に鳥取自動車道が走っている。駅名は1889年（明治22）6月の町村制で発足した国英村に由来。同村は195

5年（昭和30）3月の合併で河原町（現・鳥取市）になり消滅。

0666
因幡社／いなばやしろ［JR］因美線
鳥取県鳥取市用瀬町宮原

1923年（大正12）6月に開設。中国山地北麓の山間にある駅。駅の東側を流れている千代川に沿って智頭街道（国道53号）が通っている。千代川と安蔵《あぞう》川の合流点付近と、駅前周辺に集落が形成されている。駅名は「因幡にある社」に由来する。因幡は鳥取県東部の旧国名。社は駅の南にある犬山神社のことだとされる。

0667
美作滝尾／みまさかたきお［JR］因美線
岡山県津山市堀坂

1928年（昭和3）3月に開設。津山盆地の北端、吉井川支流の加茂川が蛇行している内側にある駅。駅名は1889年（明治22）6月の町村制で発足した滝尾村に由来。同村は1954年（昭和29）7月、津山市に編入され消滅。駅名に旧国名の「美作」を冠しているのは、九州を走る豊肥本線の滝尾駅と区別するため。

0668
木野山／きのやま［JR］伯備線
岡山県高梁市津川町今津

1926年（大正15）6月に開設。瀬戸内海に注いでいる高梁川と、支流の有漢《うかん》川の合流点近くにある駅。両河川の合流地点付近に、国道180号と国道313号の分岐点もある。両側から山が迫っている両河川流域の狭い平地に集落が形成されている。駅名は駅のすぐ北にそびえている木野山に由来し、木野山神社が鎮座している。

0669
方谷／ほうこく［JR］伯備線
岡山県高梁市中井町西方

1928年（昭和3）10月に開設。高梁川流域の山間にある駅。駅名は郷土の英雄、幕末の儒学者で備中松山藩士の山田方谷から取った。ホームの向かい側に「山田方谷先生住宅址」と記した碑が立っている。それまで人名を駅名にした例がなかったことから、「西方の谷」にある駅だから「西方谷」、それを略して「方谷」としたという話が伝わっている。

0670
中浜／なかはま［JR］境線

鳥取県境港市小篠津町本角

1952年（昭和27）7月に開設。500メートルほど南に米子空港駅が設置される前まで、当駅が米子空港への最寄り駅だった。境線のすべての駅に、漫画家水木しげるの代表作「ゲゲゲの鬼太郎」に登場する妖怪の名前がつけられている。中浜駅には「牛鬼駅」の愛称がある。駅名は1889年（明治22）12月の町村制で発足した中浜村に由来。弓ヶ浜半島の中央に位置していることに因むが、同村は1954年（昭和29）8月の合併で境港町（現・境港市）になり消滅。

0671
余子／あまりこ［JR］境線

鳥取県境港市竹内町旭田

1932年（昭和7）12月に開設。境港市の中心市街地近くにある駅。余子駅の愛称は「こなきじじい駅」。駅名は1889年（明治22）11月の町村制で発足した余子村に由来。古代律令国家では50戸を末端の行政単位とし、50戸に満たない集落を余子とか余戸といったが、付近にある餘子神社に因むかもしれない。同村は1954年（昭和29）8月の合併で境港町（現・境港市）になり消滅。

0672
矢神／やがみ［JR］芸備線

岡山県新見市哲西町矢田

1930年（昭和5）2月に開設。岡山県西端の山間にある。芸備線と並行して東城街道（国道182号）と中国自動車道が走っている。駅から1キロほど南の東城街道沿いに「道の駅鯉が窪」がある。駅名は1889年（明治22）6月の町村制で発足した矢神村に由来。村名は矢田村と上神代《かみこうじろ》村の合成。同村は1955年（昭和30）4月、野馳村と合併して哲西町《てっせい》（現・新見市）になり消滅。

0673
野馳／のち ［JR］芸備線

岡山県新見市哲西町畑木

１９３０年（昭和５）11月に開設。岡山県最西端の駅で、駅から1キロ余り西に広島県との県境がある。中国山地南麓の山間にあり、駅前周辺に集落が形成されている。駅の南側を流れている神代川に沿って東城街道（国道１８２号）が通っており、北側を中国自動車道が走り抜けている。駅名は１８８９年（明治22）6月の町村制で発足した野馳村に由来。同村は１９５５年（昭和30）4月、矢神村と合併して哲西町（現・新見市）になり消滅。

0674
備後八幡／びんごやわた ［JR］芸備線

広島県庄原市東城町菅

１９３５年（昭和10）6月に開設。山間にある駅。かつて、近くに官営の製鉄所があり、工場への引き込み線も敷かれて原料や製品などの貨物輸送で賑わったという。駅の東側を高梁川水系の成羽川が流れ、駅前と成羽川沿いに集落が形成されている。駅名は１８８９年（明治22）4月の町村制で発足した八幡村に由来。同村は１９５５年（昭和30）4月の合併で東城町（現・庄原市）になり消滅。

0675
比婆山／ひばやま ［JR］芸備線

広島県庄原市西城町大屋

１９３５年（昭和10）12月、備後熊野駅として開設され、１９５６年（昭和31）12月、比婆山駅に改称。中国山地南麓の山間にある駅で、駅の東側を西城川が流れ、流域に田園風景が広がっている。駅前を通っている国道１８３号沿いに集落が形成されている。駅名は島根県との境界にそびえている比婆山に由来するが、比婆山への最寄り駅ではなく、山頂まで直線で十数キロも離れている。比婆山の中腹に熊野神社が鎮座している。

0676
神杉／かみすぎ ［JR］芸備線

広島県三次市高杉町

1922年（大正11）6月、芸備鉄道の塩町駅として開設。1933年（昭和8）6月に国有化され、翌年1月、神杉駅に改称。駅の北側を流れる馬洗《ばせん》川の南岸沿いを国道184号が走っている。駅の南側に、古墳など多くの文化財を有する「みよし風土記の丘」がある。駅名は1889年（明治22）4月の町村制で発足した神杉村に由来。同村は1954年（昭和29）3月の合併で三次市になり消滅。

0677 八次／やつぎ［JR］芸備線

広島県三次市南畑敷町

1922年（大正11）6月、芸備鉄道の駅として開設され、1933（昭和8）6月に国有化。三次市の中心市街地の東部に位置する。駅の北側を流れる馬洗川畔に国道183号と184号の分岐点がある。駅の南側にマツダ三次自動車試験場があり、その南側に中国自動車道の三次インターチェンジがある。駅名は1889年（明治22）4月の町村制で発足した八次村に由来。同村は1937年（昭和12）3月の合併で十日市町（現・三次市）になり消滅。

0678 玖村／くむら［JR］芸備線

広島県広島市安佐北区落合2丁目

1916年（大正5）4月、芸備鉄道の駅として開設され、1937年（昭和12）7月に国有化される。安佐北区と安佐南区の境界を流れている太田川の東岸に位置し、駅は太田川の堤防下にある。駅の周辺には多くの住宅団地が造成されている。駅名は1955年（昭和30）3月の合併で消滅するまで存在した落合村の「玖」という字名に由来。

0679 安芸矢口／あきやぐち［JR］芸備線

広島県広島市安佐北区口田1丁目

1915年（大正4）4月、芸備鉄道の矢口駅として開設。1937年（昭和12）7月に国有化され、安芸矢口駅に改称。太田川の東岸にある駅。駅のすぐ北側を山陽自動車道が走っており、その両側に住宅団地が広がっている。駅名の「安芸」は広島県西部の旧国名。「矢口」は明治初期まで存在していた矢口村に由来。同村は1889年（明治22）4月の町村制で小田村と合併し、矢口の「口」と小田の「田」を取って口田村（→高陽町→広島市）になり消滅。

0680 湯田村／ゆだむら【JR】福塩線

広島県福山市神辺町徳田

1914年（大正3）7月、両備軽便鉄道（→両備鉄道）の停留所として開設され、1933年（昭和8）9月、国有化された際に駅に昇格。駅の周辺には、田園地帯だったころの面影を感じさせる溜め池が点在している。駅の南を国道486号が通っている。駅名は1889年（明治22）4月の町村制で発足した湯田村に由来。同村は1954年（昭和29）3月の合併で神辺《かんなべ》町（現・福山市）になり消滅。

0681 下川辺／しもかわべ【JR】福塩線

広島県府中市篠根町牛田

1938年（昭和13）7月に開設。芦田川と御調《みつぎ》川の合流点近くの山間にある駅。駅の周囲と芦田川の対岸に集落が形成され、駅と両河川の合流点の間を国道486号が通り抜けている。駅名は1889年（明治22）4月の町村制で発足した下川辺村に由来。同村は1954年（昭和29）3月の合併で府中市になり消滅。上川辺村も存在していたが、同村は1955年2月の合併で御調《みつぎ》町（現・尾道市）になり消滅している。

0682 備後三川／びんごみかわ【JR】福塩線

広島県世羅郡世羅町伊尾

1938年（昭和13）7月に開設。芦田川流域の山間にあり、駅の西側で矢多田川が芦田川に合流している。駅から少し下流に八田原《はったはら》ダムの建設で出現した芦田湖があり、湖畔にはオートキャンプ場も整備されている。駅名は1889年（明治22）4月の町村制で発足した三川村に由来。同村は1955年

（昭和30）2月の合併で甲山町《こうざん》（現・世羅町）になり消滅。

0683 **沢谷／さわたに**［JR］三江線

島根県邑智郡美郷町石原

1975年（昭和50）8月に開設。中国山地北麓の山間にある駅で、北側を通っている県道美郷飯南線に人家が点在している。駅の南側を流れている沢谷川は、3キロほど西で江の川に合流している。駅名は1889年（明治22）4月の町村制で発足した沢谷村に由来。同村は1955年（昭和30）2月の合併で邑智町《おおち》（現・美郷町）になり消滅。

0684 **船佐／ふなさ**［JR］三江線

広島県安芸高田市高宮町船木

1955年（昭和30）3月に開設。安芸高田市と三次市の境界を流れている江の川の南岸にあり、駅の周辺に人家はほとんど見当たらない。駅前を県道三次江津線が、対岸を国道375号が走っている。駅の1キロほど東で、牛田川が江の川に注いでいる。駅名は1889年（明治22）4月の町村制で発足した船佐村に由来。同村は1956年（昭和31）9月の合併で高宮町（現・安芸高田市）になり消滅。

0685 **七軒茶屋／しちけんぢゃや**［JR］可部線

広島県広島市安佐南区緑井7丁目

1910年（明治43）12月、大日本軌道広島支社（→可部軌道→広島電気→広浜鉄道）によって開設。1936年（昭和11）9月に国有化。市街地の北部、太田川の西岸にある駅。駅の東側を国道54号が通っており、西側は丘陵地。駅の周辺は住宅地だが、南側で山陽自動車道の広島インターチェンジと接続している。駅の周辺に七軒茶屋という地名は存在しない。駅名は、このあたりにかつて7軒の茶屋があったことに由来する。

0686 **梅林／ばいりん**［JR］可部線

広島県広島市安佐南区八木3丁目

１９１０年（明治43）12月、大日本軌道広島支社（→可部軌道→広島電気→広浜鉄道）によって開設。１９３６年（昭和11）９月に国有化。太田川の西岸に位置する。駅の西側は丘陵地で、麓には団地が造成されている。駅の東側を通る国道54号沿いに商業施設が連なっており、太田川の対岸をＪＲ芸備線が走っている。梅林は「うめばやし」ではなく「ばいりん」と読む。駅名は、かつて山麓にあった八木梅林に由来する。

0687
周防高森／すおうたかもり ［ＪＲ］岩徳線

山口県岩国市周東町下久原

１９３４年（昭和９）12月、山陽本線の駅として開設。１９４４年（昭和19）10月、山陽本線のルートが柳井経由になったことにともない、岩徳線の駅となる。旧・周東《しゅうとう》町の中心駅で、駅の北側を国道２号が通っている。駅の近くには岩国市役所周東総合支所や周東図書館などがある。駅名は１８８９年（明治22）４月の町村制で発足した高森村（→高森町）に由来。同町は１９５５年（昭和30）４月の合併で周東町（現・岩国市）になり消滅。

0688
米川／よねかわ ［ＪＲ］岩徳線

山口県岩国市周東町差川

１９３４年（昭和９）12月、山陽本線の駅として開設され、１９４４年（昭和19）10月、山陽本線のルート変更により岩徳線の駅になる。山間にある駅で、駅前を山陽道（県道光玖珂線）が通り、その南側を島田川が流れている。島田川の対岸には住宅団地が形成されている。駅名は１８８９年（明治22）４月の町村制で発足した米川村に由来。同村は１９５５年（昭和30）４月の合併で周東町（現・岩国市）になり消滅。

0689
大歳／おおとし ［ＪＲ］山口線

山口県山口市朝田

１９０８年（明治41）10月、大日本軌道山口支社の駅として開設され、１９１３年（大正２）２月に国有化。駅の近くに、陸上競技場やテニスコートなどを備えた維新百年記念公園があり、駅の西を通る国道9号に山口宇部道路の朝田インターチェンジがある。駅名は1898年（明治31）7月に矢原朝田村から改称した大歳村に由来。同村は1944年（昭和19）4月の合併で山口市になり消滅。

0690
雀田／すずめだ［JR］小野田線・本山支線
山口県山陽小野田市小野田小中原

1929年（昭和4）5月、宇部電気鉄道の雀田停留場として開設。1937年（昭和12）1月、本山支線が開通し、両線の接続駅に。1941年（昭和16）11月、宇部鉄道になり、1943年（昭和18）5月に国有化。宇部市との境界近くにある駅で、周辺はこじんまりした住宅地。駅の南には山口東京理科大学があり、その南側の広大な埋立地には製油所がある。駅名は、かつてこの近くにあった雀田炭鉱に由来する。

0691
丹生／にぶ［JR］高徳線
香川県東かがわ市土居

1928年（昭和3）4月に開設。讃岐平野の東部にある駅。駅の南を国道11号が通り、そこから1キロほど南を高松自動車道が走っている。駅前周辺に市街地が形成されているが、その周囲は田園地帯で、多くの溜め池が点在している。「にゅう駅」と誤読されやすいが「にぶ駅」と読む。駅名は1890年（明治23）2月の町村制で発足した丹生村に由来。同村は1954年（昭和29）4月の合併で大内町（現・東かがわ市）になり消滅。

0692
讃岐相生／さぬきあいおい［JR］高徳線
香川県東かがわ市南野

1935年（昭和10）3月に開設。播磨灘の沿岸にある香川県最東端の駅で、天気の良い日には小豆島が望める好展望地。海岸線を国道11号が走っている。徳島県との境界にある大坂峠は高徳線で最大の難所になっており、トンネルをくぐりながら22～25パーミル（‰）の急勾配が続く。駅名は1890年（明治23）2月の町村制で発足した相生村に由来。同村は1955年（昭和30）4月の合併で引田《ひけた》町（現・東かがわ市）になり消滅。

0693
阿波大宮／あわおおみや ［JR］高徳線

徳島県板野郡板野町大坂

1935年（昭和10）3月に開設。讃岐山脈の東端にある駅。大坂山トンネルで香川との県境を越えているが、22～25パーミル（‰）の急勾配が続いている。周囲を山に囲まれた秘境駅として知られている。駅の東側を讃岐街道（県道徳島引田線）が通り、西側を高松自動車道が走り抜けている。大坂越えハイキングの入口にあたり、大坂峠の麓には阿波から讃岐へ抜ける関所跡（大坂口番所跡）がある。駅名は駅の近くにある大宮神社に由来。

0694
立道／たつみち ［JR］鳴門線

徳島県鳴門市大麻町姫田新田

1916年（大正5）7月、阿波電気軌道（↓阿波鉄道）の駅として開設され、1933年（昭和8）7月に国有化。徳島平野の北縁にある駅で、駅の北側は丘陵地。徳島自動車道と高松自動車道、神戸淡路鳴門自動車道の3線が接続する鳴門ジャンクションが駅の北側にある。駅の周辺に立道という地名はない。駅名は北東にある姫田地区から見て南東（辰巳）に駅が開設されたことから「辰巳地《たつみち》」といわれ、それが「立道」に転訛したのだといわれている。

0695
阿波海南／あわかいなん ［JR］牟岐線

徳島県海部郡海陽町四方原

1973年（昭和48）10月に開設。海部川の河口近くの北岸にある海陽町の玄関駅。市街地は駅の東側に形成されている。駅近くの国道55号と国道193号の分岐点に海陽町役場があり、駅の北には阿波海南文化村がある。駅名は1955年（昭和30）3月の合併で発足した海南町に由来。同町は2006

年（平成18）3月、海部《かいふ》町および宍喰《ししくい》町と合併して海陽町になり消滅。

0696 **佃／つくだ**［JR］徳島線・土讃線
徳島県三好市井川町西井川

1929年（昭和4）4月、佃信号場として開設され、1950年（昭和25）1月、駅に昇格。徳島線と土讃線の分岐駅である。徳島線は吉野川に並行して南岸を走っているが、土讃線は駅の東側で分岐して吉野川を渡って北へ向かう。駅の南側を伊予街道（国道192号）が通っており、その南側を徳島自動車道が走っている。「佃」という地名は国土地理院の地図にも載っていないが、駅名は「大字西井川字佃」の字名に由来している。

0697 **三加茂／みかも**［JR］徳島線
徳島県三好郡東みよし町中庄

1961年（昭和36）12月に開設。吉野川の南岸にある駅。駅の北側に市街地が形成されている。駅前を伊予街道（国道192号）が徳島線に並行して通っており、吉野川の対岸には徳島自動車道が走っている。駅名は1959年（昭和34）3月に加茂町と三庄村が合併して発足した三加茂町に由来。同町は2006年（平成18）3月の合併で東みよし町になり消滅。

0698 **山瀬／やませ**［JR］徳島線
徳島県吉野川市山川町西久保

1899年（明治32）12月、徳島鉄道の山崎駅として開設され、1907年（明治40）9月に国有化。1914年（大正3）3月、山瀬駅に改称。駅のすぐ北側を伊予街道（国道192号）が走っている。駅の北側は吉野川流域に開けた平野だが、駅の南側は丘陵地で果樹が栽培されている。駅名は1889年（明治22）10月の町村制で発足した山瀬村（→山瀬町）に由来。同町は1955年（昭和30）1月の合併で山川町（現・吉野川市）になり消滅。

0699
塩入／しおいり［JR］土讃線
香川県仲多度郡まんのう町帆山

1923年（大正12）5月に開設。讃岐山脈の北麓にある駅。駅の東側に日本一大きい溜め池として有名な満濃池があり、湖畔は国営讃岐まんのう公園として整備されている。駅名になっている「塩入」という地名は、駅から数キロ離れた山間にある。その集落名が駅名になっているのは、鉄道建設の際にルートをめぐる争いがあり、敗れた塩入集落の顔を立てたからだという。

0700
黒川／くろかわ［JR］土讃線
香川県仲多度郡まんのう町新目

1961年（昭和36）10月に開設。讃岐山脈北麓の山間にある駅。駅の南側を流れている財田川の北岸を通る県道沿いに集落が点在している。まんのう町には黒川という地名もなければ、黒川という河川も流れていない。駅は三豊市との境界近くにあり、黒川という集落は、駅から1キロほど西側を南北に走っている阿波別街道（国道32号）沿いの三豊市（旧・財田町）にあるという越境駅である。

0701
坪尻／つぼじり［JR］土讃線
徳島県三好市池田町西山

1929年（昭和4）4月、坪尻信号場として開設され、1950年（昭和25）1月、駅に昇格。讃岐山脈の山中にある駅で、北へ行っても南へ向かってもトンネルが続く。今では数少ないスイッチバック式の駅で、駅に通じる車道もなければ人家もない、利用客もほとんどいない秘境駅として鉄道ファンの間では知られている。駅名の「坪尻」という地名は国土地理院の地形図にも載っていないが、「池田町大字西山字坪尻」の字名に由来している。

0702
三縄／みなわ［JR］土讃線
徳島県三好市池田町中西

1931年（昭和6）9月に開設。四国山地から流れ下ってきた吉野川が、東へ大きく向きを変える手前の東岸にあり、駅前を通る県道三縄停車場黒沢線沿いに市街地が形成されている。吉野川の対岸を徳島北街道（国道32号）が川岸を走り、1キロほど北で伊予街道（国道192号）が合流している。駅名は1889年（明治22）10月の町村制で発足した三縄村に由来。同村は1959年（昭和34）3月、池田町（現・三好市）に編入され消滅。

0703
豊永／とよなが［JR］土讃線

高知県長岡郡大豊町東土居

四国山地の南麓の山間にある駅。吉野川上流の南岸にあり、駅の近くで支流の南小川が合流している。吉野川沿いを走る徳島北街道（国道32号）と、南小川沿いの国道439号の分岐点も両河川の合流点にある。駅前から両河川の分岐点にかけて集落がある。駅名は1889年（明治22）4月の町村制で発足した東豊永村・西豊永村に由来。両村は1955年（昭和30）3月の合併で大豊村（現・大豊町）になり消滅。

0704
大杉／おおすぎ［JR］土讃線

高知県長岡郡大豊町中村大王

1932年（昭和7）12月に開設。吉野川支流の穴内川流域の山間にある駅。駅の西側を穴内川の流れに沿って徳島北街道（国道32号）が通り、その西側の山中を高知自動車道がトンネルで走り抜けている。駅近くの杉地区に杉の大木があり、その名も「杉の大杉」として天然記念物に指定されている。駅名は「杉の大杉」、あるいは1918年（大正7）6月に発足した大杉村に由来。同村は1955年（昭和30）3月の合併で大豊村（現・大豊町）になり消滅。

0705
土佐長岡／とさながおか［JR］土讃線

高知県南国市西山

1952年（昭和27）5月に開設。南国《なんこく》市の郊外にある駅。駅前を土佐中街道（国道195号）が通り、駅の西側をそのバイパスが走っている。駅名は１８８９年（明治22）４月の町村制で発足した長岡村に由来。同村は１９５６年（昭和31）９月の合併で後免町（現・南国市）になり消滅。

0706
日下／くさか【ＪＲ】土讃線

高知県高岡郡日高村本郷

１９２４年（大正13）３月に開設。日高村の中心駅で、駅前周辺に市街地が形成され、駅の北側を通っている松山街道（国道33号）沿いに日高村役場がある。駅の東側で戸梶川が日下川に合流し、３キロほど東で日下川が仁淀川に合流して土佐湾に注いでいる。駅名は１８８９年（明治22）４月の町村制で発足した日下村に由来。同村は１９５４年（昭和29）10月の合併で日高村になり消滅。

0707
岡花／おかばな【ＪＲ】土讃線

高知県高岡郡日高村本郷

１９６０年（昭和35）８月に開設。駅の上を松山街道（国道33号）がまたいでいる。駅の南側を流れている仁淀川支流の日下川の南岸に「日高村総合運動公園」がある。駅の周辺に岡花という地名は存在しないが、本郷の字名に岡端という地名があり、「おかばな」と読む。岡の端に位置することからついた地名だが、駅を設置する際に、花が咲き誇る岡であるようにとの願望から「端」を「花」に替えて岡花駅にしたといわれる。

0708
斗賀野／とがの【ＪＲ】土讃線

高知県高岡郡佐川町東組

１９２４年（大正13）３月に開設。駅前周辺と駅の西側を通っている国道４９４号沿いに住宅地が形成されている。１９４２年（昭和17）から１９９２年（平成４）までの間、当駅から土佐石灰工業の専用線が通じていた。廃線跡に当時の遺構が残されている。駅名は１８８９年（明治22）４月の町村制で発足した斗賀野村に由来。同村は１９５４年（昭和29）３月の合併で佐川町になり消滅。

0709
吾桑／あそう［JR］土讃線

高知県須崎市吾井郷

1924年（大正13）3月に開設。駅は山間を流れる桜川の東岸にあり、駅の下を中村街道（国道56号）がトンネルでくぐり抜けている。桜川の対岸には国道494号が通っている。駅名は1889年（明治22）4月の町村制で発足した吾桑村に由来。同村は1954年（昭和29）10月の合併で須崎市になり消滅。駅名になっている旧村名の「吾桑」は、駅の所在地の吾井郷《あいのごう》と北に隣接する桑田山の両地区の頭文字を取って命名したもの。

0710
土佐新荘／とさしんじょう［JR］土讃線

高知県須崎市西町2丁目

1939年（昭和14）11月に開設。須崎湾に注ぐ新荘川の河口にある駅。駅の西側は道路交通の要地になっており、新荘川の北岸で中村街道（国道56号）と梼原《ゆすはら》街道（国道197号）が合流し、その近くに高知自動車道の須崎西インターチェンジがある。駅名は1889年（明治22）4月の町村制で発足した新荘村に由来。同村は1941年（昭和16）1月、須崎町（現・須崎市）に編入され消滅。

0711
端岡／はしおか［JR］予讃線

香川県高松市国分寺町新居

1897年（明治30）2月、讃岐鉄道（→山陽鉄道）の駅として開設され、1906年（明治39）12月に国有化。讃岐平野のほぼ中央、旧・国分寺町の中心駅。駅の南側を国道11号が、北側を丸亀街道が通っている。駅の近くに讃岐国分尼寺跡がある。駅名は1890年（明治23）2月の町村制で発足した端岡村に由来。同村は1955年（昭和30）3月の合併で国分寺町（現・高松市）になり消滅。

0712
鴨川／かもがわ［JR］予讃線

香川県坂出市府中町

1897年（明治30）2月、讃岐鉄道（→山陽鉄

道）の駅として開設され、1906年（明治39）12月に国有化。駅の東を綾川が流れ、その東側を国道11号が通っている。駅の南側にそびえる城山の麓は溜池の密集地で、その中に城山温泉がある。駅前を流れている綾川には鴨川の別称があり、駅名は、この別称に由来か。明治初期までこの地域は鴨村といい、1890年（明治23）2月の町村制で加茂村（現・坂出市）になり消滅している。

0713
赤星／あかぼし［JR］予讃線
愛媛県四国中央市土居町津根

1960年（昭和35）3月に開設。四国山地の北麓、瀬戸内海沿岸にある駅。駅の南側を通っている国道11号沿いに市街地が形成されている。その南側の山麓を松山自動車道が走っており、土居インターチェンジで国道11号と接続している。駅名は駅の南方にそびえる赤星山に由来している。当駅は赤星山への登山基地になっている。

0714
関川／せきがわ［JR］予讃線
愛媛県四国中央市土居町北野

1961年（昭和36）4月に開設。愛媛県の東部、四国山脈の北麓にある駅。駅の南側を国道11号が通っており、その南側の山麓を松山自動車道が走り抜けている。1889年（明治22）12月の町村制で発足した関川村は、駅が設置された当時は合併で土居町（現・四国中央市）になり消滅していた。駅名は近くを流れている関川に由来。旧村名は河川名に因み、河川名は近くに関所があったことに由来する。

0715
伊予亀岡／いよかめおか［JR］予讃線
愛媛県今治市菊間町佐方

1925年（大正14）6月に開設。高縄半島の北岸にある駅。駅の北側は住宅地、南側には丘陵地が広がっている。予讃線と並行して瀬戸内海沿岸を今治街道（国道196号）が走っている。駅名は18 89年（明治22）12月の町村制で発足した亀岡村に由来。旧国名を冠しているのは、JR山陰本線の亀岡駅（京都）と区別するため。同村は1955年（昭和30）3月の合併で菊間町（現・今治市）になり消滅。

0716
伊予立川／いよたちかわ［JR］予讃線

愛媛県喜多郡内子町立山

1986年（昭和61）3月に開設。山間を流れる肱川水系の中山川の西岸にある駅。駅から少し南へ行った中山川の西、大洲街道（国道56号）沿いの狭い平地に集落が形成されている。駅名は1889年（明治22）12月の町村制で立山村と川中村が合併した際に、両村の頭文字を取って発足した立川村に由来。同村は1955年（昭和30）3月の合併で内子町になり消滅。

0717
千丈／せんじょう［JR］予讃線

愛媛県八幡浜市郷

1939年（昭和14）2月に開設。大洲市と八幡浜市との境界に連なる山地を、大洲方面から夜昼トンネルで抜けて峠を下ってきた山間にある駅。1889年（明治22）12月の町村制で千丈村が発足していたが、同村は1935年（昭和10）2月の合併で八幡浜市になり消滅。したがって、駅が開設された当時はすでに千丈村は存在していない。駅名は駅の北側を流れている千丈川に由来する。

0718
双岩／ふたいわ［JR］予讃線

愛媛県八幡浜市若山

1945年（昭和20）6月に開設された駅。駅は、予讃線の難所のひとつで、33パーミル（‰）という急勾配が続く笠置越えの山中にある。鉄道の敷設建設が難工事であったことを物語っているかのように、駅前広場に鉄道開通記念碑が立っている。山々に囲まれた駅の周囲に集落が形成されている。駅名は1889年（明治22）12月に発足した双岩村に由来。同村は1955年（昭和30）2月に八幡浜市に編入され消滅。

0719
高光／たかみつ ［JR］予讃線

愛媛県宇和島市高串

１９４１年（昭和16）７月に開設。宇和島市の中心部から北へ３キロほど行ったところにある駅。駅前を宇和島街道（国道56号）が、駅の東側を松山自動車道が走り、予讃線に寄り添うように高串川が流れている。駅の周辺に「高串」と「光満《みつま》」という地名があるが、駅名は１８８９年（明治22）12月の町村制で高串村と光満村が合併し、両村名の頭文字を取って命名した高光村に由来。同村は１９５５年（昭和30）３月、宇和島市に編入され消滅。

0720
喜多灘／きたなだ ［JR］予讃線

愛媛県大洲市長浜町今坊

１９３５年（昭和10）10月に開設。伊予灘の沿岸を走る予讃線（愛ある伊予灘線）の駅。ホームから雄大な海を望むことができる。駅の所在地は大洲市だが、ホームに大洲市と伊予市の境界線が通っている。海岸ぎりぎりのところを予讃線に沿って国道３７８号が走っている。駅名は１８８９年（明治22）12月の町村制で発足した喜多灘村に由来。同村は１９５５年（昭和30）１月の合併で長浜町（現・大洲市）になり消滅。

0721
伊予出石／いよいずし ［JR］予讃線

愛媛県大洲市長浜町上老松

１９１８年（大正７）２月、愛媛鉄道の上老松駅として開設。１９３３年（昭和８）10月、国有化され、１９５０年（昭和25）４月、伊予出石駅に改称。肱川の下流、河口近くの北岸にある駅。駅の近くで大和川が合流し、合流点付近と駅の周囲に集落が形成されている。駅名は対岸のさらに南方にそびえる出石山に由来。駅は出石山への登山基地になっている。山頂に金山出石寺《きんざんしゅっせきじ》が鎮座し、多くの人に信仰されている。

0722
二名／ふたな ［JR］予土線

1914年（大正3）10月、宇和島鉄道の中野駅として開設され、1933年（昭和8）8月、国有化されるとともに二名駅に改称。駅の周辺は山間を流れる三間《みま》川の流域に広がる田園地帯。駅前付近に人家は少ないが、駅から少し離れたところに集落が形成されている。駅名は1889年（明治22）12月の町村制で発足した二名村に由来。同村は1954年（昭和29）10月の合併で三間町（現・宇和島市）になり消滅。

0723
宮本武蔵／みやもとむさし 【智頭急行】智頭線

岡山県美作市今岡

1994年（平成6）12月に開設。智頭《ちず》急行は国鉄が分割民営化される前に計画されていた智頭線を、第三セクターとして新しく開設した路線。当駅は設置される計画ではなかったが、地元住民の要望で開設された。駅のすぐ東側に、鳥取自動車道の大原インターチェンジがある。駅名は宮本武蔵の生誕地であったことに由来する。駅の近くには、武蔵の生家跡や武蔵武道館、武蔵資料館、武蔵神社などがあり、武蔵一色のたたずまい。

0724
恋山形／こいやまがた 【智頭急行】智頭線

鳥取県八頭郡智頭町大内

1994年（平成6）12月、智頭急行の開業とともに開設。駅は山間を流れる千代川の西岸にあり、上り方面へ行っても下り方面へ行ってもトンネルに突入するという山深い駅。駅名は山形地区に開設されることから、鳥取県東部の旧国名を冠した因幡山形駅とする予定だったが、地元住民の「人よ来い、山形へ」という願望から、「来い」に「恋」の文字を当てて「恋山形」駅としたもの。駅のフェンスはピンク色に塗られ、ハートのマークが描かれている。

0725
安部／あべ 【若桜鉄道】若桜線

鳥取県八頭郡八頭町日下部

1932年（昭和7）2月、国鉄の駅として開設。

1987年（昭和62）10月、国鉄の分割民営化にともない第三セクターの若桜鉄道に転換。木造駅舎は国の登録有形文化財。駅は八東《はっとう》川の西岸にあり、国道29号と482号が八東川の対岸で合流している。駅の周辺に安部という地名は存在しない。八東川の対岸の安井宿と、駅舎側の日下部地区で駅名をめぐる争いがあり、駅名は両地区の地名から1文字ずつ取って命名されたもの。

0726
丹比／たんぴ 【若桜鉄道】若桜線

鳥取県八頭郡八頭町南

1930年（昭和5）12月、国鉄の駅として開設。1987年（昭和62）10月、国鉄の分割民営化により第三セクターの若桜鉄道に転換。開業当時の駅舎は国の登録有形文化財。八東川流域の山間に開けた田園地帯の中にある駅だが、周囲に市街地も形成されている。駅の北側には国道29号が通っている。駅名は1905年（明治38）3月に発足した丹比村に由来。同村は1959年（昭和34）5月の合併で八東町（現・八頭町）になり消滅。

0727
吉備真備／きびのまきび 【井原鉄道】井原線

岡山県倉敷市真備町箭田

1999年（平成11）1月、第三セクターの井原鉄道の駅として開設された駅。高梁川支流の小田川の北岸にある旧・真備《まび》町の玄関駅で、駅前周辺に市街地が形成されている。この周辺は吉備の国といわれていた地域。したがって、駅名は「吉備国にある真備町」の意からつけられたと思われがちだが、じつは人名に因んだ駅名である。吉備真備は奈良時代の貴族・政治学者で、遣唐使として中国に渡った。駅名は当地が吉備真備の故郷であることに由来する。

0728
備中呉妹／びっちゅうくれせ 【井原鉄道】井原線

岡山県倉敷市真備町尾崎

1999年（平成11）1月に開設。築堤上に設置された駅。駅の北側を山陽道（国道486号）が通り、南側を高梁川支流の小田川が流れている。駅名は吉備国の呉妹郷に由来するといわれるが、1889年（明治22）6月の町村制で尾崎村と呉村が合併してできた呉妹村（→真備町→倉敷市）に由来する駅名だろう。

0729
三谷／みたに
【井原鉄道】井原線
岡山県小田郡矢掛町東三成

1999年（平成11）1月に開設。なだらかな丘陵に囲まれた平地にある駅。駅の南を山陽道（国道486号）が通っており、その南側を高梁川支流の小田川が流れている。駅名は1889年（明治22）6月1日の町村制で発足した三谷村に由来。同村は1954年（昭和29）5月の合併で矢掛町になり消滅。

0730
早雲の里荏原／そううんのさとえばら
【井原鉄道】井原線
岡山県井原市東江原町

1999年（平成11）1月に開設。構内には井原鉄道の本社と車両基地がある。高梁川支流の小田川の北岸にある駅で、駅前（南側）を山陽道（国道486号）が通っている。駅名は、このあたりが戦国武将の北条早雲の故郷であったことと、1900年（明治33）4月に発足した荏原村（現・井原市）に由来する。駅の北東にそびえる高越山《たかこし》に、北条早雲にゆかりのある高越城址がある。

0731
いずえ／いずえ
【井原鉄道】井原線
岡山県井原市下出部町

1999年（平成11）1月に開設。駅の北側に市街地が形成され、山陽道（国道313号）沿いには多くの商業施設がある。駅名は地元の人でなければ由来が分からないかもしれない。「いずえ」を漢字で表記すると「出部」、駅の所在地は下出部なので駅名と地名はほぼ一致している。難読のため平仮名表記になったのである。

0732 **川跡／かわと**【一畑電車】北松江線・大社線

島根県出雲市武志町

１９３０年（昭和５）２月、一畑電気鉄道の駅として開設され、２００６年（平成18）４月、一畑電車に移管。出雲市の近郊にある北松江線と大社線の接続駅。駅の近くに島根県立大学出雲キャンパスがある。駅名は１８８９年（明治22）４月の町村制で発足した川跡村に由来。同村は１９４１年（昭和16）２月の合併で出雲町（現・出雲市）になり消滅。

0733 **旅伏／たぶし**【一畑電車】北松江線

島根県出雲市西代町

１９１４年（大正３）４月、一畑軽便鉄道の駅として開設。１９２５年（大正14）７月、一畑電気鉄道に改称し、２００６年（平成18）４月、一畑電車に移管。旧・平田市にある駅。駅の北側を国道４３１号が通り、南側には斐伊川が流れている。駅名は駅の西方にそびえる旅伏山に由来。山名は国引き神話の八束水臣津野命《やつかみずおみづぬのみこと》が旅の途中でひと休みしたことに因む。

0734 **伊野灘／いのなだ**【一畑電車】北松江線

島根県出雲市美野町

１９２８年（昭和３）４月、一畑電気鉄道の駅として開設され、２００６年（平成18）４月、一畑電車に移管。宍道湖の北岸にある駅。駅名は１８８９年（明治22）４月の町村制で発足した伊野村に由来。同村は１９６０年（昭和35）４月、平田市（現・出雲市）に編入され消滅。伊野灘の「灘」は、波が荒くて航海が困難な海とか、川の流れの速いところの意。駅の東側で伊野川が宍道湖に注いでおり、河口に伊野灘港がある。

0735 **高ノ宮／たかのみや**【一畑電車】北松江線

島根県松江市大垣町

１９２８年（昭和３）４月、一畑電気鉄道の駅として開設され、２００６年（平成18）４月、一畑電車に移管。宍道湖の北岸にある駅。駅の近くに鳥居が立っているが、これは駅の北にそびえる本宮山の中腹に鎮座する高野宮の一の鳥居で、本殿は駅から北へ2キロほど離れた山中にある。駅名は大国主命と、その子の和加布都主命《わかふつぬしのみこと》および下照姫命《したてるひめのみこと》を祀る高野宮に由来。

0736
高浜／たかはま【一畑電車】大社線

島根県出雲市里方町

1930年（昭和5）2月、一畑電気鉄道の駅として開設され、2006年（平成18）4月、一畑電車に移管。出雲市の市街地北端にある駅で、北側の山麓を大社線と並行して国道431号が走っている。駅の南には、建設当初は日本初の木造ドームとして話題になった出雲ドームがある。駅名は1889年（明治22）4月の町村制で発足した高浜村に由来。同村は1941年（昭和16）2月の合併で出雲町（現・出雲市）になり消滅。

0737
南河内／みなみごうち【錦川鉄道】錦川清流線

山口県岩国市角

1960年（昭和35）11月、国鉄の駅として開設され、1987年（昭和62）7月、国鉄の分割民営化により第三セクターの錦川鉄道に移管。駅の東側に国道2号と、錦川沿いを通っている国道187号の分岐点がある。駅名は1889年（明治22）4月の町村制で発足した南河内村に由来。同村は1955年（昭和30）4月、岩国市に編入されて消滅。2駅隣にある北河内駅も、南河内村と同じ由来による。

0738
河山／かわやま【錦川鉄道】錦川清流線

山口県岩国市美川町四馬神

1960年（昭和35）11月、国鉄の駅として開設。1987年（昭和62）7月、国鉄の分割民営化により第三セクターの錦川鉄道に移管。山間を流れる錦川の西岸にある駅。駅の北側で本郷川が錦川に合流しており、対岸を通っている国道187号沿いに岩国市役所美川支所がある。駅名は1911年（明治44）7月に発足した河山村に由来。同村は1955年（昭和30）7月の合併で美川村（→美川町→岩国市）になり消滅。

0739 潟元／かたもと 【高松琴平電気鉄道】志度線

香川県高松市屋島西町

1931年（昭和6）3月、四国水力電気（→讃岐電鉄→高松琴平電気鉄道）の駅として開設。新川の河口近くにある駅。駅の南を相引川が流れ、その南岸を国道11号が通り、さらにその南側を志度街道とJR高徳線が並行して走っている。駅から2キロほど北に、源平古戦場の屋島がある。駅名は1890年（明治23）2月の町村制で発足した潟元村に由来。同村は1920年（大正9）1月、屋島村（→屋島町→高松市）に改称して消滅。

0740 八栗／やくり 【高松琴平電気鉄道】志度線

香川県高松市牟礼町牟礼

1911年（明治44）11月、東讃電気軌道（→四国水力電気→讃岐電鉄→高松琴平電気鉄道）の駅として開設。駅の南側を国道11号とJR高徳線が、志度線と並行に走っている。駅の西側には、瀬戸内海に河口を2つ持つという珍しい相引《あいびき》川が流れている。駅名は駅の北東にそびえる五剣山の中腹に鎮座する四国八十八ヵ所霊場第85番札所の八栗寺に由来、山麓から八栗寺まで八栗ケーブルが通じている。

0741 房前／ふさざき 【高松琴平電気鉄道】志度線

香川県高松市牟礼町原

1911年（明治44）11月、東讃電気軌道（→四国水力電気→讃岐電鉄→高松琴平電気鉄道）の駅として開設。志度湾岸にある駅で、隣の塩屋駅との間の海岸線は景勝地として知られる。塩屋駅との間に房前公園がある。駅名は奈良時代の貴族で藤原不比等の次男の藤原房前が、母を訪ねてこの地を訪れたという故事に由来する地名によるか。

0742 **林道／はやしみち** 【高松琴平電気鉄道】長尾線

香川県高松市木太町

1912年（明治45）4月、高松電気軌道の駅として開設。高松市の中心市街地の一角にある駅。駅の東側を詰田川が流れており、駅の南には県道高松長尾大内線と県道中徳三谷高松線が交わる十字路がある。駅名は旧・高松空港がある林村（現・高松市林町）に通じる道路に由来するか。高松空港は1989年（平成元）12月、香川郡香南町（現・高松市）に移転。

0743 **挿頭丘／かざしがおか** 【高松琴平電気鉄道】琴平線

香川県綾歌郡綾川町畑田

1926年（大正15）12月、琴平電鉄（現・高松琴平電気鉄道）の駅として開設。讃岐平野の南部にある駅。駅の北側を高松街道（県道高松琴平線）が、その北側には国道32号が通っている。駅の周辺に多くの住宅団地が造成されている。挿頭丘という地名は存在しないが、駅の近くに挿頭山という小高い山がそびえている。琴平電鉄がその山麓一帯を挿頭丘と名付けて住宅地、別荘地を開発。その最寄り駅として開設されたのが挿頭丘駅である。

0744 **古町／こまち** 【伊予鉄道】高浜線・大手町線・城北線

香川県松山市平和通6丁目

1888年（明治21）10月、三津口駅として開設され、翌年7月、古町駅に改称。4面5線を有する伊予鉄道の主要駅で、高浜線、大手町線、城北線の3線が接続している。駅の周囲は松山市の中心市街地の一角を形成しており、あたりにはオフィスビルやマンションなどが林立し、多くの商業施設がある。駅の東側は松山城で、近くに古町口登城道の入口がある。駅名は城下の西部に置かれた商人町の古町に由来。

0745 **鎌田／かまた**［伊予鉄道］郡中線

愛媛県松山市余戸南

１９６７年（昭和42）２月に開設。松山市の南部にある駅。駅の南側を重信川が流れており、その対岸は松前《まさき》町になる。駅の周辺は住宅地。駅の東側を大洲街道（国道56号）が通り、その東側に坊っちゃんスタジアムや愛媛県武道館などを備えた松山中央公園がある。駅の北西２キロほどのところには松山空港がある。駅名は旧地名に由来。鎌田という正式な地名は存在しないが、古くはこの付近一帯を鎌田町といった。

0746 **地蔵町／じぞうまち**［伊予鉄道］郡中線

愛媛県伊予郡松前町北黒田

１９０１年（明治34）２月に開設。松前町の中心市街地近くにあり、駅の周囲は住宅地。数百メートル西へ行くと伊予灘。駅の東側を、郡中線に沿って大洲街道（国道56号）が走っている。駅の周辺に地蔵町という正式な地名は存在しない。江戸時代、松山藩主が勧請した延命地蔵尊を「お地蔵さん」と呼んで村人たちに信仰され、やがてお地蔵さんがあるあたりを地蔵町というようになった。駅名は延命地蔵尊が置かれていたことに由来。

0747 **郡中／ぐんちゅう**［伊予鉄道］郡中線

愛媛県伊予市下吾川

１８９６年（明治29）７月、南予鉄道の駅として開設され、１９００年（明治33）５月、伊予鉄道の駅になる。伊予市の中心にある駅で、駅前には商店街も形成されている。伊予郵便局や伊予市立図書館など公共施設にも近い。駅の西側は伊予港で、東側には大洲街道（国道56号）と国道３７８号が通っている。駅名は１８８９年（明治22）12月の町村制で発足した郡中町に由来。同町は１９５５年（昭和30）１月の合併で伊予市になり消滅。

0748
海の王迎／うみのおうむかえ
［土佐くろしお鉄道］中村線

高知県幡多郡黒潮町上川口

2003年（平成15）4月に開設。土佐湾に面する駅で、近くに建設された王迎団地に住む住民の利便を図るため新しく設置された。高台にあるので海の眺めが素晴らしい。土佐湾岸を中村街道（国道56号）が通り、駅の近くに浮津海水浴場がある。王とは後醍醐天皇の子、尊良親王のこと。駅が設置された付近は、元弘の乱（元弘の変）で土佐に流された尊良親王が上陸した地だと伝えられ、「親王を海から迎えた地」という意味から駅名に付けられた。

0749
西大方／にしおおがた
［土佐くろしお鉄道］中村線

高知県幡多郡黒潮町上田の口

1970年（昭和45）10月、国鉄の駅として開設。1988年（昭和63）4月、国鉄の分割民営化により第三セクターの土佐くろしお鉄道に転換。土佐湾に注いでいる蛎瀬《かきせ》川の南岸にある駅。駅前を中村街道（国道56号）が通り、蛎瀬川の対岸に集落が形成されている。駅名は1943年（昭和18）11月に発足した大方町の西に位置していることに由来。同町は2006年（平成18）3月の合併で黒潮町になり消滅。

第7章　九州の駅名

0750
天津／あまつ［JR］日豊本線

大分県宇佐市下敷田

1956年（昭和31）10月に開設。駅の東側に伊呂波川が、西側には五十石川が流れ、周防灘に注いでいる。当地は昭和の大横綱として名高い双葉山の出身地で、駅の近くに二葉山神社が鎮座している。駅名は1889年（明治22）4月の町村制で発足した天津村に由来。同村は1954年（昭和29）3月の合併で四日市町（現・宇佐市）になり消滅。

0751
柳ケ浦／やなぎがうら［JR］日豊本線

大分県宇佐市住吉町1丁目

1897年（明治30）9月、豊州鉄道の長洲駅として開設され、翌年3月、宇佐駅に改称。1907年（明治40）7月に国有化され、1909年（明治42）10月、柳ヶ浦駅に改称。駅館《やっかん》川の河口西岸にある。2つ隣にある宇佐駅よりも、当駅のほうが宇佐市の中心に近い。駅名は1889年（明治22）4月の町村制で発足した柳ヶ浦村（→柳ヶ浦町）に由来。同町は1955年（昭和30）3月の合併で長洲町（現・宇佐市）になり消滅。

0752
中山香／なかやまが［JR］日豊本線

大分県杵築市山香町野原

1910年（明治43）12月に開設。国東半島の根元付近を横断する日豊本線のほぼ中央にある駅で、駅の周辺は山間を流れる立石川の流域に開けた田園地帯。駅の北側を立石川の流れに沿って日向街道（国道10号）が通っている。女性の名前と錯覚するような駅名だが、「なかやまかおる」ではなく、「なかやまが」と読み、「山香の中心」を意味する。駅名は１８８９年（明治22）４月の町村制で発足した中山香村（↓中山香町↓山香町↓杵築市）に由来。

0753 **暘谷／ようこく**［ＪＲ］日豊本線

大分県速見郡日出町

１９８７年（昭和62）３月に新しく開設された日《ひ》出《じ》町の玄関駅。それまでの玄関だった日出駅は市街地の東端に位置する。日出町の中心市街地は別府湾に面し、日出町役場も駅の近くにある。駅の北側を日向街道（国道10号）が通っている。街道の沿線には再開発により多くの商業施設が設置され、住宅団地も造成されている。駅名は別府湾岸にある木下氏が居城した日出城の別称の暘谷城に由来。

0754 **幸崎／こうざき**［ＪＲ］日豊本線

大分県大分市本神崎

１９１４年（大正３）４月に開設。佐賀関半島の根元付近で別府湾に注いでいる小猫川の東岸にある。かつて当駅で、日本鉱業佐賀関鉄道と接続していた。駅の北側を愛媛街道（国道１９７号）が通り、別府湾岸には神崎海水浴場がある。駅名は１９０７年（明治40）７月の合併で発足した神崎村（↓佐賀関町↓大分市）に由来。「神崎」は「かんざき」ではなく「こうざき」と読む。東海道本線の尼崎駅（開設当時は神崎《かんざき》駅）や長崎本線の神埼（かんざき）駅との混同を避けるため、神崎を「幸崎」と表記する駅名になった。

0755 **日代／ひしろ**［ＪＲ］日豊本線

大分県津久見市網代

１９１６年（大正５）10月に開設。津久見湾の北岸にある駅。駅の北側を国道２１７号がトンネルで抜けている。駅周辺の海域は変化に富み、観音崎や網代島などの景勝地がある。駅名は１８８９年（明治22）４月の町村制で発足した日代村に由来。同村は１９５１年（昭和26）４月の合併で津久見市になり消滅。

0756
日向住吉／ひゅうがすみよし 「JR」日豊本線

宮崎県宮崎市島之内

1913年（大正2）12月、宮崎県営鉄道の次郎《じろ》ケ《が》別府《びゅう》駅として開設。1917年（大正6）9月に国有化され、1935年（昭和10）10月、日向住吉駅に改称。宮崎市の北部にあり、駅の周囲は住宅地だが、駅の南に宮崎大学農学部住吉フィールド（牧場）がある。駅の西側を日向街道（国道10号）が日豊本線に沿って通っている。駅名は1889年（明治22）5月の町村制で発足した住吉村に由来。同村は1957年（昭和32）10月、宮崎市に編入されて消滅。駅の東方に、由来となった住吉神社がある。

0757
霧島神宮／きりしまじんぐう 「JR」日豊本線

鹿児島県霧島市霧島大窪

1930年（昭和5）7月に開設。霧島山南麓の山間にある。駅舎は霧島神宮を模している。駅の西側に霧島川と狩川の合流点があり、その流域に市街地が形成されている。駅の近くに霧島市役所霧島総合支所がある。駅名は霧島神宮に由来しているが、霧島神宮の位置をよく知らない人は、当駅で降りればすぐ近くにあると思うだろう。しかし、駅から霧島神宮までは十数キロも離れており、初めて訪れた人は戸惑う。

0758
帖佐／ちょうさ 「JR」日豊本線

鹿児島県姶良市東餅田

1926年（大正15）4月に開設。市名と同じ姶良駅が隣駅にあるが、姶良市の玄関駅は帖佐駅。駅前に姶良市の中心市街地が形成され、姶良市役所など市の主要な施設が至近距離にある。駅の西側を姶良バイパス（国道10号）が、さらにその西側を九州自動車道が走っている。駅名は1889年（明治22）4月の町村制で発足した帖佐村（→帖佐町）に由来。同町は1955年（昭和30）1月の合併で姶良町（現・姶良市）になり消滅。

0759
重富／しげとみ【JR】日豊本線

鹿児島県姶良市脇元

1901年（明治34）6月に開設。鹿児島市のベッドタウンとして人口が増加している、鹿児島市に最も近い駅。駅の周辺は住宅地。東側は鹿児島湾、西側には丘陵が駅の近くまで迫っており、その麓を日向街道（国道10号）が通っている。駅名は1889年（明治22）4月の町村制で発足した重富村に由来。同村は1955年（昭和30）1月の合併で姶良町（現・姶良市）になり消滅。

0760
笹原／ささばる【JR】鹿児島本線

福岡県福岡市南区井尻3丁目

1987年（昭和62）3月に開設。福岡市の南端、南区と博多区の境界上にある駅。駅の西口は南区井尻3丁目だが、東口は博多区諸岡5丁目。駅の南側を福岡都市高速環状線の高架が通っており、その南側の春日市との境界線上で、西鉄天神大牟田線と交差している。駅の周囲に笹原という地名は存在しない。江戸時代、このあたりは笹が茂る原野であったことから笹原村と呼ばれていた。駅名は、かつての村名に由来する。駅の近くに笹原八幡宮がある。

0761
水城／みずき【JR】鹿児島本線

福岡県大野城市下大利3丁目

1913年（大正2）9月に開設。太宰府市との境界近くにある駅で、駅の周辺は住宅地。駅の東側を九州自動車道と福岡南バイパス（国道3号）が走っている。駅名の「水城」という地名は大野城市ではなく、隣接する太宰府市にある越境駅。水城村は1889年（明治22）4月の町村制で発足し、1955年（昭和30）3月の合併で太宰府町（現・太宰府市）になるまで存在していた。駅名は駅の近くにある古代の砦跡の水城跡（国の特別史跡）に因んで命名。

0762
肥前旭／ひぜんあさひ ［JR］ 鹿児島本線

佐賀県鳥栖市儀徳町

１９２８年（昭和３）12月、旭信号場として開設。１９３４年（昭和９）６月、駅に昇格し、その際に土讃線の旭駅（高知）との混同を避けるため、肥前旭駅に改称。駅の周辺は住宅地化が進んでいる。駅のすぐ東側を、九州新幹線の高架が鹿児島本線に並行して走っている。駅名は１８８９年（明治22）４月の町村制で発足した旭村に由来。同村は１９５４年（昭和29）４月の合併で鳥栖市になり消滅。

0763
渡瀬／わたぜ ［JR］ 鹿児島本線

福岡県みやま市高田町濃施

１８９１年（明治24）６月、九州鉄道の駅として開設され、１９０７年（明治40）７月に国有化。みやま市の南部に位置する旧・高田町の玄関駅で、周辺は住宅地。駅のすぐ東側に高田濃施山公園がある。駅の北側で国道２０８号と２０９号が合流している。南に隣接する大牟田市には西鉄渡瀬駅がある。駅名は江戸時代に宿場町として栄えた渡瀬宿に由来し、みやま市と大牟田市の境界付近を流れている隈川が、歩いて渡れるほどの浅瀬であったことに因む。

0764
銀水／ぎんすい ［JR］ 鹿児島本線

福岡県大牟田市草木

１９２６年（大正15）４月に開設。大牟田市の市街地の北部にある。駅の東側を国道２０８号が、駅の西側を西鉄天神大牟田線が鹿児島本線と並行して走っており、３００メートルほど南に西鉄銀水駅がある。駅の周辺には大牟田高校や三池高校など、多くの学校がある。駅名は１８８９年（明治22）４月の町村制で発足した銀水村に由来。同村は１９４１年（昭和16）４月、大牟田市に編入され消滅。駅の北側を流れている白銀川の別称を銀水川という。

0765
西里／にしさと ［JR］ 鹿児島本線

熊本県熊本市北区下硯川町

1943年（昭和18）10月、西里信号場として開設され、1954年（昭和29）12月、駅に昇格。駅の西側に熊本保健科学大学があり、近くを井芹《いせり》川が流れている。駅の東側には住宅団地が造成され、駅の利用者が増加しつつある。駅名は1898年（明治31）8月に発足した西里村に由来。同村は1955年（昭和30）7月の合併で北部《ほくぶ》村（→北部町→熊本市）になり消滅。

0766 **上伊集院／かみいじゅういん**［JR］鹿児島本線

鹿児島県鹿児島市上谷口町

1913年（大正2）10月、饅頭石駅として開設され、1949年（昭和24）12月、上伊集院駅に改称。鹿児島市西部の丘陵にある鹿児島本線で最も標高が高い駅。駅の周辺は、鹿児島市のベットタウンとして多くの団地が造成されている。「伊集院」は鹿児島市の西に隣接する日置市（旧・伊集院町）にあるので越境駅だと思われがちだが、駅名は1889年（明治22）4月の町村制で発足した上伊集院村に由来。同村は1960年（昭和35）4月、町に昇格する際に松元町に改称し消滅。2004年（平成16）11月、鹿児島市に編入。

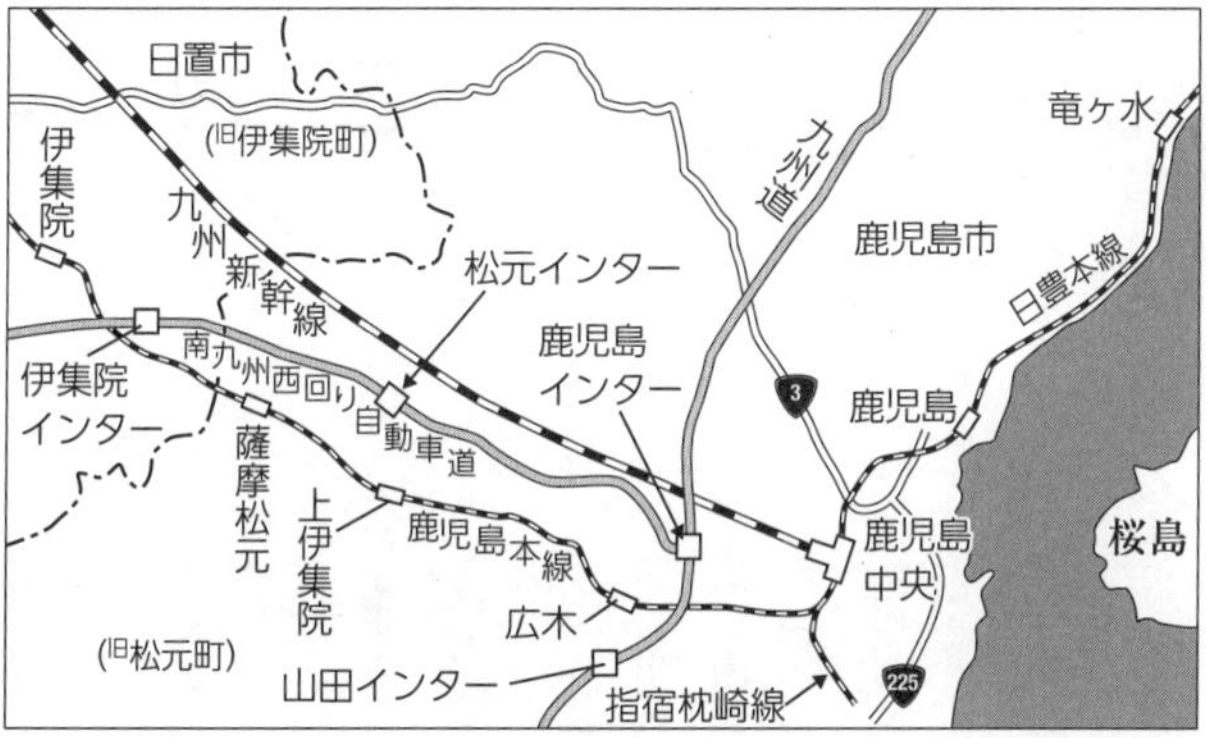

0767 **真幸／まさき**［JR］肥薩線

宮崎県えびの市内竪

1911年（明治44）5月に開設。宮崎県最西端の山間部にある駅で、スイッチバックで急勾配を克服している。開設当時の駅舎が残る。駅名は1889年（明治22）5月の町村制で発足した真幸村（現・真幸町）に由来。同町は1966（昭和41）11月の合併でえびの町（現・えびの市）になり消滅。「延喜式」に真斫（まさき）とあり、細長い地形のことで、これに由来か。駅名が「真の幸せ」に通ずるという縁起の良さから入場券に人気がある。

0768 **吉松／よしまつ**［JR］肥薩線・吉都線

鹿児島県姶良郡湧水町川西

1903年（明治36）9月に開設。鹿児島県北部の山間にある肥薩線と吉都《きっと》線の接続駅。駅前周辺に市街地が形成され、駅の東側を流れている川内川《せんだい》の対岸を国道268号が通っている。駅名は1889年（明治22）4月の町村制で発足した吉松村（現・吉松町）に由来。同町は2005年（平成17）3月、栗野町と合併して湧水町になり消滅。吉都線の「吉」は吉松の頭文字。

0769 **栗野／くりの**［JR］肥薩線

鹿児島県姶良郡湧水町木場

1903年（明治36）9月に開設。湧水町の玄関駅で、駅と北側を流れている川内川との間に中心市街地が形成されている。駅の南側の丘陵の麓に九州自動車道の栗野インターチェンジがある。駅名は1889年（明治22）4月の町村制で発足した栗野村（現・栗野町）に由来。同町は2005年（平成17）3月、吉松町と合併して湧水町になり消滅。駅の近くに町名の由来にもなった「日本名水百選」の丸池湧水がある。

0770 **霧島温泉／きりしまおんせん**［JR］肥薩線

鹿児島県霧島市牧園町宿窪田

1908年（明治41）7月、牧園駅として開設。1962年（昭和37）1月、霧島西口駅に改称し、2003年（平成15）3月には霧島温泉駅に改称。霧島山西麓の山間にある駅で、駅の西側を天降川が流れ、駅前を通る県道牧園薩摩線沿いに集落が形成されている。駅名は霧島温泉に由来するが、駅の周辺に温泉街があるわけではなく、温泉までは十数キロも離れている。そのため、初めて訪れた人は戸惑う。

0771 えびの飯野／えびのいいの ［JR］吉都線

宮崎県えびの市原田

1912年（大正元）10月、飯野駅として開設され、1990年（平成2）11月、えびの飯野駅に改称。霧島山の北麓を流れる川内川支流の池島川の北岸にある駅。駅の北側に市街地が形成され、駅の南側を宮崎自動車道が走っている。駅名は1889年（明治22）5月の町村制で発足した飯野村（↓飯野町）に由来。同町は1966年（昭和41）11月の合併でえびの町（現・えびの市）になり消滅。

0772 日向大束／ひゅうがおおつか ［JR］日南線

宮崎県串間市奈留

1935年（昭和10）4月に開設。串間市北部にある駅。駅のすぐ東側を志布志街道（国道220号）が通っており、国道沿いと駅前に市街地が形成されている。駅名は1889年（明治22）5月の町村制で発足した大束村に由来。同村は1954年（昭和29）11月の合併で串間市になり消滅。

0773 緑川／みどりかわ ［JR］三角線

熊本県宇土市野鶴町

1960年（昭和35）4月に開設。宇土半島の付け根付近にある駅。駅前を国道57号が三角線に並行してほぼ直線に延びている。駅名は1889年（明治22）4月の町村制で発足した緑川村に由来。同村は1954年（昭和29）4月の合併で宇土町（現・宇土市）になり消滅。駅の北側1・5キロほどのところに、島原湾に注ぐ緑川の河口がある。

0774 **菅尾／すがお**［JR］豊肥本線 大分県豊後大野市三重町浅瀬

1921年（大正10）3月に開設。駅のすぐ東側を通っている国道326号沿いに集落が形成されている。駅から北へ1キロほどのところに、国の史跡および重要文化財に指定されている菅尾石仏（磨崖仏）がある。駅名は1889年（明治22）4月の町村制で発足した菅尾村に由来。同村は1951年（昭和26）4月の合併で三重町（現・豊後大野市）になり消滅。

0775 **滝尾／たきお**［JR］豊肥本線 大分県大分市津守

1914年（大正3）4月に開設。大分市近郊の住宅地にある駅で、駅の西側を大分川が流れている。駅の裏手（東側）には、碇山《いかり》という小高い山が公園として整備されている。駅の南側を大分自動車道が走っており、2キロほど東には大分スポーツ公園と、それに隣接して高尾山自然公園という広大な都市公園がある。駅名は1889年（明治22）4月の町村制で発足した滝尾村に由来。同村は1939年（昭和14）8月、大分市に編入され消滅。

0776 **筑後大石／ちくごおおいし**［JR］久大本線 福岡県うきは市浮羽町高見

1931年（昭和6）7月に開設。筑後川の南岸に広がる田園地帯にあり、駅の周辺は住宅地。筑後川河畔には筑後川温泉がある。筑後川の対岸を日田往還（国道336号）が通っており、さらにその北側を走っている大分自動車道の杷木《はき》インターチェンジで接続している。駅名は1889年（明治22）4月に発足した大石村に由来。同村は1951年（昭和26）4月、御幸町（→浮羽町→うきは市）に編入され消滅。

0777 **光岡／てるおか**［JR］久大本線

大分県日田市友田

1934年（昭和9）6月に開設。駅は市内を流れている花月川の北岸にある。花月川の対岸に日田市の中心市街地が広がり、その中心を日田往還（国道386号）が通り抜けている。駅の北側の丘陵には、名刹として知られる岳林寺が鎮座している。駅名は1889年（明治22）4月の町村制で発足した光岡村に由来。同村は1940年（昭和15）12月の合併で日田市になり消滅。

0778
豊後中川／ぶんごなかがわ 【JR】久大本線

大分県日田市天瀬町合田

1934年（昭和9）11月に開設。日田市東部の山間を流れている玖珠《くす》川の西岸にある駅。駅前を筑後街道（国道210号）が久大《きゅうだい》本線に並行して走っており、国道沿いに集落が形成されている。駅前から県道玖珠天瀬線を東へ行くと、大分自動車道の天瀬高塚インターチェンジに出る。駅名は1889年（明治22）4月の町村制で発足した中川村に由来。同村は1955（昭和30）3月の合併で栄村（→天瀬町→日田市）になり消滅。

0779
由布院／ゆふいん 【JR】久大本線

大分県由布市湯布院町川北

1925年（大正14）7月、北由布駅として開設され、1950年（昭和25）1月、由布院駅に改称。温泉都市として名高い由布市の玄関駅で、大分川河畔に温泉街を形成している。駅の正面に、豊後富士と称される由布岳の雄姿を望む。駅名（由布院）と市名（由布）、字名（湯布院）が微妙に異なっているのは合併が原因。駅名は1948年（昭和23）1月に発足した由布院町に由来。同町は1955年（昭和30）2月、湯平村と合併して湯布院町になり、2005年（平成17）10月の合併で由布市になった。

0780
肥前麓／ひぜんふもと 【JR】長崎本線

佐賀県鳥栖市平田町

1942年（昭和17）9月、肥前麓信号場として開設され、１９４７年（昭和22）３月、駅に昇格。筑紫平野の北部に位置する。駅の北側には住宅地が広がり、南側には工業団地がある。駅名は１８８９年（明治22）４月の合併で発足した麓村に由来。同村は１９５４年（昭和29）４月の合併で鳥栖市になり消滅。

0781 **中原／なかばる**［ＪＲ］長崎本線

佐賀県三養基郡みやき町原古賀

１８９１年（明治24）８月、九州鉄道の駅として開設され、１９０７年（明治40）７月に国有化。駅の近くに、みやき町役場中原庁舎や中原体育館などがある。駅の南側を長崎街道（国道34号）が通り、東側には筑後川支流の寒水川が流れている。駅名は１８８９年（明治22）４月の町村制で発足した中原村（→中原町）に由来。同町は２００５年（平成17）３月の合併で、みやき町になり消滅。

0782 **肥前竜王／ひぜんりゅうおう**［ＪＲ］長崎本線

佐賀県杵島郡白石町坂田

１９３０年（昭和５）３月に開設。駅の東側を国道２０７号が長崎本線と並行して走っており、その東側を廻里江《めぐりえ》川が流れている。駅から少し北へ行ったところに旧・有明町の市街地がある。駅の東側は有明干拓地。駅名は１８８９年（明治22）４月の町村制で発足した竜王村に由来。同村は１９５５年（昭和30）４月の合併で有明村（→有明町→白石町）になり消滅。

0783 **肥前七浦／ひぜんななうら**［ＪＲ］長崎本線

佐賀県鹿島市音成

１９３４年（昭和９）４月に開設。有明海の沿岸にある駅。駅の東側に広がる有明海の沿岸を国道２０７号が通っている。駅から数百メートル北の国道沿いに「道の駅鹿島」がある。毎年夏、有明海の干潟を利用して「鹿島ガタリンピック」が催され、イベントの当日は肥前七浦駅に一部の特急が停車する。駅名は１８８９年（明治22）４月の町村制で発足した七浦村に由来。同村は1955年（昭和30）3月、鹿島市と太良町に分割編入され消滅。

0784 湯江／ゆえ ［JR］長崎本線

長崎県諫早市高来町三部壱

1934年（昭和9）3月に開設。旧・高来《たかき》町の中心駅。駅の北側に市街地が形成され、諫早市役所高来支所がある。国道207号は駅の南側を長崎本線に沿って走っている。駅の南側は有明海沿岸の干拓地。駅名は1889年（明治22）4月の町村制で発足した湯江村（→湯江町）に由来。同町は1956年（昭和31）9月の合併で高来町（現・諫早市）になり消滅。

0785 喜々津／ききつ ［JR］長崎本線・長崎本線長与支線

長崎県諫早市多良見町化屋

1898年（明治31）11月、九州鉄道の駅として開設され、1907年（明治40）7月に国有化。1972年（昭和47）10月、新線が開通したことにより本線と旧線（長与支線）の分岐駅になる。大村湾の沿岸にある旧・多良見町の中心駅で、近くに諫早市役所多良見支所がある。駅名は1889年（明治22）4月の町村制で発足した喜々津村に由来。同村は1955年（昭和30）2月の合併で多良見村（→多良見町→諫早市）になり消滅。

0786 浦上／うらかみ ［JR］長崎本線・長崎本線長与支線

長崎県長崎市川口

1897年（明治30）7月、長崎駅として開設され、1905年（明治38）4月、浦上駅に改称。1907年（明治40）7月に国有化。長崎市の中心部にある本線と、長与支線の分岐駅。駅の東側に長崎電気軌道の浦上駅前停留場があり、駅の西側には浦上川が流れている。駅名はキリシタンの里として知られる浦上村に由来。1889年（明治22）4月の町村制で浦上山里村および西浦上村が成立するが、その後、長崎市に編入されて消滅。

0787

大草／おおくさ［JR］長崎本線長与支線

長崎県諫早市多良見町元釜

1898年（明治31）11月、九州鉄道の駅として開設され、1907年（明治40）7月に国有化。駅前を海岸線に沿って国道207号が走っている。国道沿いと丘陵の麓に集落が形成されている。駅名は1889年（明治22）4月の町村制で発足した大草村に由来。同村は1955年（昭和30）2月の合併で多良見村（→多良見町→諫早市）になり消滅。

0788

一貴山／いきさん［JR］筑肥線

福岡県糸島市二丈田中

1924年（大正13）5月、北九州鉄道の駅として開設され、1937年（昭和12）10月に国有化。唐津湾岸近くにある駅。周囲は住宅地。駅の東側は丘陵地だが、駅の西を流れる羅漢川の西側には田園地帯が広がっている。駅の近くに、この地方で最大の一貴山銚子塚古墳がある。駅名は1889年（明治22）4月の町村制で発足した一貴山村に由来。同村は1955年（昭和30）1月の合併で二丈村（→二丈町→糸島市）になり消滅。

0789

福吉／ふくよし［JR］筑肥線

福岡県糸島市二丈吉井

1923年（大正12）12月、北九州鉄道の駅として開設され、1937年（昭和12）10月に国有化。駅の周辺は住宅地で、駅の北側を国道202号が通っている。駅の西側を流れている福吉川の河口に福吉漁港がある。駅名は1889年（明治22）4月の町村制で発足した福吉村に由来。同村は1955年（昭和30）1月の合併で二丈村（→二丈町→糸島市）になり消滅。

0790

上穂波／かみほなみ［JR］筑豊本線

福岡県飯塚市阿恵宮前

1928年（昭和3）7月に開設。福岡県のほぼ中央、旧炭鉱地帯にある駅。かつては上穂波坑から石炭を運ぶ専用線が通じていた。駅の南側は丘陵地で、北側に平野が広がっている。駅名は1889年（明治22）4月の町村制で発足した上穂波村に由来。同村は1955年（昭和30）3月の合併で筑穂町（現・飯塚市）になり消滅。2006年（平成18）3月まで、北に隣接して穂波町が存在していた。

0791
伊賀／いが［JR］香椎線
福岡県糟屋郡粕屋町長者原西1丁目

1904年（明治37）1月、博多湾鉄道（→博多湾鉄道汽船）の長者原駅として開設され、1908年（明治41）10月、伊賀駅に改称。1942年（昭和17）9月、西日本鉄道になり、1944年（昭和19）5月に国有化。粕谷町の北部にある駅で、駅の周辺は福岡市のベッドタウン。駅の東側を九州自動車道が、北側には都市高速4号粕谷線が走っている。駅名は住居表示が実施される前まで存在していた小字名の「伊賀」に由来する。

0792
門松／かどまつ［JR］篠栗線
福岡県糟屋郡粕谷町大隈

1987年（昭和62）3月、臨時乗降場として開設され、翌月、国鉄分割民営化により駅に昇格。篠栗町との境界近く、多々良川の南東岸にあり、駅の西側を南北に走っている九州自動車道と、駅の北側を東西に走っている国道201号が福岡インターチェンジで接続されている。門松という正式な地名は存在しないが、通称名として江戸時代から伝わるもので、旧街道を往来する旅人の休息所として街道筋に松を植えたことから生まれた地名らしい。駅名は、その伝承からつけられたものという。

0793
筑前庄内／ちくぜんしょうない［JR］後藤寺線
福岡県飯塚市赤坂

1926年（大正15）7月、九州産業鉄道（→産業セメント鉄道）の駅として開設され、1943年（昭和18）7月に国有化される。かつては炭鉱地帯だった飯塚市南部の丘陵地にある駅。隣接する嘉麻市にまたがって住宅団地が造成され、駅の東側の丘陵にはゴルフ場がある。駅名は1889年（明治22）4月の町村制で発足した庄内村（現・庄内町）に由来。同町は2006年（平成18）3月の合併で飯塚市になり消滅。

0794
田川後藤寺／たがわごとうじ
［JR］日田彦山線・後藤寺線、［平成筑豊鉄道］糸田線
福岡県田川市奈良

1896年（明治29）2月、豊州鉄道（→九州鉄道）の後藤寺駅として開設。翌年10月、2つの支線（後藤寺線、糸田線）が開通し、3線の接続駅に。1907年（明治40）7月に国有化。1982年（昭和57）11月、田川後藤寺駅に改称。1989年（平成元）10月、糸田線が第三セクターの平成筑豊鉄道に転換。3面5線を有し、3線が乗り入れる福岡県中部の拠点駅。駅名は江戸時代の初期から存在した後藤寺村に由来。同村は1887年（明治20）の合併で奈良村（→弓削田村→後藤寺町→田川市）になり消滅。

0795
大鶴／おおつる
［JR］日田彦山線
大分県日田市大肥

1937年（昭和12）8月に開設。大分と福岡の県境近くの山間にある駅。駅の東側を大肥川が流れ、西側を国道211号が通っており、国道沿いに集落が形成されている。駅名は1889年（明治22）4月の町村制で発足した大鶴村に由来。同村は1955年（昭和30）3月、日田市へ編入され消滅。大鶴という地名は、日田彦山線を挟んで西側にある大肥と、東側の鶴河内《つるがわち》の頭文字を取ったもの。

0796
雑餉隈／ざっしょのくま
［西日本鉄道］天神大牟田線
福岡県福岡市博多区麦野4丁目

1924年（大正13）4月、九州鉄道の雑餉隈駅として開設。1935～40年頃、九鉄雑餉隈駅に改称され、1942年（昭和17）9月には西鉄雑餉隈

駅に改称。1971年（昭和46）3月、再び雑餉隈駅に改称。駅の周辺は福岡市南部に発達した歓楽街。「雑餉隈」という地名は、駅から1キロほど離れた大野城市にある。つまり越境駅だが、博多区の南部から大野城市にまたがる地域の通称名として使われている。駅名は古代律令時代、雑役に従事した官人の居住地に由来。

0797
味坂／あじさか
［西日本鉄道］天神大牟田線　福岡県小郡市赤川

1924年（大正13）4月に開設。小郡市の南端、佐賀県との境界近くにある駅。駅の北側を筑後川支流の宝満川《ほうまん》が流れている。駅の東側を県道久留米小郡線が、西側を九州自動車道が走っている。駅名は1889年（明治22）4月の町村制で発足した味坂村に由来。同村は1955年（昭和30）3月の合併で小郡町（現・小郡市）になり消滅。

0798
試験場前／しけんじょうまえ
［西日本鉄道］天神大牟田線　福岡県久留米市津福本町

1932年（昭和7）12月に開設。久留米市の中心部近くにある駅。駅の南側をJR九大本線が通っており、駅の西側を九州新幹線と鹿児島本線が並走している。駅のすぐ西側の高架下を津福バイパス（国道209号）が走り抜けている。駅名は福岡県立工業試験場（福岡県工業技術センター）に由来する。駅が設置された当初は、駅の近くに福岡県立工業試験場があり、その最寄り駅になっていたが現在は存在せず、バス停や郵便局名などにその名をとどめている。

0799
犬塚／いぬづか
［西日本鉄道］天神大牟田線　福岡県久留米市三潴町玉満

1937年（昭和12）10月に開設。久留米市の近郊にある旧・三潴《みずま》町の中心駅。駅の周囲に住宅地がある。駅のすぐ近くに「水沼の里2000年記念の森」公園があり、多くの人で賑わう。駅名は1889年（明治22）4月の町村制で発足した犬塚村に由来。同村は1955年（昭和30）7月の合併で三潴町（現・久留米市）になり消滅。

0800

大溝／おおみぞ ［西日本鉄道］天神大牟田線

福岡県三潴郡大木町大角

1937年（昭和12）10月に開設。筑紫平野のほぼ中央に位置する。駅の周辺は住宅と田畑の混在地域。クリーク（灌漑用の水路）が縦横に張り巡らされているが、久留米市のベッドタウンとして宅地化も進んでいる。駅の南側を国道442号のバイパスが走っている。駅名は1889年（明治22）4月の町村制で発足した大溝村に由来。同村は1955年（昭和30）1月の合併で大木町になり消滅。

0801

大堰／おおぜき ［西日本鉄道］甘木線

福岡県三井郡大刀洗町富多

1921年（大正10）12月、三井電気軌道（→九州鉄道→九州電気軌道→西日本鉄道）の駅として開設。駅のすぐ近くに大刀洗町役場と、役場に隣接して大刀洗町立図書館がある。駅の東側に小石原川が、西側には陣屋川が流れている。駅名は1889年（明治22）4月の町村制で発足した大堰村に由来する。同村は1955年（昭和30）3月の合併で大刀洗町になり消滅。

0802

立野／たての ［甘木鉄道］甘木線

佐賀県三養基郡基山町長野

1987年（昭和62）11月、国鉄の分割民営化により第三セクターの甘木鉄道に転換され、それにともない開設された新駅。佐賀県と福岡県の境界近くにあり、駅の真上を九州自動車道が走っている。駅の東側には九州情報大学がある。基山工業団地の西側を、国道3号とJR鹿児島本線が南北に走っている。駅名は基山町長野の小字名の「立野」に由来。

0803
太刀洗／たちあらい 【甘木鉄道】甘木線

福岡県朝倉郡筑前町高田

1939年（昭和14）4月、国鉄の駅として開設。1986年（昭和61）4月、国鉄の分割民営化により第三セクターの甘木鉄道に転換。駅の南側を国道500号が通っており、その南に朝倉市の飛び地が存在する。かつて駅の近くに、旧日本陸軍の太刀洗飛行場があった。筑前町の南に大刀洗町が隣接しており、駅は大刀洗町の越境駅になっている。だが、自治体名は駅名の「太刀洗」と異なり、点のない「大」の字である。これは町村制が施行された際、村が「太刀洗村」で申請したにもかかわらず、官報に「大刀洗村」と点のない文字が掲載されてしまったことが原因だという。太刀洗という地名は、南北朝時代の「筑後川の戦」の際、血糊のついた刀を小川で洗ったことに由来。

0804
旦過／たんが 【北九州高速鉄道】小倉線

福岡県北九州市小倉北区魚町4丁目

1985年（昭和60）1月に開設。北九州市の都心にある高架駅。駅から800メートルほど北に、山陽新幹線および鹿児島本線の小倉駅がある。駅の西側を流れている紫川の対岸には、北九州市役所のほか小倉北区役所、小倉城などがある。駅名の旦過とは、禅宗の修行僧が一夜の宿とする場所のことをいい、同区の東部にある宗玄寺は修行僧を宿泊させていたことから旦過寮と呼ばれた。そこからその周辺地域を旦過と呼ぶようになったといわれている。

0805
今池／いまいけ 【筑豊電気鉄道】筑豊電気鉄道線

福岡県北九州市八幡西区里中2丁目

1970年（昭和45）12月に開設。周辺は近年になって開発された新興住宅地。山村を切り開いて宅地化されたことを物語るように、現在でも住宅団地の中に灌漑用の溜め池が数多く残っている。県立北筑高校の最寄り駅でもある。駅名は、かつて駅の近くに存在していた「今池」という農業用溜め池に由来するという。

0806
西山／にしやま 【筑豊電気鉄道】筑豊電気鉄道線

福岡県北九州市八幡西区春日台5丁目

1965年（昭和40）12月に開設。丘陵地の切通しの中にある。周囲は丘陵地を開発した住宅地で、北九州市のベッドタウンとして住宅団地が形成されている。かつて、周辺一帯が農村地帯であることを物語る農業用の溜め池が住宅地の中にある。駅名は駅の近くにある溜め池の西山池に由来。現在は宅地化により農地はほとんどなくなっているため、灌漑用の溜め池ではなく、多目的洪水用の調整池として活用されている。

0807
あかぢ／あかぢ 【平成筑豊鉄道】伊田線

福岡県鞍手郡小竹町赤地

JR伊田線が第三セクターの平成筑豊鉄道に転換された翌年の1990年（平成2）10月、「あかじ駅」として開設され、「あかぢ駅」に改称。小竹町の北端、直方市との境界近くにある駅。駅の西側を遠賀川が流れ、対岸をJR筑豊本線が川の流れに沿って走っている。駅名は地名の「赤地」に由来するが、同線にはすでに赤池（あかいけ）駅が存在し、混同を避けるため平仮名表記の駅名にした。しかし、「あかじ」だと欠損を意味する「赤字」を連想させ縁起が良くないとして、「あかぢ」に改名したのだという。

0808
藤棚／ふじたな 【平成筑豊鉄道】伊田線

福岡県直方市下境

JR伊田線が第三セクターに転換後の1990年（平成2）12月、平成筑豊鉄道の駅として開設。駅の西側を遠賀川《おんが》が流れており、その対岸をJR筑豊本線が走っている。駅の東側には彦山川が流れており、北側で遠賀川に合流している。駅の周辺は住宅地だが、駅の東側を通っている直方バイパス（国道200号）と、彦山川との間に工業団地が形成されている。地図では「藤棚」という地名は確認できないが、駅名は直方市下境の小字名の「藤棚」に由来。

0809
ふれあい生力／ふれあいしょうりき 【平成筑豊鉄道】伊田線

福岡県田川郡福智町赤池

1997年（平成9）3月に開設。彦山川の西岸にある駅。旧・赤池町の中心駅で、駅の南に赤池球場がある。その南側に赤池ニュータウンが造成され、隣接して工業団地もある。隣の赤池駅との間に市街地が形成され、福智町役場赤池支所や赤池郵便局などがある。駅名の「生力」は福智町赤池の小字名、「ふれあい」は町民のふれあいを大切にした町づくりを願っての命名。

0810
松山／まつやま 【平成筑豊鉄道】糸田線

福岡県田川郡糸田町糸田

1997年（平成9）3月に開設された糸田線では新しい駅。遠賀川水系の彦山川支流の中元寺川の東岸にある駅で、中元寺川の対岸には田園地帯が広がっている。駅と中元寺川の間を県道金田糸田田川線が通り、市街地は駅の東側に形成されている。中元寺川に架かっている歩道橋で、駅と対岸が結ばれている。駅名は糸田町大熊の小字名「松山」に由来。

0811
大藪／おおやぶ 【平成筑豊鉄道】糸田線

福岡県田川市川宮

1897年（明治30）10月、九州鉄道の貨物駅として開設され、1907年（明治40）7月に国有化。1954年（昭和29）4月に廃止されるが、糸田線が第三セクターの平成筑豊鉄道に転換後の1990年（平成2）10月、新しく開設。田川市の中心市街地近くに位置する駅。駅の北側を篠栗街道（国道201号）が通っている。駅名は田川市川宮の小字名の「大藪」に由来。

0812 **美夜古泉／みやこいずみ** **［平成筑豊鉄道］田川線**

福岡県行橋市西泉7丁目

JR田川線が第三セクターの平成筑豊鉄道に転換後の1991年（平成3）10月、住民の利便を図って新しく開設された駅。行橋《ゆくはし》市の南の郊外にある。行橋市は古くは京都郡（みやこぐん）に属していた。駅名は行橋市の古名の「みやこ」に由来。泉は現在ある地名で、駅の周辺に西泉、北泉、東泉、南泉、泉中央がある。

0813 **豊津／とよつ** **［平成筑豊鉄道］田川線**

福岡県行橋市矢留

1895年（明治28）8月、豊州鉄道（→九州鉄道）の駅として開設され、1907年（明治40）7月に国有化。1989年（平成元）10月、第三セクターの平成筑豊鉄道に転換。行橋市の南端にある駅で、西側に今川が流れている。駅名は1889年（明治22）4月の合併で発足した豊津村（→豊津町→みやこ町）に由来。駅から南東に旧・豊津町の中心集落があるが、豊津駅は行橋市にある越境駅。豊津町は2006年（平成18）3月の合併で「みやこ

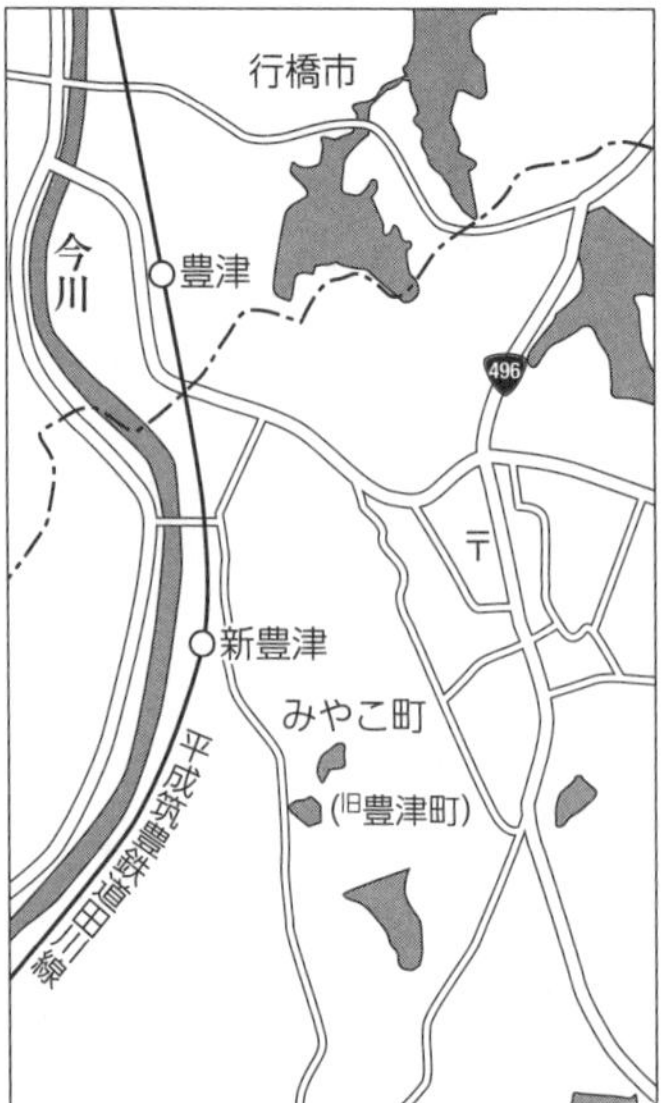

町」になり消滅。みやこ町には新豊津駅がある。

0814 **勾金／まがりかね** 【平成筑豊鉄道】田川線

福岡県田川郡香春町中津原

1885年（明治18）8月、豊州鉄道（→九州鉄道）の香春《かわら》駅として開設。1907年（明治40）7月に国有化。1943年（昭和18）5月、勾金駅に改称され、1989年（平成元）10月、第三セクターの平成筑豊鉄道に転換。香春町の南端にあり、当駅から西北へ700メートルほどにJR日田英彦山線の一本松駅がある。駅名は1889年（明治22）4月の合併で発足した勾金村に由来。同村は1956年（昭和31）9月の合併で香春町になり消滅。

0815 **三代橋／みだいばし** 【松浦鉄道】西九州線

佐賀県西松浦郡有田町南原

1988（昭和63）4月、国鉄の分割民営化により第三セクターの松浦鉄道に転換。その翌年の3月に開設。有田町のほぼ中央に位置し、駅のすぐ北側で有田川と上南川良川《かみなんがわら》が合流している。駅名は有田川流域の下南原地区にあった字名に由来。

0816 **いのつき／いのつき** 【松浦鉄道】西九州線

長崎県佐世保市江迎町猪調

1990年（平成2）3月、JR松浦線が第三セクターの松浦鉄道に転換後に開設。駅の北側を江迎川が流れており、その北側を国道204号が江迎川の流れに沿って通っている。駅の周囲より江迎川対岸の国道沿いに集落が発達している。駅名は駅の所在地に由来しており、「猪調」という。だが、猪調は「いのつき」と読む難読な地名のため、平仮名表記の駅名にしたもの。

0817 **左石／ひだりいし** 【松浦鉄道】西九州線

長崎県佐世保市田原町

1920年（大正9）3月、佐世保鉄道の大野駅として開設され、1929年（昭和4）4月、左石駅に改称。1936年（昭和11）10月に国有化。1

988年（昭和63）4月、第三セクターの松浦鉄道に転換。佐世保市の中心市街地の北端に位置する。駅の南側を相浦川が流れ、その南側に国道204号と498号の分岐点がある。駅があるあたりは、平戸街道の左石宿が置かれていた地。駅名は、これに由来。平戸から佐世保に向かって街道の左側に、大きな石があったという。

0818
大正／たいしょう【島原鉄道】島原鉄道線

長崎県雲仙市瑞穂町岡

1955年（昭和30）3月に開設。島原半島北部の有明海沿岸にある駅。駅の周辺に小さな集落が形成されている。駅の南側を島原街道（国道251号）が、島原鉄道と並行して走っている。駅が開設されたのは昭和時代だが、駅名は大正駅。これは、駅名が1926年（大正15）7月の合併で発足した大正村に由来するため。同村は1956年（昭和31）9月の合併で瑞穂村（→瑞穂町→雲仙市）になり消滅。旧村名は小学校名などにとどめている。

0819
三ツ石／みついし【熊本電気鉄道】菊池線

熊本県合志市須屋

2001年（平成13）2月に新しく開設された駅。駅の周辺は熊本市郊外のベッドタウンとして宅地化が進んでおり、多くの住宅団地が形成されている。駅の上を九州自動車道が走っており、西側には日田街道（国道387号）が通っている。駅の周辺には陸上自衛隊北熊本駐屯地や陸上自衛隊演習場、陸上自衛隊北熊本自動車教習所など、自衛隊関連の施設が多い。駅名は合志市須屋の小字名「三ツ石」に由来。

0820
長陽／ちょうよう【南阿蘇鉄道】高森線

熊本県阿蘇郡南阿蘇村河陽

1928年（昭和3）2月に開設。1986年（昭和61）4月、国鉄の分割民営化により第三セクターの南阿蘇鉄道に転換される。駅の北側を国道325号が走っており、南側には島原湾に注ぐ白川が流れている。駅名は1889年（明治22）4月の町村制で発足した長陽村に由来する。同村は2005年（平成17）2月の合併で南阿蘇村になり消滅。

0821
川村／かわむら ［くま川鉄道］湯前線

熊本県球磨郡相良村柳瀬

1953年（昭和28）7月、国鉄の駅として開設。1989年（平成元）年10月、国鉄の分割民営化にともない、第三セクターのくま川鉄道に転換。球磨川の北岸に位置し、駅の東側で、川辺川が球磨川に合流している。駅名は1889年（明治22）4月の町村制で発足した川村に由来。同村は1956年（昭和31）9月の合併で相良《さがら》村になり消滅。

0822
肥後西村／ひごにしのむら ［くま川鉄道］湯前線

熊本県球磨郡錦町西

1924年（大正13）3月に開設。1989年（平成元）10月、国鉄の分割民営化にともない、第三セクターのくま川鉄道に転換。駅からやや離れたところに集落が形成されている。駅の南側に球磨商業高校があり、その南側を国道219号が通っている。駅名は1889年（明治22）4月の町村制で発足した西村に由来。同村は1955年（昭和30）7月の合併で錦村（現・錦町）になり消滅。

0823
おかどめ幸福／おかどめこうふく ［くま川鉄道］湯前線

熊本県球磨郡あさぎり町免田

1989年（平成元）10月、国鉄の分割民営化でで第三セクターのくま川鉄道に転換され、その際に新しく開設された駅。球磨川の南岸にある。駅の南側には集落が点在し、小高い丘の上に岡留熊野座神社が鎮座。相良頼俊が元寇の際、この神社で必勝を祈願、神風が蒙古軍を撃退した。それ以来、この神社は「幸福神社」と呼ばれるようになり、駅名もこれに由来する。

0824
肥後高田／ひごこうだ
【肥薩おれんじ鉄道】肥薩おれんじ鉄道線
熊本県八代市平山新田町

1933年（昭和8）7月、鉄道省（国鉄）の駅として開設。2004年（平成16）3月、九州新幹線の開通で第三セクターの肥薩おれんじ鉄道に転換。八代平野の南東部にあり、駅の背後まで山地が迫っている。山麓を南九州自動車道が走っており、駅から1キロほど南に八代南インターチェンジがある。駅の近くに中九州短期大学や熊本高等専門学校などがある。駅名は1889年（明治22）4月の町村制で発足した高田村に由来。同村は1954年（昭和29）4月、八代市に編入されて消滅。

0825
薩摩高城／さつまたき
【肥薩おれんじ鉄道】肥薩おれんじ鉄道線
鹿児島県薩摩川内市湯田町

1952（昭和27）5月に開設。2004年（平成16）3月、九州新幹線の開通で第三セクターの肥薩おれんじ鉄道に転換。東シナ海に注ぐ湯田川の河口東岸にある駅。ホームから東シナ海を望むことができる。薩摩高城駅の高城は「たかぎ」でも「たかしろ」でもなく、「たき」と読む。駅名は1889年（明治22）4月の町村制で発足した高城村（現・高城町）に由来。同町は1965年（昭和40）4月、川内市（現・薩摩川内市）に編入され消滅。

■参考文献

・世界大百科事典（平凡社）
・ブリタニカ国際百科事典（ブリタニカジャパン）
・日本地名大百科（小学館）
・マイペディア百科事典（平凡社）
・コンサイス日本地名辞典（三省堂）
・広辞苑（岩波書店）
・日本歴史大事典（小学館）
・角川日本史辞典（角川書店）
・全国市町村要覧（第一法規出版）
・平成の大合併・県別市町村名事典（東京堂出版）
・市町村名語源辞典（東京堂出版）
・日本地名事典（新人物往来社）
・日本地名ルーツ辞典（創拓社）
・最新基本地図（帝国書院）
・日本地図（帝国書院）
・今がわかる時代がわかる・日本地図（成美堂出版）
・旅に出たくなる地図（帝国書院）
・駅名事典（中央書院）
・鉄道総合年表（中央書院）
・鉄道手帳　東日本編・西日本編（東京書籍）
・日本鉄道旅行地図帳１～１２号（新潮社）
・日本の鉄道１２０年の話（築地書館）
・鉄道の歴史がわかる事典（日本実業出版社）
・鉄道路なんでもおもしろ事典（東京堂出版）
・全国ＪＲ鉄道の旅（実業之日本社）
・ＪＲ全線読みつぶし・乗りつぶし（白夜書房）
・日本の鉄道全駅駅名総覧（ＪＴＢ）
・停車場変遷大事典（ＪＴＢ）
・国土交通省、総務省、経済産業省、文化庁ホームページ
・都道府県市町村ホームページ
・国土地理院２万５千分の１地形図
・各鉄道会社の資料およびホームページ

駅名・地名 不一致の事典 ● 駅名索引

[あ]
相老／あいおい……92
相生山／あいおいやま……168
合川／あいかわ……42
会津荒海／あいづあらかい……38
会津高原尾瀬口／あいづこうげんおぜぐち……38
会津本郷／あいづほんごう……27
あいの里教育大／あいのさときょういくだい……14
青倉／あおくら……171
青沼／あおぬま……125
青郷／あおのごう……139
青堀／あおほり……62
赤池／あかいけ……149
赤城／あかぎ……92
赤倉温泉／あかくらおんせん……34
赤坂／あかさか（群馬県）……103
赤坂／あかさか（山梨県）……156
赤坂上／あかさかうえ……159
あかぢ／あかぢ……272
吾野／あがの……81
赤星／あかぼし……242
あきた白神／あきたしらかみ……36
秋葉原／あきはばら……47
安芸矢口／あきやぐち……231
安積永盛／あさかながもり……19
朝潮橋／あさしおばし……218
朝陽／あさひ……160
朝日野／あさひの……218
味岡／あじおか……146
足柄／あしがら（神奈川県）……71
足柄／あしがら（静岡県）……123
味坂／あじさか……269
芦ノ牧温泉／あしのまきおんせん……37
吾桑／あそう……241
安達／あだち……20
厚木／あつぎ……51
阿仁マタギ／あにまたぎ……42
油田／あぶらでん……136
安部／あべ……245
天津／あまつ……254
あまや／あまや……37
余子／あまりこ……229
荒畑／あらはた……167
荒浜／あらはま……134
有井／ありい……188
在良／ありよし……217
阿波大宮／あわおおみや……236
阿波海南／あわかいなん……236
粟ヶ崎／あわがさき……164
粟野／あわの……138
井荻／いおぎ……79
伊賀／いが……267
伊賀上津／いがこうづ……193
一貴山／いきさん……266
軍畑／いくさばた……53
池尻大橋／いけじりおおはし……76
池田園／いけだえん……12
池ノ上／いけのうえ……78
石津／いしづ……146
石谷／いしや……13
いずえ／いずえ……247
和泉大宮／いずみおおみや……202
泉郷／いずみごう……23
和泉砂川／いずみすながわ……186
伊勢大井／いせおおい……180
伊勢柏崎／いせかしわざき……187
伊勢中原／いせなかはら……199
一の鳥居／いちのとりい……210
一本松／いっぽんまつ……84
愛し野／いとしの……16
糸貫／いとぬき……147
依那古／いなこ……216
稲梓／いなずさ……156
伊那田島／いなたじま……119
稲戸井／いなとい……97
因幡社／いなばやしろ……228
稲原／いなはら……189
伊那松島／いなまつしま……120
稲荷町／いなりちょう……109
稲荷山／いなりやま……126
犬川／いぬかわ……31
犬塚／いぬづか……269
いのつき／いのつき……275
伊野灘／いのなだ……248
井原里／いはらのさと……202
今池／いまいけ（大阪府）……213
今池／いまいけ（福岡県）……272
今船／いまふね……213
今宮／いまみや……178
伊予出石／いよいずし……244
伊予亀岡／いよかめおか……242
伊予立川／いよたちかわ……243
いりなか／いりなか……167
入広瀬／いりひろせ……130
岩井／いわい……63
磐城／いわき……195
磐城太田／いわきおおた……25
磐城常葉／いわきときわ……26
岩島／いわしま……56
岩代清水／いわしろしみず……38
岩滝口／いわたきぐち……211
岩間／いわま……60
岩室／いわむろ……134
岩山／いわやま……225
浮孔／うきあな……195
鶯谷／うぐいすだに……46
牛田／うしだ……85

宇治山田／うじやまだ……200
羽前豊里／うぜんとよさと……29
内部／うつべ……216
姥堂／うばどう……27
海の王迎／うみのおうむかえ……253
梅郷／うめさと……90
梅屋敷／うめやしき……66
浦上／うらかみ……265
浦本／うらもと……161
浦和美園／うらわみその……105
永和／えいわ……115
江古田／えこだ……80
越後岩塚／えちごいわつか……127
越後鹿渡／えちごしかわたり……130
越後田中／えちごたなか……130
越後広瀬／えちごひろせ……131
越前富田／えちぜんとみだ……137
越中三郷／えっちゅうさんごう……162
江戸川橋／えどがわばし……110
荏原中延／えばらなかのぶ……75
恵比須／えびす……209
えびの飯野／えびのいいの……261
遠州芝本／えんしゅうしばもと……153
延徳／えんとく……160
置賜／おいたま……28
王子保／おうしほ……135
大阿太／おおあだ……197
大岩／おおいわ……222
大草／おおくさ……266
大里／おおさと……141
大庄／おおしょう……163
大杉／おおすぎ……239
大堰／おおぜき……270
大関／おおぜき……165
大田郷／おおたごう……98
大鶴／おおつる……268
大歳／おおとし……234
大戸瀬／おおどせ……36
大中／おおなか……150
大庭／おおにわ……158
大貫／おおぬき……62
大袋／おおぶくろ……86
大溝／おおみぞ……270
大三／おおみつ……193
大矢／おおや……148
大藪／おおやぶ……273
大和田／おおわだ……204
御徒町／おかちまち……47
岡寺／おかでら……196
おかどめ幸福／おかどめこうふく……277
岡場／おかば……210
岡花／おかばな……240
荻川／おぎかわ……127
翁島／おきなしま……26
刑部／おさかべ……224
小塩江／おしおえ……24
御茶ノ水／おちゃのみず……51
男川／おとがわ……140
踊場／おどりば……108
小野上／おのがみ……56
小櫃／おびつ……65
帯解／おびとけ……182
男衾／おぶすま……83
小村井／おむらい……88
おりはた／おりはた……40
織部／おりべ……147
御嶽山／おんたけさん……75

【か】

甲斐小泉／かいこいずみ……124
替佐／かえさ……128
柿生／かきお……70
柿平／かきだいら……118
学園前／がくえんまえ……93
学芸大学／がくげいだいがく……73
学門／がくもん……215
香久山／かぐやま……182
佳景山／かけやま……32
挿頭丘／かざしがおか……251
笠縫／かさぬい……198
加治／かじ……133
鰍沢口／かじかざわぐち……122
鹿島旭／かしまあさひ……100
鹿島大野／かしまおおの……100
春日野道／かすがのみち……208
上総東／かずさあずま……94
上総亀山／かずさかめやま……66
上総川間／かずさかわま……96
上総中川／かずさなかがわ……94
上総松丘／かずさまつおか……66
上総三又／かずさみつまた……96
禾生／かせい……156
堅下／かたしも……192
片瀬山／かたせやま……107
片浜／かたはま……113
潟元／かたもと……250
桂台／かつらだい……15
門松／かどまつ……267
金島／かなしま……56
金橋／かなはし……183
金上／かねあげ……100
鐘ヶ淵／かねがふち……84
金手／かねんて……123
兜／かぶと……40
釜ヶ淵／かまがふち……163
鎌田／かまた……252
鎌手／かまて……223
上伊集院／かみいじゅういん……259
上磯／かみいそ……18
上川口／かみかわぐち……174
上境／かみさかい……128
上栄町／かみさかえまち……204
上条／かみじょう（新潟県）……131
上条／かみじょう（長野県）……161
神杉／かみすぎ……230

上中／かみなか……138
神ノ木／かみのき……214
上ノ太子／かみのたいし……195
上浜／かみはま……35
上穂波／かみほなみ……266
上町／かみまち……77
上松川／かみまつかわ……39
神谷町／かみやちょう……110
神山／かみやま……132
亀甲／かめのこう……226
加茂／かも……201
鴨川／かもがわ……241
加茂郷／かもごう……190
加茂宮／かものみや……105
川合高岡／かわいたかおか……194
河瀬／かわせ……169
川添／かわぞえ……187
川渡温泉／かわたびおんせん……34
河内磐船／かわちいわふね……179
河内堅上／かわちかたかみ……178
川跡／かわと……248
川西／かわにし……196
川根両国／かわねりょうごく……154
河曲／かわの……177
河原／かわはら……227
川東／かわひがし……24
川間／かわま……90
川村／かわむら……277
河山／かわやま……249
瓦ヶ浜／かわらがはま……204
関内／かんない……48
紀伊／きい……186
紀伊内原／きいうちはら……189
喜々津／ききつ……265
北宇智／きたうち……184
北金岡／きたかなおか……29
喜多灘／きたなだ……244
北原／きたはら……103
狐ヶ崎／きつねがさき……155
木戸／きど……24
木ノ下／きのした……120
来宮／きのみや……124
木野山／きのやま……228
吉備真備／きびのまきび……246
伽羅橋／きゃらばし……203
清川口／きよかわぐち……17
清洲／きよす……114
霧島温泉／きりしまおんせん……260
霧島神宮／きりしまじんぐう……256
桐原／きりはら……134
切目／きりめ……189
銀水／ぎんすい……258
金野／きんの……119
久下村／くげむら……173
日下／くさか……240
草野／くさの……24
葛／くず……197
久津川／くつかわ……198
久那土／くなど……122
国英／くにふさ……227
国吉／くによし……94
熊野前／くまのまえ……111
熊山／くまやま……220
玖村／くむら……231
雲井／くもい……218
くりこま高原／くりこまこうげん……21
栗野／くりの……260
車道／くるまみち……168
黒川／くろかわ……238
栗田／くんだ……211
郡中／ぐんちゅう……252
小井川／こいかわ……122
恋し浜／こいしはま……41
漕代／こいしろ……200
小出／こいで……127
恋山形／こいやまがた……245
小岩井／こいわい……35
幸崎／こうざき……255
剛志／ごうし……88
神志山／こうしやま……188
神代／こうじろ……220
甲西／こうせい……179
江南／こうなん……223
高野／こうや……112
香櫨園／こうろえん……207
五和／ごか……154
黄金町／こがねちょう……68
近義の里／こぎのさと……215
国道／こくどう……49
国府／こくふ……175
極楽／ごくらく……150
蚕桑／こぐわ……40
小牛田／こごた……21
九重／ここのえ……63
小菅／こすげ……85
五反野／ごたんの……86
厚東／ことう……221
寿／ことぶき……157
五百川／ごひゃくがわ……19
小舟渡／こぶなと……164
河堀口／こぼれぐち……194
高麗／こま……81
古町／こまち……251
古見／こみ……143
子吉／こよし……41
古里／こり……54
五稜郭／ごりょうかく……12
御陵前／ごりょうまえ……214
木尾／こんの……148

【さ】

西院／さい……212
坂上／さかかみ……140
坂田／さかた……177
坂部／さかべ……143

相模大塚／さがみおおつか……72
さがみ野／さがみの……73
さぎの宮／さぎのみや……153
桜ヶ丘／さくらがおか……72
桜木／さくらぎ……151
笹原／ささばる……257
佐津／さつ……175
五月台／さつきだい……71
雑餉隈／ざっしょのくま……268
薩摩高城／さつまたき……278
里見／さとみ……96
佐奈／さな……186
讃岐相生／さぬきあいおい……235
鮫洲／さめず……66
佐良山／さらやま……226
沢／さわ……120
沢谷／さわたに……233
沢目／さわめ……36
三戸／さんのへ……43
三枚橋／さんまいばし……91
椎柴／しいしば……61
椎名町／しいなまち……80
塩入／しおいり……238
塩崎／しおざき……115
塩田町／しおだまち……159
汐留／しおどめ……111
志賀／しが……176
四季の郷／しきのさと……41
志久／しく……106
重富／しげとみ……257
試験場前／しけんじょうまえ……269
宍戸／ししど……59
四所／ししょ……210
四条畷／しじょうなわて……178
志都美／しずみ……183
地蔵町／じぞうまち……252
七軒茶屋／しちけんぢゃや……233
尻手／しって……49
品井沼／しないぬま……21
品川／しながわ……45
信濃荒井／しなのあらい……158
信濃川島／しなのかわしま……116
信濃白鳥／しなのしらとり……129
信太山／しのだやま……185
東雲／しののめ……211
忍ヶ丘／しのぶがおか……179
柴平／しばひら……35
柴山／しばやま……176
渋民／しぶたみ……41
志摩赤崎／しまあかさき……200
下板橋／しもいたばし……82
下総橋／しもうさたちばな……61
下小川／しもおがわ……60
下川沿／しもかわぞい……30
下川辺／しもかわべ……232
下新田／しもしんでん……101
下田／しもだ……43
下高井戸／しもたかいど……77
下館／しもだて……58
下徳富／しもとっぷ……14
常永／じょうえい……123
定光寺／じょうこうじ……116
上州新屋／じょうしゅうにいや……104
沼南／しょうなん……106
湘南深沢／しょうなんふかさわ……107
白石蔵王／しろいしざおう……20
治良門橋／じろえんばし……91
城下／しろした……158
城西／しろにし……119
城見ヶ丘／しろみがおか……95
鍼灸大学前／しんきゅうだいがくまえ……173
新古河／しんこが……92
新島々／しんしましま……158
新白河／しんしらかわ……19
新関／しんせき……132
新田／しんでん（埼玉県）……86
新田／しんでん（京都府）……181
新南陽／しんなんよう……221
新宮川／しんみやかわ……162
水道橋／すいどうばし……52
末恒／すえつね……222
末野原／すえのはら……151
末広町／すえひろちょう……109
周防高森／すおうたかもり……234
菅尾／すがお……262
洲先／すざき……208
すずかけ台／すずかけだい……76
雀田／すずめだ……235
すずらんの里／すずらんのさと……116
須津／すど……155
洲原／すはら……148
清明／せいめい……166
関川／せきがわ……242
関富岡／せきとみおか……147
関ノ宮／せきのみや……180
千丈／せんじょう……243
千旦／せんだ……184
早雲の里荏原／そううんのさとえばら……247
雑色／ぞうしき……67
袖崎／そでさき……28

［た］

大正／たいしょう……276
大成／たいせい……15
泰澄の里／たいちょうのさと……165
太東／たいとう……64
大道／だいどう……221
田井ノ瀬／たいのせ……184
大洋／たいよう……100
田尾寺／たおじ……210
高岳／たかおか……167
高瀬／たかせ……31
高田の鉄橋／たかだのてっきょう……101

高田本山／たかだほんざん……201
高ノ宮／たかのみや……248
高浜／たかはま……249
高光／たかみつ……244
宝町／たからちょう……110
田川後藤寺／たがわごとうじ……268
滝尾／たきお……262
滝谷／たきだに……203
滝の茶屋／たきのちゃや……208
滝原／たきはら……187
竹沢／たけざわ……54
丹治部／たじべ……224
多々良／たたら……87
太刀洗／たちあらい……271
竜田／たつた……25
立道／たつみち……236
立ヶ花／たてがはな……128
館腰／たてこし……20
立野／たての……270
立場／たてば……107
竪堀／たてぼり……121
楯山／たてやま……31
棚倉／たなくら……181
谷浜／たにはま……162
旅伏／たぶし……248
玉川村／たまがわむら……60
多摩境／たまさかい……79
田町／たまち……45
玉村／たまむら……98
玉淀／たまよど……83
田原町／たわらまち……108
旦過／たんが……271
丹荘／たんしょう……55
丹波口／たんばぐち……173
丹比／たんぴ……246
近津／ちかつ……23
筑後大石／ちくごおおいし……262
筑前庄内／ちくぜんしょうない……267
千歳／ちとせ……63
知波田／ちばた……153
智北／ちほく……16
茶臼山／ちゃうすやま……117
茶所／ちゃじょ……141
茶山／ちゃやま……212
中郡／ちゅうぐん……30
中書島／ちゅうしょじま……204
中部天竜／ちゅうぶてんりゅう……118
帖佐／ちょうさ……256
銚子口／ちょうしぐち……12
長陽／ちょうよう……276
塚田／つかだ……91
塚山／つかやま……126
津軽尾上／つがるおのえ……44
佃／つくだ……237
津田山／つだやま……50
土山／つちやま……170
常澄／つねずみ……99
常山／つねやま……225
壺阪山／つぼさかやま……196
坪尻／つぼじり……238
鶴ヶ丘／つるがおか……184
出屋敷／でやしき……207
寺原／てらはら……97
光岡／てるおか……262
天王宿／てんのうじゅく……103
天和／てんわ……170
東海大学前／とうかいだいがくまえ……70
堂島／どうじま……26
東武和泉／とうぶいずみ……87
東武練馬／とうぶねりま……82
斗賀野／とがの……240
十川／とがわ……44
外城田／ときだ……180
徳和／とくわ……186
土佐新荘／とさしんじょう……241
土佐長岡／とさながおか……239
富木／とのき……185
騰波ノ江／とばのえ……98
富水／とみず……70
富田／とみた……57
富根／とみね……30
富野／とみの……39
富原／とみはら……224
十村／とむら……138
豊栄／とよさか……133
豊田町／とよだちょう……114
豊津／とよつ（大阪府）……206
豊津／とよつ（福岡県）……274
豊永／とよなが……239
豊春／とよはる……89
虎姫／とらひめ……177
鳥居／とりい……117
都立家政／とりつかせい……79
都立大学／とりつだいがく……73
戸綿／とわた……152

［な］

中浦／なかうら……132
中加積／なかかづみ……163
中萱／なかがや……135
中川／なかがわ……28
仲木戸／なかきど……68
中佐都／なかさと……125
長谷野／ながたにの……217
中野／なかの……102
仲ノ町／なかのちょう……97
中浜／なかはま……229
永原／ながはら……176
長原／ながはら……75
中原／なかばる……264
那珂湊／なかみなと……101
中山香／なかやまが……254
中山平温泉／なかやまだいらおんせん……34
流山おおたかの森／ながれやまおお

たかのもり……90
流山セントラルパーク／ながれやま
せんとらるぱーく……99
七里／ななさと……89
七和／ななわ……217
浪花／なみはな……65
滑河／なめがわ……61
平城山／ならやま……178
鳴沢／なるさわ……37
新居／にい……215
新月／にいつき……33
新鶴／にいつる……27
二軒茶屋／にけんちゃや……212
西大方／にしおおがた……253
西大滝／にしおおたき……129
西大橋／にしおおはし……218
錦／にしき……205
西岸／にしぎし……164
西国立／にしくにたち……50
西栗栖／にしくりす……171
西里／にしさと……258
西三荘／にしさんそう……203
西聖和／にしせいわ……15
西台／にしだい……110
西滝沢／にしたきさわ……42
二十軒／にじっけん……146
西中通／にしなかどおり……133
西那須野／にしなすの……58
西畑／にしはた……95
西春／にしはる……145
西瑞穂／にしみずほ……14
西山／にしやま……272
二上／にじょう……192
日立木／にったき……26
丹生／にぶ……235
糠南／ぬかなん……16
布忍／ぬのせ……194
沼部／ぬまべ……74
根岸／ねぎし……48
根知／ねち……136
野木沢／のぎさわ……23
野馳／のち……230
能登川／のとがわ……169
のの岳／ののだけ……32

【は】

梅林／ばいりん……233
白馬大池／はくばおおいけ……136
羽黒／はぐろ……59
羽黒下／はぐろした……125
箸尾／はしお……197
端岡／はしおか……241
土師ノ里／はじのさと……194
蓮沼／はすぬま……76
八幡山／はちまんやま……78
初芝／はつしば……202
八丁畷／はっちょうなわて……67
服部／はっとり……225
鳩ノ巣／はとのす……54
花巻空港／はなまきくうこう……22
花水坂／はなみずざか……39
羽場／はば……121
林道／はやしみち……251
原宿／はらじゅく……46
原田／はらだ……152
原ノ町／はらのまち……25
原谷／はらのや……152
原向／はらむこう……102
播磨下里／はりましもさと……209
阪東橋／ばんどうばし……108
日岡／ひおか……172
東あずま／ひがしあずま……88
東石黒／ひがしいしぐろ……137
東下条／ひがしげじょう……132
東野尻／ひがしのじり……137
東浜／ひがしはま……222
東淀川／ひがしよどがわ……169
干潟／ひがた……62
曳舟／ひきふね……84
日切／ひぎり……154
樋口／ひぐち……104
肥後高田／ひごこうだ……278
肥後西村／ひごにしのむら……277
日代／ひしろ……255
肥前旭／ひぜんあさひ……258
肥前七浦／ひぜんななうら……264
肥前麓／ひぜんふもと……263
肥前竜王／ひぜんりゅうおう……264
飛騨細江／ひだほそえ……139
左石／ひだりいし……275
備中呉妹／びっちゅうくれせ……246
一日市場／ひといちば……135
日野／ひの……160
日野春／ひのはる……115
比婆山／ひばやま……230
陽羽里／ひばり……164
日比野／ひびの……145
姫松／ひめまつ……214
日向大東／ひゅうがおおつか……261
日向住吉／ひゅうがすみよし……256
瓢箪山／ひょうたんやま……144
屏風浦／びょうぶがうら……68
日吉町／ひよしちょう……155
枚岡／ひらおか……191
平賀／ひらか……44
平滝／ひらたき……129
平端／ひらはた……198
ひらんだ／ひらんだ……155
備後三川／びんごみかわ……232
備後八幡／びんごやわた……230
深戸／ふかど……149
福地／ふくち……142
福野／ふくの……149
福吉／ふくよし……266
房前／ふさざき……250
総元／ふさもと……95

富士岡／ふじおか……124
富士川／ふじかわ……113
藤棚／ふじたな……273
藤並／ふじなみ……189
藤浪／ふじなみ……144
富士根／ふじね……121
藤野／ふじの……52
富士松／ふじまつ……140
伏見／ふしみ……166
富士見ヶ丘／ふじみがおか……78
富士見町／ふじみちょう……106
ふじみ野／ふじみの……82
武州中川／ぶしゅうなかがわ……104
布施／ふせ……190
双岩／ふたいわ……243
二子／ふたご……145
二名／ふたな……244
不動前／ふどうまえ……74
船佐／ふなさ……233
船橋法典／ふなばしほうてん……55
古館／ふるだて……22
ふれあい生力／ふれあいしょうりき……273
豊後中川／ぶんごなかがわ……263
別所／べっしょ……205
伯耆大山／ほうきだいせん……223
方谷／ほうこく……228
宝殿／ほうでん……170
蓬莱／ほうらい……176
北濃／ほくのう……150
ほしみ／ほしみ……13
上枝／ほずえ……139
細野／ほその……136
螢田／ほたるだ……71
法華口／ほっけぐち……209
ほっとゆだ／ほっとゆだ……35
保々／ほぼ……216
堀切／ほりきり……85
堀ノ内／ほりのうち……69
幌平橋／ほろひらばし……17
本郷／ほんごう……159
本荘／ほんじょう……165

［ま］

前川／まえかわ……127
勾金／まがりかね……275
巻向／まきむく……182
牧山／まきやま……226
馬来田／まくた……65
真幸／まさき……260
真菅／ますが……192
真滝／またき……32
松ヶ崎／まつがさき……199
松田町／まつだちょう……213
松任／まっとう……135
松ノ馬場／まつのばんば……206
松久／まつひさ……55
松山／まつやま……273
間内／まない……146
丸ノ内／まるのうち……141
丸山／まるやま……106
万座・鹿沢口／まんざかざわぐち……57
三加茂／みかも……237
三川／みかわ……131
三河塩津／みかわしおつ……114
三河島／みかわしま……60
三河東郷／みかわとうごう……117
三河槙原／みかわまきはら……118
三河八橋／みかわやつはし……142
美佐島／みさしま……161
三里／みさと……216
水城／みずき……257
水沢江刺／みずさわえさし……22
水野／みずの……144
瑞穂／みずほ……16
三代橋／みだいばし……275
三谷／みたに……247
三ツ石／みついし……276
三岡／みつおか……126
三関／みつせき……29
三つ峠／みつとうげ……157
三妻／みつま……98
弥刀／みと……191
緑川／みどりかわ……261
南方／みなみかた……206
南河内／みなみごうち……249
南桜井／みなみさくらい……89
南新宿／みなみしんじゅく……69
南多摩／みなみたま……50
南三原／みなみはら……64
三縄／みなわ……238
三野瀬／みのせ……188
美作大崎／みまさかおおさき……224
美作滝尾／みまさかたきお……228
耳成／みみなし……193
美夜古泉／みやこいずみ……274
宮ノ平／みやのひら……53
宮前／みやまえ……190
宮本武蔵／みやもとむさし……245
明覚／みょうかく……54
茗荷谷／みょうがだに……109
名谷／みょうだに……219
向河原／むかいがわら……49
向洋／むかいなだ……220
鵡川／むかわ……13
向ヶ丘／むこうがおか……151
武蔵新田／むさしにった……74
武蔵増戸／むさしますこ……53
武蔵大和／むさしやまと……80
六会日大前／むつあいにちだいまえ……72
目黒／めぐろ……46
元加治／もとかじ……81
元山上口／もとさんじょうぐち……199
本宿／もとじゅく……102

元町／もとまち……17
桃園／ももぞの……201
森下／もりした……143
門戸厄神／もんどやくじん……207

［や］
八戸ノ里／やえのさと……191
矢神／やがみ……229
厄神／やくじん……172
八栗／やくり……250
野州山辺／やしゅうやまべ……87
社町／やしろちょう……172
八千穂／やちほ……124
八次／やつぎ……231
八積／やつみ……64
柳ヶ浦／やなぎがうら……254
梁瀬／やなせ……175
八柱／やばしら……93
矢場町／やばちょう……166
藪神／やぶかみ……131
山家／やまが……174
山下／やました……77
山城青谷／やましろあおだに……181
山瀬／やませ……237
山田／やまだ……150
山手／やまて……48
大和／やまと……59
山前／やままえ……57
谷村町／やむらまち……157
八幡新田／やわたしんでん……142
湯江／ゆえ……265
湯田村／ゆだむら……232
由布院／ゆふいん……263
暘谷／ようこく……255
吉富／よしとみ……173
吉野原／よしのはら……105
吉浜／よしはま……142
吉松／よしまつ……260
米川／よねかわ……234
与野／よの……58
余部／よべ……171

［ら］
陸前稲井／りくぜんいない……32
六合／ろくごう……113
六輪／ろくわ……145

［わ］
若宮／わかみや……28
掖上／わきがみ……183
渡瀬／わたぜ……258
渡瀬／わたらせ……91
和知／わち……174

〔著者略歴〕 浅井　建爾（あさい　けんじ）
地図、地理研究家。日本地図学会会員。青年時代に自転車で日本一周の旅行をして以来、「地理」を題材にした著作活動を続ける。著書に『難読・誤読駅名の事典』『平成の大合併県別市町村名事典』『鉄道路なんでもおもしろ事典』（以上、東京堂出版）、『本当は怖い 京都の地名散歩』（ＰＨＰ研究所）、『京都謎解き街歩き』（実業之日本社）、『日本の道路がわかる事典』（日本実業出版社）、『日本全国「駅名」地図帳』（成美堂出版）、『日本全国因縁のライバル対決４４』（主婦の友社）、『日本一周サイクリング無銭旅行』（日本文芸社）など、多数。

駅名・地名 不一致の事典

2016年８月20日　初版印刷
2016年８月30日　初版発行

ISBN978-4-490-10880-4 C0565

著　者　　浅井建爾
発行者　　大橋信夫
印刷製本　図書印刷株式会社
発行所　　株式会社東京堂出版
http://www.tokyodoshuppan.com/
〒101-0051 東京都千代田区神田神保町1-17
電話03-3233-3741 振替00130-7-270